AF332094

HISTOIRE

DES

Familles Albert ou Alberti

DES MONTS-DE-BEYSSAC, OÙ NAQUIT LE PAPE FRANÇAIS

INNOCENT VI

ET DE BRIVEZAC, EN BAS-LIMOUSIN

SUIVIE DE NOTES

SUR

VINGT FAMILLES ALLIÉES

PAR

Mgr Albert FARGES

Prélat de la Maison du Pape.

Lauréat de l'Académie Française

CHEZ L'AUTEUR : A BEAULIEU (CORRÈZE)

ET A TULLE

IMPRIMERIE JUGLARD

4, rue Nationale, 4

HISTOIRE

DES

FAMILLES ALBERT ou ALBERTI

EN BAS-LIMOUSIN

A MES

NEVEUX ET NIÈCES

PETITS-NEVEUX et PETITES-NIÈCES

ET

A LA MÉMOIRE GLORIEUSE

DE MON NEVEU

HENRI FARGES

Ingénieur de Centrale, s.-Lieutenant de R. au 1ᵉʳ d'Artillerie

Chevalier de la Légion d'honneur

Croix de Guerre, 3 Palmes, 3 Etoiles

MORT POUR LA FRANCE

à 24 ans

---

*En la cinquantième année jubilaire
de mon Ordination sacerdotale*

1872 — 21 décembre — 1922

HISTOIRE

DES

Familles Albert ou Alberti

DES MONTS-DE-BEYSSAC, OÙ NAQUIT LE PAPE FRANÇAIS

INNOCENT VI

ET DE BRIVEZAC, EN BAS-LIMOUSIN

SUIVIE DE NOTES

SUR

VINGT FAMILLES ALLIÉES

PAR

Mgr ALBERT FARGES

Prélat de la Maison du Pape

Lauréat de l'Académie Française

CHEZ L'AUTEUR : A BEAULIEU (CORRÈZE)

ET A TULLE

IMPRIMERIE JUGLARD

4, rue Nationale, 4

ÉVÊCHÉ

DE

TULLE

Aulus-les-Bains, le 18 août 1922.

Cher Monseigneur,

J'ai reçu les bonnes feuilles de votre « Histoire des familles Albert ou Alberti ». J'en ai parcouru d'un trait, comme on boit en montagne, sous un soleil de plomb, à une source fraîche, les parties principales et je m'empresse de vous féliciter.

C'est un beau monument élevé en l'honneur d'une antique et illustre famille, de ses deux grandes branches françaises, de la sève qu'elles ont mélée à d'autres sangs, — un monument sur lequel luit d'un éclat sans ombre la minute d'épopée dont Beaulieu fut le théâtre, sous la Terreur, et où joua son rôle, à 9 ans, celle que vous appelez votre « très bonne et sainte grand'mère paternelle », — un monument que voile d'une ombre de tristesse et qu'illumine tout ensemble d'une gloire héroïque la mort très haute sur le champ de bataille, le martyre sanglant du jeune officier, qui portait en lui tout l'avenir de votre nom. Mais ce nom, même éteint, brillera longtemps encore dans vos pages.

Vous les avez dédiées à ceux dont le sang est le vôtre. C'est pour eux en effet et pour ces « vingt familles alliées » dont vous suivez les ramifications avec une science si avertie que le « bouquet de vos notes, cueillies comme des fleurs le long du chemin » exhalera tout son parfum, mais beaucoup d'autres, j'en suis sûr, lui trouveront de la suavité.

Tels chapitres, comme ceux qui évoquent la grande figure d'Innocent VI, ou le courageux sauvetage du trésor de l'abbaye et de l'église de Beaulieu, intéresseront nombre de lecteurs Corréziens, sans que les souvenirs d'un caractère plus familial et plus intime les laissent indifférents.

Quiconque aime d'un violent amour la « petite patrie » voudra posséder votre ouvrage, et, dès les premières lignes, se laissera prendre au charme du récit.

Vous avez apporté là, comme partout, cette clarté souveraine, ce mouvement, cette simplicité élégante qui vous distinguèrent toujours, qui valent à vos ouvrages la faveur si fidèle de ceux auxquels vous les destinez, et que d'augustes lauriers ne pouvaient manquer de couronner.

L'érudition très vaste marche dans votre « Histoire » d'un pas léger ; aux heures émouvantes, c'est le cœur qui marque le rythme. Parce que vous l'avez écrite « con amore », il s'y répand une chaleur très douce et comme une vibration discrète de piété filiale.

Je prédis bon succès à l'ouvrage et bénis l'infatigable travailleur, qui nous doit périodiquement un « bouquet » nouveau.

Veuillez agréer, cher Monseigneur, l'expression de mon bien affectueux dévoûment en N. S.

† JEAN, Evêque de Tulle.

P.-S. — J'ai rédigé hier ma lettre assez vite et crois avoir oublié une idée à laquelle je tiens. Je comble la lacune sans retard.

Après « l'empressement à vous féliciter », et avant tout autre chose, j'avais voulu dire ceci :

« C'est un témoignage nouveau de l'inépuisable fécondité et de la jeune souplesse d'un esprit qui se délasse des hautes spéculations sur la métaphysique ou la mystique par des incursions agréables pour lui et pour les autres, dans le domaine de l'Histoire, et qui brave, quoiqu'il en dise, les coups d'une vieillesse encore peu menaçante... »

C'est vrai et cela devait être dit.

A Monseigneur Albert Farges à Beaulieu (Corrèze).

À MES NEVEUX et NIÈCES

PETITS-NEVEUX et PETITES-NIÈCES

Vous m'avez demandé bien des fois de fixer par écrit les vieilles histoires que nous contaient nos grand'mères et nos grand'tantes, lorsque nous étions enfants, assis sur leurs genoux.

Cette tâche charmante m'a toujours souri et attiré, mais vous verrez combien elle était difficile à réaliser, parce que ces récits d'autrefois, touchant à l'époque de la Révolution, et même au-delà des siècles précédents, à l'Histoire générale de la France et de l'Église, il faudrait une vaste érudition — dont je ne puis me flatter — pour remettre avec précision dans leur cadre historique tous ces fragments d'histoire.

C'est ce cadre d'or que j'ai essayé de retrouver, d'ajuster de mon mieux, de ciseler avec amour, et de remplir au prix de recherches incessantes dans les vieux documents, à travers tout le cours de mon existence. Encore ne puis-je prétendre que mon œuvre soit vraiment complète et achevée dans ses infinis détails : une vie entière ne suffirait pas à ce labeur. Telle qu'elle est, cependant, je la crois assez intéressante pour vous la laisser en partage et vous la dédier. A vous de la compléter plus tard, en la rapprochant davantage de l'idéal toujours lointain.

Sur le seuil d'une vieillesse déjà menaçante, il me plait de revoir encore une fois les âges passés, de mettre en ordre et de grouper en un seul bouquet les notes cueillies, çà-et-là, comme des fleurs, tout le long du chemin, et de me reposer ainsi de mes austères études de philosophie scientifique par un travail beaucoup plus agréable.

Puissé-je avoir réussi de la sorte à unir l'agréable à l'utile, suivant le sage conseil du poète classique :

Omne tulit punctum qui miscuit utile dulci.

Jusqu'ici, l'utile a été pour moi limité aux spéculations de la haute métaphysique. Rien de plus utile, en effet, que la pensée la plus abstraite et la plus désintéressée, car ce sont « les idées qui mènent le monde ». Voici enfin venue l'heure des loisirs de la retraite, qui me permettent d'aborder, comme délassement, cette revue pleine de charmes des antiques souvenirs de la famille et du pays privilégié où il m'a été donné de naître.

Ces souvenirs sont des leçons et parfois des gloires, dont il est bon de conserver la mémoire et le culte aux générations actuelles, trop souvent oublieuses de leurs origines ou trop insouciantes des exemples du passé. Il est bon de leur transmettre un héritage de foi et d'honneur dont ces pages demeureront, je l'espère, le témoignage authentique.

Ce n'est pas au grand public, mais à vous, mes chers neveux et petits-neveux, que j'adresse ce modeste opuscule. Ce sera là mon excuse, s'il en était besoin, pour quelques détails intimes ou familiers.

ALBERT FARGES,

Prélat de la Maison du Pape.

Beaulieu, en la fête patronale des Corps-Saints.

P.-S. — En commençant ce travail, au début de la grande guerre mondiale, nous étions loin de penser que le nom des Farges, héritier des Albert, allait s'éteindre et disparaître dans un rayon de gloire !... Ce deuil, si cruel. loin de nous détourner de notre projet, en presse au contraire l'exécution. Hâtons-nous de ramasser les miettes de l'histoire pour qu'elles ne se perdent point, suivant le conseil du divin Maître :

Colligite fragmenta, ne pereant !

DEUXIÈME PARTIE

NOTES SUR VINGT FAMILLES ALLIÉES

Remarque préliminaire
Sur le véritable sens de la Particule

Cette deuxième partie de notre travail devant être tissée de citations extraites des actes de l'état-civil, où les *particules* abondent, il importe d'avertir le lecteur que, contrairement à l'opinion très érronée du vulgaire, les particules *de, du, de la, des...* ne prouvent nullement la noblesse du nom où elles s'appliquent.

De tout temps, il y a eu des nobles sans particule, aussi bien que des roturiers affublés de particules. Ainsi les Chabot, les Damas, les Tournemine, tous de la plus vieille et de la plus authentique noblesse, signaient leurs noms tout court, tandis que Caron *de* Beaumarchais fils d'un horloger, ou M. *de* Chamfort fils de père inconnu, prenaient la particule.

Sans sortir de notre ville, nous voyons deux familles anoblies l'une par Napoléon Ier, l'autre par Louis XVIII, qui s'ornaient de la particule plus de cent-cinquante ans auparavant. Du reste, consultez les listes des électeurs aux Etats-généraux de 1789, vous y verrez des noms à particule dans les trois ordres : noblesse, clergé et tiers état.

Bien plus, les serfs attachés à la glèbe ne se distinguaient entre eux que par la particule accompagnée du nom du domaine auquel ils appartenaient (1). Preuve évidente qu'elle n'avait, par elle-même, aucun caractère honorifique.

Quel est donc le véritable sens de la particule ?

Ce sens est assez différent pour les hommes ou pour les femmes mariées, et pour le comprendre il suffirait d'avoir parcouru, — comme nous venons de le faire — les *actes de l'état-civil* de cette ville avant la date de la Révolution française.

1° Pour les dames qui par leur mariage ont perdu le nom de leur propre famille, elles le rappellent fort légitimement de cette manière : D^{lle} Catherine Rivière *de* Farges (état-civil, 3 déc. 1750) ; Marie-Anne Leymarie *de* Dupuy (1er juin 1751). Cela veut dire évidemment : *née de* Farges, *née de* Dupuy. Parfois cependant l'ordre des deux noms est renversé, et alors cela signifie : *épouse de.* Ainsi D^{lle} Catherine Florentin s'étant mariée avec Me Pierre Ducham, notaire royal, elle signe : Florentin *de* Ducham (22 juil. 1773) ; et D^{lle} Claire Farges épouse du sieur Florentin, signe : Farges *de* Florentin (4 sept. 1774). Ces deux formules, également raisonnables, sont usitées couramment par les particuliers comme par les officiers de l'état-civil.

2° Pour les hommes, au contraire, aucune des deux n'aurait de sens. En France, et dans tous les pays qui ont des noms de famille et où le père communique son nom à ses enfants, ils n'ont point à rappeler leur nom de famille, puisqu'ils ne le perdent pas, ni à apprendre qu'ils sont fils de leurs pères (2). Donc, *avant* leur nom de famille, avant leur nom patronymique ou chevaleresque, la particule *de*, malgré sa fréquence à notre époque, est un abus dans la langue française et un non-sens.

On peut, au contraire, l'employer *après* ce nom de famille, pour indiquer le lieu d'origine ou d'adoption : un tel *de* tel endroit, et tel fut le sens primitif de la particule. Le nom appartint d'abord au sol, et devint le surnom de tous ceux qui s'y succédèrent au cours des siècles, quel que fut leur

---

(1) Cf. Dalloz, *Code pénal*, p. 352, n° 223.

(2) Dans les autres pays, au contraire, ils doivent bien le rappeler : *Stephanus Alberti* signifie : Etienne fils d'Albert.

ñòm de famille, lequel disparut souvent par l'usage habituel du nom de lieu.

Nobles et bourgeois usèrent donc de la particule *après* leur nom : les premiers pour ajouter qu'ils sont *seigneurs de* telle terre noble ou fief proprement dit ; les seconds, qu'ils sont au moins *sieurs de* telle terre non noble, ou donnée à cens (tenure roturiére).

Le mot *sieur* qui, étymologiquement, n'est qu'une contraction de *seigneur* et un synonyme, a acquis de la sorte, par le fait de l'usage, un sens bien différent. Les seigneurs féodaux avaient droit aux actes de *foi* et *d'hommage* de leurs vassaux ; les sieurs n'en pouvaient exiger de leur tenanciers. Les seigneurs avaient un droit de justice (haute, basse et moyenne) sur les gens de leur seigneurie ; les sieurs roturiers n'en ont eu aucun dans leurs domaines. Ils étaient seulement maîtres ou propriétaires de telle ou telle terre, nullement maîtres ou justiciers des gens qui y habitaient.

Comme l'enseigne le jurisconsulte Merlin (1) « le mot *sieur* ne signifie que propriété (dominium) ; celui de *seigneur* emporte aussi autorité et supériorité (dominatio). » A la seigneurie était donc attachée une espèce de puissance publique, qui manquait totalement à la sieurie ou simple propriété.

Cependant, au cours des siècles, l'usage permit aux bourgeois d'acheter des terres nobles ou fiefs, et de s'affranchir ainsi de la taille. Mais ces achats ne pouvaient anoblir ni l'acquéreur ni ses héritiers qui demeuraient dans la roture, assujettis à divers impôts tels que celui de franc-fief. Par ces taxes multiples, les rois de France, notamment Philippe-le-Hardi, régularisèrent la situation illégale de roturiers acquéreurs de fiefs, inaliénables à l'origine, tout en les maintenant dans leur roture.

Sans être aucunement noble, on pouvait donc être propriétaire ou sieur d'une terre noble ou franche de taille.

La différence, on le voit, est capitale ; et cependant le titre de sieur *de* Grandlac ou *de* Beaupré, sonne assez bien

---

(1) MERLIN, *répertoire de jurisprudence*, tome XVI, p. 202. art. *sieur, sieurie*.

áux oreilles roturières ; il est comme une contrefaçon d'un titre de noblesse, et nos bourgeois si envieux jadis des vrais nobles — qu'ils dépassaient parfois par leur culture, leur fortune et leur influence — achetaient volontiers aux nobles — ou s'arrogeaient gratuitement et sans droits — ces titres de simili-noblesse.

Une utilité pratique parut aussi excuser ces surnoms de domaine. Dans les familles nombreuses, chaque enfant, pour se distinguer de ses frères ou sœurs, avait besoin de prendre le nom du lambeau de terre qui lui était échu en partage : de là, cette multitude de surnoms variés dont s'affublent, à l'instar des gentils-hommes, les enfants d'un père bourgeois, au détriment de son vrai nom. Point n'était besoin pour cela d'avoir un castel ni un « repaire » dans ces modestes domaines, pas même d'y habiter.

Aussi bien, la Révolution française, après avoir supprimé tous les titres de noblesse, n'hésita pas à tolérer les anciens noms ou surnoms de propriété, par lesquels s'étaient distingués les membres d'une même famille, sans permettre toutefois d'en prendre de nouveaux à l'avenir, (décret du 6 fructidor, an II, article 2).

Cependant il est aisé de distinguer dans les actes de l'état-civil les personnes vraiment nobles de celles qui ne le sont pas. Les premières sont ainsi désignées :

Noble Jean Audubert, écuyer, seigneur du Puymartin — (actes de l'état-civil, 19 mai 1718) — Noble Jacques Clare, écuyer, seigneur de Peyrissac (13 fév. 1744) — Messire Jean Louis Lavialle, écuyer, seigneur d'Altillac, de Beaulieu, etc. (19 juin 1732) — Messire François de Ferrières, chevalier, marquis de Saulvebœuf, seigneur du moulin d'Arnac, etc. (8 juillet 1749). Comme on le voit, la noblesse est ici indiquée par ces trois mots quasi-sacramentels : 1° Noble ou messire ; 2° Le grade dans la noblesse : chevalier, baron, vicomtes, etc. ; 3° Le nom de la seigneurie ou du fief noble. Que s'ils manquent tous les trois dans un état-civil, la preuve de noblesse fait aussi défaut, malgré la présence de la particule.

Pour prévenir toute apparence de contrefaçon ou de simili-noblesse chez messieurs les bourgeois qui faisaient si facilement ajouter à leur nom patronymique celui de leur terre, l'officier de l'état-civil avait d'ordinaire le soin d'ajouter l'épithète de bourgeois, ou de bourgeois et marchand, qui prévenait l'équivoque volontaire ou involontaire. Ainsi l'on peut lire fort souvent des libellés comme celui-ci : Jacques Untel, sieur de Granlac ou de Beaupré, bourgeois et marchand.

Bien plus, comme si le nom de leur famille était moins à cœur à certains bourgeois, que le nom de leurs champs, on les vit oublier le premier et se contenter de signer : De Grandlac ou de Beaupré.

De là l'usage de la particule *avant le nom*, qui n'est plus celui de la famille, mais celui de la terre : le vrai nom à disparu. Nous constatons ici le procédé, sans vouloir l'excuser. Si c'est un abus, sa fréquence ne devrait point suffire à le justifier (1).

Ajoutons que cette distinction fondamentale entre un titre de noblesse et un simple titre de terre ou de propriété est reconnu par le Code civil et pénal qui nous régit. S'il défend aux citoyens sous les peines les plus sévères (2), de modifier le nom que leur donne l'état-civil, il permet aux familles qui ont laissé tomber et prescrire un de leurs surnoms ou de leur titres, de chercher à le reprendre, non certes de leur initiative privée, mais en vertu d'un jugement authentique qui prescrit la modification légale de leur état-civil.

S'il s'agit d'un titre de noblesse à rétablir, c'est devant le conseil du Sceau (avec appel au Conseil d'état) seul compétent, qu'il faut faire valoir ses droits de manière à obtenir

---

(1) « Le nom de terre ne peut jamais être pris isolément ». Dalloz, *Code civil*, t. i. p. 946, n° 111. C'est interdit par les ordonnances de Blois (1555), par les Etats généraux de 1614, 1615, etc. Mais la vanité bourgeoise a prévalu contre les ordonnances et les Codes.

(2) L'art. 259 du Code pénal est formel. Celui qui « aura publiquement pris un titre, changé, altéré ou modifié le nom que lui assignent les actes de l'état-civil », s'expose — outre le ridicule —, à une amende de 500 à 10 000 fr. Quant à la falsification des actes de l'état-civil, l'art. 145 la punit des travaux forcés à perpétuité.

un décret du Président de la République, modifiant les actes de l'état-civil. Pour un nom de terre, au contraire, s'il est prouvé qu'il n'a aucun caractère féodal ou nobiliaire, les tribunaux civils ordinaires sont compétents : c'est une question banale de propriété.

Mais dans aucun cas, répétons-le, l'initiative privée ne peut suffire à légitimer un changement dans son nom. (Cf. Dalloz, *Code civil ann.*, t. I, p. 942, s. — *Code pénal ann.*, p. 259, 352, s.)

*
* *

Telle est la première remarque que nous suggère la lecture attentive des actes de l'état-civil avant la Révolution. Une seconde va naître de leur comparaison avec ceux des temps qui ont suivi ce grand cataclysme.

Ce qui frappe d'abord, c'est la suppression brusque de toutes les particules et même de toutes les distinctions sociales qui abondent, au contraire, dans les anciens actes. En passant des uns aux autres, j'ai eu l'impression profonde d'être entré comme dans un monde nouveau. Autant l'ancien était varié, ordonné, hiérarchisé ; autant le nouveau est uniforme, égalitaire et inorganique. Celui-ci donne la sensation d'une poussière d'individus, juxtaposés sans lien social ; celui-là, au contraire, d'un organisme vivant très complexe, il est vrai, et peut-être compliqué à l'excès.

Je n'en veux pour preuve que l'énumération des degrés hiérarchiques qui relient le plus humble écuyer aux plus hauts et puissants seigneurs, et ceux-ci à leur prince ; et surtout l'énumération autrement curieuse, parce qu'elle est moins connue, de tous les corps de métier, avec leurs innombrables spécialités.

Non seulement on y distingue les « maîtres » qui ont produit leur « chef-d'œuvre », des simples « garçons » et apprentis, mais on indique avec un soin jaloux toutes les espèces et sous-espèces de maîtrises.

Nous avons rencontré des maîtres arquebuziers, fourniers, faiseurs de chaises, recouvreurs, selliers, bastiers, tailleurs d'habits et tailleurs de pierre, tulliers de tuiles, potiers de

terre et potiers d'étain, cardeurs de laine, cordiers, chau-
fourniers, perruquiers et parfumeurs, esquiers et éperon-
niers ; des maîtres de danse, des écrivains, batteliers, pê-
cheurs, boulonniers, fondeurs de cloches et même sonneurs
de cloche etc. Nous avons aussi trouvé des professions
comme celle de hoste (hôtellier), de mazillier, de tisserand,
de taillandier, teinturier, vitrier, vigneron, laboureur, travailleur.. et même la profession, parfois lucrative, de men-
diant !...

Nous avouons que le cadre est un peu compliqué, du
moins est-il un cadre organique et très vivant, où tous les
membres du corps social avaient leur place prévue et relativement distinguée, — ce qui est mille fois préférable à
l'absence de tout cadre et à la confusion impuissante d'un
individualisme sans frein.

De vigoureux esprits, comme M. Brunetière, se sont élevés
avec véhémence contre cette plaie de l'individualisme qui
ronge notre corps social, et leur voix éloquente n'a pas été
assez écoutée. Au lieu de couper à pied l'antique et vénérable chêne qu'était la France de l'ancien régime, n'eût-il
pas mieux valu se contenter de l'émonder et l'écheniller ?...

*
* *

Une troisième et dernière remarque s'impose à la lecture
de cette interminable litanie de nos actes de l'état-civil :
elle sera mélancolique, aussi la ferons-nous bien courte.

Toute cette kyrielle de noms consignés non seulement aux
décès, mais aux naissances, aux baptêmes et aux mariages
nous a laissé comme une impression lugubre de nécrologe.

Que de familles nobles ou bourgeoises à jamais disparues,
dont les noms ne sont plus qu'un vague souvenir, lorsqu'ils
ne sont pas totalement ignorés !

Que de familles nobles ou bourgeoises, jadis dans les
honneurs et dans l'aisance, auxquelles la fortune a cessé de
sourire et qui sont, depuis un ou plusieurs siècles, déchues
du rang qu'elles occupaient fièrement ! Misères tantôt mé-
ritées et tantôt imméritées !...

Nous en avons surpris dépouillant leurs anciens titres de

noblesse, ou bien ces particules bourgeoises qui affectaient de singer la noblesse, et émigrant dans les campagnes, voisines ou à l'étranger, pour cacher leur détresse ou pour se refaire par le travail une nouvelle aisance.

Le monde est donc un recommencementperpétuel une révolution sans fin. Que celui qui est encore debout soit humble et laborieux parce qu'il peut aussi déchoir : *qui stat, videat ne cadat* !.

Ici surtout l'on peut parler du petit nombre des élus !

NOTE I

Sur la famille FARGES

Dans la langue des Arvernes, ce mot signifie : *forge*. Il
s'écrit toujours au pluriel : *Farges*, en latin *Fargii* ou *de
Fargis* ; quant à la consonne *g*, elle a d'ordinaire un son
doux, et ce n'est qu'à de rares exception, dans les plus vieux
manuscrits, qu'on lui donne parfois un son dur en écrivant :
Fargues. Nous avons trouvés les deux orthographes employées indifféremment dans le même acte par les plus anciens notaires.

Bien loin d'être rare, ce fait était autrefois commun.
Ainsi le testament de Jean Jouvenel seigneur de Lestrade,
rédigé par Mᵉ Lacoste de Brive, porte ce nom écrit de trois
manières : *Jouvenel, Jouveneil, Joueneil*. De même pour
Geoffre, Jeoffre ou *Jeouffre* de Chabrignac. Les exemples
de ces variantes abondent : ce n'est qu'après diverses hésitations que l'orthographe des noms propres s'est fixée
définitivement. Néanmoins il est aisé, d'ordinaire, de reconnaître par le contexte s'il s'agit de la même personne ou de
la même famille.

Nous ne nous occuperons ici que des Farges de la ville de
Beaulieu, excluant de notre étude ceux des campagnes en-
vironnantes telles que le Batut, Nonards, Le Puy-d'Arnac
(jadis du canton du Curemonte) ou ceux de Curemonte. Sans
vouloir nier les liens de cousinage qui ont pu exister à l'o-
rigine entre ces familles et la nôtre, il y a des siècles, nous
nous croyons permis d'en faire abstraction aujourd'hui.

Disons d'abord un mot sur l'ancienneté de cette famille.

Le plus vieux des parchemins conservés dans nos archives
privées porte la date du 1ᵉʳ oct. 1459. C'est un magnifique
in-folio de 204 pages, écrites et enluminées sur velin, en
langue latine et en beaux caractères gothiques : un *livre-
terrier* de la vicomté de Turenne.

Au folio vvvɪv et suivants, nous trouvons un acte de

renouvellement ou plutôt de confirmation du bail emphy-
téotique et perpétuel (*fief censuel* ou *tenure en censive*) fait
à la famille Farges, alors représentée par Gérald Farges
« habitant de Beaulieu depuis les temps anciens » *ab antiquo habitator Belliloci*, et maintenu de nouveau par noble
Etienne Vieilhescaze, mandataire des vicomtes de Turenne.

L'acte est passé devant maître Jean de Bellogma (Bello-
nie ?) notaire royal, en la ville de Beaulieu, dans la maison
de Jean Delritz (Delrieu ?) en présence d'un autre Jean Bellogma serrurier (faber) de la dite ville, tous les deux témoins
requis.

Parmi les terres de la vicomté ainsi acquises à perpétuité
par la famille Farges, on remarque notamment la forêt d'A-
goutebaisse en la paroisse d'Altillac. Gérald Farges et ses
successeurs, héritiers de ce fief, pouvaient donc s'appeler
sieurs de la Forêt d'Agoutebaisse et autres lieux, mais nous
croyons qu'ils n'ont jamais usé de ce droit, la mode de ces
titres équivoques n'étant pas encore inventée en 1459, et
d'ailleurs la langue latine, alors en usage, n'admetant pas
ces distinctions subtiles entre sieur et seigneur.

Cette pièce, il est vrai, ne nous dit rien de la condition
sociale, ni de la situation de fortune de ces lointains ancêtres, quoiqu'on puisse légitimement supposer que les vicomtes de Turenne choisissaient leurs feudataires ou leurs
tenanciers parmi les gens les plus honorables et les plus
solvables.

Mais voici un autre document d'une antiquité également
fort respectable, qui va nous permettre des conclusions plus
précises.

C'est encore un acte authentique, passé devant maître
Crécy (?) notaire royal, à la date du 12 juin 1564. Il se trouve
déposé aux archives de cette ville et côté sous le n° 173
(cc 1³) En voici l'objet.

Dans l'hospice du monastère de la dite ville de Beaulieu
en Bas-Limousin, sous la présidence du sieur Pierre Poul-
vélarie, consul, assisté de plusieurs autres bourgeois : Jean
Mailhot, marchand, Jean de Villars, maître apothicaire,
François Lastrurie et Antoine Floret. marchands, — se réu-
nit un groupe de personnes notables, surtout de dames, —

nous dirions aujourd'hui un « comité de dames patronesses » (1). — dont l'œuvre charitable était de procurer du
blé aux pauvres de la paroisse.

Or, parmi elles, nous rencontrons deux dames Farges :
Hélise de Chameyrac, femme à Fargues Jean (?), et Jehanne
de Chaumont, femme à Fargues Henri (?) L'une et l'autre
se cotisent pour une rente de vingt sols en or, ou en blé,
plus deux cartes de seigle en nature. Notez que les cotisations s'échelonnaient de *dix* à *quarante*.

Ces aïeux étaient donc, dès cette époque reculée, classés
parmi les notables et les propriétaires assez fortunés pour
pouvoir distraire cette partie de leur récolte annuelle,
après avoir pourvu aux besoins de leurs gens et de leur
nombreuse famille.

Un troisième document va ajouter une précision nouvelle
du plus haut prix.

Il s'agit des *registres consulaires* de la ville de Beaulieu,
dont on devine l'intérêt capital pour notre histoire locale.
Malheureusement, ce qui nous en reste ne commence qu'en
1608 et s'arrête à 1738, avec de nombreuses lacunes. Or,
dès les premières pages (page 4 bis), nous rencontrons
parmi les conseillers et prud'hommes qui assistaient nos
consuls en leurs conseils, les noms et les signatures des
Farges, qui se succèderont nombreuses et presque ininterrompues à travers les siècles. La conclusion s'impose : à
cette époque lointaine, les Farges avaient déjà pris rang
parmi les notables de la cité.

Ajoutons un trait caractéristique aux signes extérieurs de
leur fortune. Comme nous le verrons un peu plus loin, à la
même date, la maison des Farges — ou plutôt une de leurs
nombreuses maisons — était située dans l'enceinte des
murs, au cœur même de la cité, *intra muros,* où le terrain
avait sûrement le plus de valeur.

Or, d'après les descriptions authentiques que nous repro-

---

(1) On voit que leur institution n'est pas nouvelle.

Au xviie siècle, c'est devant un semblable comité que Saint
Vincent de Paul prononça son célèbre discours qui délia les
bourses : « *Or sus ! Mesdames* !.. »

duirons bientôt, on peut évaluer la superficie qu'elle occupait, avec ses cours, jardin, remises et dépendances, à plus de 600 mètres carrés : ce qui suffit à démontrer la grande aisance de ces ancêtres. Les maisons contigües des nobles Veilhers, Braconac et Turenne n'avaient certainement pas une telle contenance !

Dans la suite des siècles, les Farges sont habituellement qualifiés de bourgeois ou bourgeois et marchands, soit dans les actes de l'état civil, soit dans les actes notariés. Cependant nous y constatons aussi que la famille eut des hommes de loi, de justice, des officiers supérieurs et bon nombre de prêtres et de docteurs en théologie ou ès-arts.

Les premiers hommes de loi qui se succédèrent de génération en génération, pendant tout le XVIIe siècle et au-delà, portent le titre de *Sergent royal.* On donnait ce nom, à des officiers ministériels nommés directement par le Roi, et non par les seigneurs, — distinction capitale — car il y avait aussi des sergents inférieurs attachés aux tribunaux de juridiction seigneuriale, mais dont l'autorité, l'instruction et le rang social étaient bien au-dessous des premiers.

Les sergents royaux, en effet, cumulaient des fonctions d'ordre judiciaire, administratif et policier.

Comme officiers de justice, ils remplissaient à peu près les fonctions des autres sergents ou de nos huissiers actuels, mais avec une différence essentielle. Tandis que les sergents particuliers des Baronnies, des Vicomtés, etc. exerçaient les rigueurs de la justice des seigneurs sur leurs propres sujets, — ce qui les rendaient si impopulaires, — les sergents royaux, au contraire, apportaient aux seigneurs des ordres supérieurs qui réfrénaient leurs abus, et leur rappelaient que la justice du Roi absorbait de plus en plus et dominait les justices seigneuriales. Aussi étaient-ils redoutés des châteaux et non du peuple dont ils étaient le conseil et le guide.

Ce qui ajoutait à l'importance de leur rôle dans la cité, c'était certains pouvoirs — aujourd'hui réservés aux maires, aux adjoints et aux commissaires de police — par exemple, celui de veiller à l'ordre public, et de faire arrêter par des gens armés tous les malfaiteurs ou les individus

suspects : pouvoirs redoutables, qui faisaient de ces ma
gistrats des personnages importants et honorés.

Comme tous les officiers royaux, ils étaient exempts des
juridictions de la commune, de l'abbaye ou des seigneurs,
et affranchis de leurs impôts, ce qui leur donnait un rang à
part dans la cité.

D'après les auteurs les plus estimés sur le moyen-âge, tels
que P. A. Chéruel (1), les charges des sergents royaux —
que l'on nommait alors Sergenteries, ainsi que l'étendue
de leur circonscription, — avaient une telle importance,
notamment en Normandie, qu'elles y constituaient des *fiefs
nobles et héréditaires*, abolies par l'Assemblée Constituante
dans la nuit du 4 août 1789. Mais longtemps avant cette
date, dans un grand nombre de provinces, les sergents
royaux avaient perdu leurs prérogatives administratives et
municipales et n'étaient plus que des « huissiers royaux ».

En Bas-Limousins, ces offices — sans être héréditaires,
ni nobles, — devaient se transmettre assez facilement —
au moins dans les bonnes familles bourgeoises où les études
étaient en honneur, — puisque nous les voyons conservées
dans la famille Farges, et transmises du père au fils ou au
neveu, ou au beau-frère, pendant huit générations successives.

Mais ces facilités ne dispensaient ni des études et des
examens préalables ni du stage légal. Après avoir constaté
la culture générale du candidat et ses connaissances en
droit civil et en procédure, le sénéchal de la vicomté de
Turenne, en résidence à Martel (2), demeurait encore libre de
l'agréer au nom du roi ou de le refuser.

De fait, si nous en jugeons par l'écriture, l'orthographe,

---

(1) CHÉRUEL, *Histoire de l'administration monarchique en
France, depuis Philippe-Auguste*; — *Diction. historique des Institutions... et coutumes de France* (1855 .

(2) La Sénéchaussée de Martel, qui datait du XIIe siècle, et
dont relevaient tous les tribunaux des seigneurs et du vicomte
lui-même, était ainsi composée: 1 sénéchal ou officier à longue
robe, 1 lieutenant civil, 1 lieutenant d'épée, 1 lieutenant criminel, 1 lieutenant particulier, 1 assesseur, 4 conseillers, 1 avocat
du roi, 1 procureur du roi, 1 greffier, 1 receveur, 1 commissaire

le style de presque tous les Farges (1), sergents royaux,
dont nous avons retrouvé des exploits, et même par leurs
signatures si nettes, si élégantes dans leur simplicité qu'elles
l'emportent de beaucoup sur la plupart des autres signatures
des actes de l'état civil, ils étaient des esprits cultivés bien
au-dessus du commun.

Sans vouloir exagérer la portée de cette remarque tirée
de la graphologie, qu'on nous permette de l'étendre à tous
les Farges en général. Depuis des siècles, les actes de l'état
civil ou des notaires que nous avons examinés, nous montrent d'innombrables spécimens de leurs signatures : or,
malgré une variété indéniable, nous y retrouvons un fond
commun et comme un trait de famille, composé de clarté,
de fermeté et très souvent d'élégance dans la simplicité, qui
contraste évidemment, soit avec la complication mystérieuse et hiéroglyphique de certaines signatures, soit avec
la négligence, l'incorrection ou l'inintelligibilité des autres
et surtout des nobles.

Notre premier sergent royal fut un *Jean*. Sa veuve étant
mentionnée dans les fragments d'état civil qui nous restent,
à la date du 5 février 1671, on doit reporter sa mort, un peu
avant cette année, et sa naissance dès le début du XVIIe siècle ou à la fin dn XVIe.

Nous conservons de lui un curieux exploit, en onze pages,
daté du 24 août 1651 et commençant par ces mots : « Com-
parant pardevant moi Jean Farges, sergent royal, et sau-
vegardien au présent vicomté, Jean Vialle, bourgeois et
marchand de la présente ville de Beaulieu... » Ce Jean
Vialle a signé *Delavialle*, en attendant de devenir plus tard
noble écuyer et seigneur de la ville de Beaulieu. De son

---

aux saisies, 1 sergent royal audiencier, 2 sergents royaux, 5
procureurs. — Au-dessus de cette cour d'appel était le Parlement
de Bordeaux pour la rive droite de la Dordogne, ou celui de
Toulouse pour la rive gauche. — Cependant quelques paroisses
de Beaulieu et d'Argentat relevaient de la sénéchaussée de
Tulle.

(1) Le premier, seul, a une écriture plutôt médiocre, mais
pourtant ferme et très lisible.

côté Jean Farges à signé : « *sergent royal, général sauve-gardien et commissaire sus dit* » (1).

Le deuxième sergent royal fut un Joseph, mort en 1694 : ce qui nous donne comme probable, pour date de sa naissance, les environs de 1634, en se basant sur une moyenne minimum de 60 ans de vie chez les Farges.

Le troisième fut Pierre pour lequel nous avons des dates précises : né en 1640 et mort le 3 novembre 1700 à l'âge de 60 ans seulement (cf. état civil. 19 décembre 1675 et 17 septembre 1677).

Ensuite arrive un autre Jean, mort en 1703 : ce qui nous donnerait, par le même calcul, une date de naissance vers 1643.

Un cinquième, du nom de Pierre, fut le mari de D^lle Françoise Tronche (?). Nous le trouvons en exercice aux dates suivantes : 3 et 13 mai 1676, 30 mars 1681 et 23 janvier 1684.

Un autre Pierre fut baptisé le 5 février 1671. On le voit assister comme parrain et signer au baptême de Pierre Bonneval (5 novembre 1691). La date de sa mort n'a pu être retrouvée.

Un septième, du nom de Jean, naquit vers 1682; il épousa D^lle Françoise Couderc le 16 février 1711, comme nous le dirons plus loin, et en eût six enfants.

Enfin un huitième, encore appelé Jean, naquit en 1686 et mourut le 13 mai 1736 à l'âge de 50 ans seulement. Nous avons lu un de ses exploits en faveur le l'Hôtel-Dieu de Beaulieu et daté du 11 septembre 1730. Il se dit reçu au sénéchal de Turenne et au siège royal de Martel (?).

N'ayant eu qu'une fille, Jeanne, baptisée le 12 janvier 1710 il fit passer son étude à un parent de sa femme Hélène Beffare, probablement son beau-frère, Antoine Beffare, que nous trouvons en exercice au 14 août 1712.

Nous aurons l'occasion de reparler de cette excellente famille Beffare, dont les plus anciens de nos *registres consulaires* nous montrent les signatures aux procès-verbaux

---

(1) Il a signé le 12 décembre 1643, dans un acte reçu par maître Delavidalie not. roy. n° 124 (Belle signature).

des assemblées communales, contemporaines de celles des Farges, dès l'année 1609 (1)

Telle est la liste, — sans doute bien imparfaite, vu l'état fragmentaire des documents conservés — des hommes de loi parmi les Farges, à cette époque reculée. Ils s'échelonnent, comme on le voit, dans tout le cours du xviie siècle et le débordent largement.

Pour la compléter, ajoutons que le milieu du xviiie devait voir sortir de la même famille un « notaire royal », François Farges, qui fut reçu en la sénéchaussée et présidial de Brive le 1er juillet 1777. Il acheta aussitôt une des bonnes études vacantes du canton de Beaulieu, à la Chapelle-aux-Saints, et y exerça de 1777 à 1807. Il s'établit dans sa propriété de Sourdoire, où sa branche parait s'être fixée. A sa mort, notre cousin Jean Duchamp de Beaulieu prit la suite de son étude, conserva ses minutes et exerça à Bilhac.

De la souche des sergents royaux que nous venons d'énumérer on vit sortir tout-à-coup une multitude de rameaux qui pullulent dans tout le cours du xviiie siècle, au point de paraître un dédale inextricable aux yeux de l'historien. Cependant nous allons essayer d'y mettre un peu d'ordre. Si c'est là un acte méritoire de patience, encourageons-nous à la pensée qu'il ne doit pas durer longtemps.

En effet, après tout un effort de vitalité exubérante au xviiie siècle, la sève de l'arbre paraît peu à peu s'affaiblir au xixe, à ce point que des douze rameaux nouveaux, il n'en restera plus finalement qu'un seul au début du xxe. Que sont devenus les autres ? ou ils se sont éteints sans bruit, ou ils ont disparu du pays. Dans l'un et l'autre cas, le silence s'est fait sur leur mémoire.

------

(1) Les Beffare qui siégèrent dans ces assemblées furent nombreux. On y voit les signatures d'Antoine, de Jean, de Jacques, de Guillaume, de Raymond et de Blaise Beffare. Nous avons retrouvé le testament d'Antoine Beffare qui montre la grande aisance de cette famille. Il est daté du 16 octobre 1611, devant maître Delavidalie, « notaire et tabellion royal ». (Minutes de Grenailles no 94). — (Ibid. no 60) François Beffare est dit praticien à Nonards, et propriétaire à la Mazeyrie, le 22 février 1737 — Voir leurs belles signatures, 3 mai 1630, 1er mars 1696, etc.

Commençons par tracer la généalogie du rameau qui vit encore à Beaulieu : aussi bien, par une mystérieuse coïncidence, est-il le premier en date, et c'est dans ce sens large que nous l'appellerons la branche aînée.

.*.

Vers 1678 naissait Jean Farges, frère aîné du dernier des sergents royaux sus-énoncés et fils de Pierre Farges, avant dernier sergent royal. En 1701 il épousait une cousine, Claire Farges, dont il eût trois enfants : 1° Jean, baptisé le 13 mars 1702 ; 2° Joseph, baptisé le 10 novembre 1703 et Louise, baptisée le 18 janvier 1708 et qui eut pour marraine Louise Besse dont la famille a donné des consuls à la ville de Beaulieu.

Or c'est l'aîné de ces trois enfants qui devait perpétuer le nom et la race jusqu'à nos jours. Son acte de décès, en date du 20 décembre 1765, qui témoigne de sa sépulture dans la chapelle des Pénitents, mentionne qu'il était veuf de Jeanne Duport. Un autre registre nous donne la date exacte de leur union. Elle fut célébrée le 16 février 1724 en l'église paroissiale de Beaulieu. Qu'était-ce donc que cette nouvelle épouse, Jeanne Farges Du Port ou Del Port, — comme elle aimait à signer ?

La réponse est facile. Il suffit d'avoir parcouru les registres publics de cette époque, surtout ceux des Pénitents bleus, pour avoir remarqué vingt fois la signature très caractéristique en quatre grosses lettres de Port.

Le sieur Antoine Port ou Duport qui donnait sa fille en mariage à Jean Farges était un bourgeois de la ville et du petit nombre de ces bourgeois d'élite choisis par les R. Pères Jésuites pour fonder leur célèbre confrérie des Pénitents bleus. Nous en parlerons plus loin en détail. Il suffit ici de dire que le choix dont il était honoré était un brevet d'honorabilité sans tache et de distinction parmi tous les bourgeois de la ville.

Cet honneur était du reste partagé par la famille où entrait sa fille. Un autre Jean Farges, oncle de l'époux, signait en même temps qu'Antoine Port la première page du livre d'or des Pénitents bleus (1), en compagnie de sept autres honorables fondateurs dont voici les noms : De la Serre Bourrié, Tronche, Darche, Batut, Salles, Navatier et Biget secrétaire. Ignorer ces noms, serait ne pas connaître l'histoire de Beaulieu où ils reviennent si souvent.

Quant au nouveau marié, petit-fils d'un sergent royal, quelle était sa profession ? Celle de presque tous les autres Farges : bourgeois et marchand. Et son commerce, qu'il avait recueilli de son père Jean, celui de la chapellerie, était installé sur la grand'place de la cité, à côté des grandes halles, dans la maison dite de M. le *Prévôt*, parce qu'elle se trouvait sur l'emplacement de celle du Prévot de l'Abbaye, ruinée par les Calvinistes. Nous en reparlerons plus loin.

Ce qu'il convient de dire ici, c'est que la position seule de cette chapellerie, au centre de la ville murée, en indiquait l'importance. C'était là sans doute que les consuls de la ville allaient acheter non seulement leurs coiffures de luxe, mais encore ces fameux *chaperons rouges*, signes de leur distinction, et qui complétaient si bien leurs toges consulaires, mi-rouges, mi-noires, rehaussées d'hermine, dont nous avons déjà eu l'occasion de parler.

Le nouveau ménage eut au moins trois enfants :

1° Antoine, baptisé le 10 mars 1725, qui reçut le prénom, inusité dans la famille, de son aïeul maternel Antoine Beffare, le sergent royal qui fut son parrain ;

2° Jean, baptisé le 27 mai 1727. Il reçut le nom de son oncle qui le tint sur les fonds baptismaux, avec sa tante autre Jeanne Du Port. Son acte de décès, en date du 22 frimaire an XIV (13 décembre 1805), est signé par Pierre Duchamp « son gendre » et par Pierre Batut « son parent »;

3° Le troisième fut une fille, qui reçut à son baptême, le 26 août 1730, le nom de Louise.

C'est encore Jean, le second de ces enfants, qui continua la lignée. Le 19 juillet 1756, il épousait D^lle Catherine Fom-

____

(1) Voir archives de la paroisse de Beaulieu.

bazou, fille de feu Antoine Fombazou (1), maître maréchal ferrant, et de D^{lle} Bernarde Mastral. Quoique la nouvelle famille ne fut pas tout à fait du même rang social, cette union fut approuvée de tous, soit parceque l'orpheline était relativement riche, soit parceque l'honorabilité parfaite de la famlile Fombazou lui valut quantité d'alliances bourgeoises avec les Mastral, les Materre, les Florentin (2), les Décoste et les Massoulie (3), ainsi que les Laurier (4), les Couderc, etc.

Catherine, née en 1728, vécut 92 ans, jusqu'au 11 mars 1820.

De ce mariage naquirent trois enfants :

1° Bernarde Farges, baptisée le 25 avril 1757 ; (parrain Jean Farges, grand-père ; marraine Bernarde Mastral, grand'mère). Elle fut mariée à Pierre Ducham de la Geneste, propriétaire à la Bridole, le 19 novembre 1792. Il était son cousin au 4e degré : ce qui nécessita une dispense de Rome. Elle mourut le 17 octobre 1846, à l'âge de 89 ans, après son mari décédé le 24 novembre 1838, âgé de 73 ans ;

2° Jean Farges, baptisé le 31 mars 1759 (parrain Jean Farges grand-père ; marraine Jeanne Fombazou sa tante). Il se maria le 22 mai 1790, ayant obtenu une dispense pour parenté au 3e degré, avec D^{lle} Madeleine Biget (fille de feu Jean Biget aîné et de Madeleine Catherine d'Arfeil) née le 5 novembre 1762 et décédée le 17 avril 1832. A ce mariage, célébré par Etienne Farges prieur de Montcalm et frère de l'époux, ont signé comme témoins : Jean Terrier, notaire

---

(1) Fils à Pierre et né le 27 septembre 1695. Son acte de baptême est signé par Massoulie et Décoste. Son contrat de mariage passé dans la maison du sieur Louis Materre, docteur en médecine, 1er consul, oncle de la mariée, est signé par de Turenne, sgr de Falgueyroux, Materre, Materre, Albert, Albert (consul), Besse (consul), Farges, Farges, etc. 28 janvier 1717 (Minutes Soleilhet, n° 37).

(2) Actes de l'état civil, 7 janvier 1730.

(3) Actes de l'état civil, 27 septembre 1695.

(4) Acte de décès de Jeanne Fombazou, veuve de Geoffroy Laurier (10 germinal an XII) et baptême d'Antoine, 16 février 1786.

royal, Jean Terrier, praticien, Gaspard d'Arfeil, oncle de la mariée, etc. Il mourut le 3 avril 1842, à l'âge de 83 ans. ;

3° Etienne Farges, baptisé le 13 décembre 1761 et décédé le 3 novembre 1797. Il eut pour parrain Etienne Courteau, maître taillandier, vieil ami et parent de la famille, et pour marraine Jeanne Du Port, sa grand'mère. Très intelligent, il fut reçu maître-ès-arts (docteur ès-lettres) à Toulouse, fut ordonné prêtre, devint le dernier prieur et seigneur de Montcalm, confesseur de la foi pendant la terreur, et mérite à tous ces titres que nous revenions un peu plus loin sur sa pieuse mémoire.

C'est encore le deuxième enfant ce cette famille, Jean, qui était destiné à en continuer la lignée. De son mariage avec D^{lle} Catherine Biget sont nés deux enfants : Jean-Baptiste, bourgeois et propriétaire, et Gaspard, bourgeois et marchand :

1° Jean-Baptiste Farges fut baptisé le 30 avril 1791. et fut tenu sur les fonds baptismaux par son grand-père, Jean Farges et sa tante D^{lle} Anne Biget. Il se maria le 6 janvier 1818 (1) avec sa cousine Marie-Madeleine Ducham, (fille de Pierre Ducham et de D^{lle} Bernarde Farges) née en 1797 et décédé le 8 août 1824. Il mourut le 25 août 1865 ;

2° Gaspard Farges, né le 12 juillet 1793 et décédé le 10 juillet 1866. Il fut bourgeois et aussi marchand, car il tint un commerce de fers (2), dans la maison que nous occupons encore, place Barbacane, jusqu'à l'année 1854. Il se maria, le 16 novembre 1813, avec Marguerite-Appollonie Albert, fille cadette de François Albert et de Marie Brel, née le 8 février 1784.

Le mariage fut béni par un cousin, maître Jean-Joseph Brel,

---

(1) Le contrat de mariage (chez Mialet) porte 36 signatures où nous relevons les noms de Lafon, baron de Costa, Albert, Brel, Farges de Lafond, Sirieix de Lageneste, Albert de Ponchy, Coste, Roche de Florentin, Florentin du Batut, Laurier, Galichet, Batut, Colomb, Perrinet, Ducham de Lageneste chef d'escadron, chevalier de St-Louis, Brousse, Ponchie, Beaupré, Mialet, etc.

(2) Les jolies serrures en cuivre et acier, et les solides ferrements de notre maison viennent de son magasin.

curé du Puy-d'Arnac, en présence des témoins : Jean Far-
ges père, Joseph Albert frère de l'épouse, docteur Jean
Brel son oncle, J.-B. Couderc avocat, son cousin, Pierre
Ducham oncle de l'époux, qui ont signé avec : Mesdames
Chabrignac de Massoulie, Salles de Couderc, Albert de
Gasquet, Décoste, etc.

Notre grand'mère Appollonie est décédée le 12 septembre
1871, à 87 ans, un peu moins âgée que sa sœur ainée mère
Sainte-Claire.

Nous voilà donc arrivés dans notre généalogie à une
bifurcation — au moins passagère — dont il nous faut suivre les deux directions. Voici d'abord la première :

*
* *

A. — Sont issus du mariage de Jean-Baptiste Farges avec
Marie-Catherine-Madeleine Ducham, deux enfants seulement, car la mère mourut à 27 ans, le 8 août 1824.

1° Jean-Baptiste-Hippolyte Farges, propriétaire, né le
25 novembre 1818 et décédé le 25 octobre 1902. Il s'était
marié le 13 janvier 1845 (1) avec Dlle Claire-Frédérique-Irma
de Lagarde, fille de J.-B. Alain de Lagarde, propriétaire au
château de Narbonnet à Saint-Ceré (Lot) et de dame Louise
de Dourdon. Née en 1815 à Saint-Ceré, elle est décédée à
Beaulieu le 6 décembre 1880, âgée de 65 ans ;

2° Marie-Madeleine Farges, née le 27 septembre 1820, et
mariée le 15 avril 1844 avec J.-Baptiste-Victor Borie, né à
Tulle, le 19 octobre 1817, et notaire à Altillac.

— Issus du mariage de J.-B.-Hippolyte Farges avec Dlle
Irma de Lagarde :

1° Jeanne-Marie-Louise Farges, née le 30 décembre 1845,
baptisée le lendemain : parrain Jean Farges grand-père ;

---

(1) Le contrat passé par maître Born, notaire à Saint-Ceré,
porte les signatures de Miramon, Dausier, Reine de Lagarde, de
La Chapelle, Adèle de Lagarde, Claire de Lagarde, Eulalie de
Lagarde, Octave de Lagarde, Dourdon de Richemont, Ortal, du
Bessol, Borie, de Bicheran, de Labarrière, de Saint-Priest, La-
vaur, Lacoste, Ayrolles, etc.

marraine, dame Louise de Dourdon de Lagarde, grand'mère.
Elle est décédée célibataire le 21 septembre 1911, chez son
cousin Mgr A. Farges ;

2° Marie-Alain-Auguste Farges, né le 7 janvier 1848, et
décédé tout jeune le 14 juin 1849 ;

3° Eulalie Farges, née le 5 décembre 1851 et morte très
peu de temps après sa naissance ;

4° Marie-Eulalie-Victorine Farges, née le 25 mars 1854,
baptisée le lendemain : parrain, Victor Borie notaire ; marraine, dame Octavie de Lagarde, demeurée célibataire.

Cette branche aînée des Farges, est donc « tombée en
quenouille » et bien près de s'éteindre.

— Issus du mariage de Marie-Madeleine Farges, avec
J.-B.-Victor Borie, notaire à Altillac :

1° Henry-Marie Borie, né le 10 avril 1845, et décédé à
l'àge de six mois, le 18 octobre de la même année ;

2° Jeanne-Claire-Irma Borie, née le 15 novembre 1846,
mariée à M. Tromain, marchand drapier à Tulle, où elle
mourut ;

3° Jean-Baptiste-Ferdinand Borie, né le 1er novembre 1848.
Il succéda à son père comme notaire à Altillac, mais il partit
bientôt du pays, se maria et mourut loin de nous ;

4° J.-B.-Léon Borie, né le 24 janvier 1850 et décédé tout
enfant, le 26 septembre 1851 ;

5° Enfin, Marie-J.-B.-Auguste Borie, né le 13 juillet 1854.
Sorti du pays, presque en même temps que son frère Ferdinand, il se maria au loin et y mourut.

Il nous faut donc revenir au point de départ de notre bif-
furcation, puisque le nom des Farges s'est éteint dans la
lignée de Jean-Baptiste Farges, époux de D^{lle} Marie-Madeleine Duchamp.

*
* *

B. — Sont issus du mariage de Gaspard Farges avec
D^{lle} Marguerite-Appollonie Albert, sept enfants, savoir :

1° Clarice Farges, née le 14 novembre 1814 et décédée à

Roux le 15 octobre 1883. Elle eût pour parrain Jean Farges, père de Gaspard Farges et pour marraine Marguerite Albert, dite en religion, mère Ste Claire.

Elle fut mariée le 28 septembre 1836 à Jean-Marie-Adolphe Viguier, né à Toulouse, le 3 septembre 1799, et décédé dans sa propriété de Roux, près Beauville, le 9 octobre 1883. Il était fils cadet de Simon Viguier, propriétaire à Beauville, canton de Caramant (Haute-Garonne) et de D^lle Paschale-Julie Brunie, héritière de notre grand'tante Françoise Albert de Massoulie ;

2° Marie-Jean-Louis Farges, né à Beaulieu, le 8 décembre 1817 et décédé le 2 avril 1909, à l'âge de 92 ans. Son parrain fut son cousin Jean Brel, docteur en médecine et remplaçant son oncle Jean-Louis Albert, receveur des finances, dont il reçut le prénom ; sa marraine fut Marie-Madeleine Farges, née Biget, mère de Gaspard Farges.

Après avoir été élève à Noailles (1833-1834) puis à Servières (1835) et exercé les fonctions de principal à la banque Laromiguière, de Toulouse (1837-1843) où s'ouvrait pour lui une carrière honorable et lucrative, il revint à Beaulieu, attiré par l'attrait d'un beau mariage avec D^lle Marie-Antoinette-Elisabeth-Adèle Daval du Peyrat, fille de Jean-Pierre-Auguste Daval du Peyrat, docteur en médecine, maire de Bretenoux (Lot) et de dame Marie-Adeline Vaissié. Le mariage eût lieu à Bretenoux, le 20 mai 1845 et fut béni par un cousin, l'abbé Décoste, curé de Pazayac (Dordogne). Adèle était née le 10 février 1822, et elle devait mourir à Beaulieu le 24 mai 1903, âgée de 81 ans passés ;

3° Marie-Antoinette Farges, dite en religion, Mère Ste Ursule et restauratrice du monastère des Ursulines de Beaulieu. Elle était née le 12 juin 1819, et avait eu pour parrain, Jean-Baptiste Farges, son oncle, et pour marraine sa tante Marie-Antoinette Albert, dite en religion, Mère St Michel. La date de sa profession fut le 9 mars 1837, et celle de son décès le soir du 18 mars 1891.

Elle mourut en la fête de saint Joseph, comme elle l'avait elle-même annoncé dès le début de sa longue et douloureuse maladie, où elle fit l'étonnement et l'admiration de ses compagnes par l'ardeur de sa foi chrétienne et l'énergie virile de son âme.

4° Le quatrième enfant fut Marie-Joseph Farges, né le 21 novembre 1821 ; il eût pour parrain Joseph Albert de Massoulie, beau-frère de Gaspard Farges, et pour marraine Marie Ponchie, née Audinet du Ginestou. Engagé volontaire le 2 mars 1842, puis élève de Saint-Cyr d'où il sortit sous-lieutenant le 1er octobre 1844, fait lieutenant le 2 octobre 1848, et capitaine d'infanterie le 30 décembre 1854, il fit les campagnes d'Afrique, fut décoré de la légion d'honneur et devint chef de bataillon en 1870.

Entre temps, il s'était marié, le 12 juin 1854, avec Dlle Laurence-Marthe-Louise (Lowely) de Filley de la Barre, fille de Pierre-Victor-Joseph-Mathurin de Filley de la Barre, commandant du génie en retraite, chevalier de la Légion d'honneur, propriétaire au château Théophile, à Baron, canton de Branne (Gironde), — et de dame Marie-Rosalie de Pontoise. C'est dans ce domaine qu'il mourut le 27 février 1908 ;

5° Le cinquième fut une fille qui reçut le nom de Marie-Antoinette. Elle était née le 10 avril 1824 et avait eu pour parrain Antonin Brel, tenant la place d'Antoine Lafon, ex-inspecteur de l'enregistrement, oncle à Marguerite-Appollonie Albert ; pour marraine Marie Ponchie, née Albert, sœur aînée d'Appollonie et épouse de Léon Ponchie, officier en retraite. Elle était célibataire et mourut le 24 juin 1884, âgée de 60 ans seulement.

Elle avait été l'héritière des bijoux, couverts d'argent, décorations et souvenirs de famille de Mlle Sclafer de La Rode, dernière du nom. Les deux familles étaient intimes et alliées. Ainsi l'on voit noble Jean-Louis de La Rode, seigneur du Lavadour se faire remplacer par le sieur Joseph Farges, comme parrain de Jean-Louis Paly, fils de Jean Paly, docteur en médecine et de Dlle Marie de La Rode (20 juin 1713) ;

6° Le sixième fut Pierre-François Farges, le spirituel Figaro de la famille. Né le 25 octobre 1827, il avait eu pour parrain son grand oncle Pierre Duchamp de la Geneste, oncle à Gaspard Farges ; pour marraine Françoise Albert,

sa tante. Il mourut le 15 avril 1898, à 71 ans, sans laisser
d'héritier ;

7° Le dernier enfant que nous ne citons que pour mémoire,
car il ne vécut que quelques mois, reçut le nom de Marie-
Joseph-Félix. Né le 5 septembre 1829, il eut pour parrain
Joseph Brel, docteur en médecine, cousin à sa mère Appollonie, et pour marraine sa sœur Clarice. Il mourut dans
notre propriété de Ganissal, commune d'Astaillac, où il était
en nourrice.

Sur ces sept enfants, trois seulement ont laissé une postérité : Clarice, Joseph et Louis. Devant parler des enfants
des deux premiers aux articles Viguier de Roux et Farges
de Filley, qui leur sont consacrés, nous nous bornerons ici
à énumérer ceux que Louis, l'aîné de la famille, a vu naître
de son union avec D^{lle} Adèle Daval du Peyrat. Ils sont au
nombre de quatre :

1° Marie-Thérèse-Alida Farges : née accidentellement à
Bretenoux, avant terme, le 9 janvier 1846, elle ne pesait à
sa naissance, toute emmaillotée, que 4 livres 1/2, d'après
la constatation du docteur Daval son grand père. Depuis
elle a fait appel des condamnations de la médecine et est
devenue exceptionnellement vigoureuse. Son parrain fut
Gaspard Farges, son grand père paternel, et sa marraine
Adeline Daval, sa grand'mère.

Elle a fait son éducation à Saint-Ursule de Beaulieu, puis
à Saint-Alyre de Clermont. A 20 ans elle a épousé, le 25
juillet 1866, M. Edouard Trayssac, propriétaire à Simonet
de Bétaille (Lot) et neveu du docteur Jules Trayssac. Il
était fils de Paulin Trayssac, capitaine de la Jeune Garde à
Waterlo et de feu Rosalie Trayssac.

De cette union sont nés deux enfants : Jules et Paul
Treyssac. Jules, propriétaire à Simonet, a épousé D^{lle} Henriette Lacam, de Cajarc, dont il a eu un fils Pierre, engagé
volontaire au 23e régiment d'artillerie, pendant la grande
guerre et mort pour la France, à 18 ans, le 19 mai 1917.

2° Le premier garçon vint au monde le 9 novembre 1848.
On le nomma Marie-Jean-Louis-Auguste-Albert Farges. Sa
grand'mère Appollonie Albert qui le portait sur les fonds

baptismaux avec le docteur Daval son grand-père, tint à lui
donner le nom d'Albert, (malgré l'hésitation du vicaire qui
ne trouvait pas ce nom dans son calendrier), pour perpétuer
la mémoire de la famille Albert, qui allait s'éteindre avec
cette vénérable grand'mère.

Elève du collège de Beaulieu, puis de Sarlat, enfin de Saint-
Joseph de Tivoli à Bordeaux où il obtenait, en 1866, le 2ᵉ prix
d'excellence et le 1ᵉʳ de dissertation philosophique. — présage de sa vocation future à la philosophie — il devint
élève du séminaire Saint-Sulpice de 1868 à 1872. Il reçut la
1ʳᵉ tonsure à Paris, le 22 mai 1869, les ordres mineurs le 18
décembre de la même année. Il fut ordonné sous-diacre
pendant la guerre, à Tulle le 17 décembre 1870 ; diacre à
Paris le 23 décembre de l'année suivante et ordonné prêtre
le 21 décembre 1872.

Entré dans la compagnie de Saint-Sulpice, il enseigna la
philosophie et la théologie aux grands séminaires de Bourges, de Nantes et de Paris, fut reçu docteur en philosophie
et en théologie de Rome, — et plus tard docteur *honoris
causa* de Louvain et lauréat de l'Académie française. Il fut
directeur au séminaire de l'Institut catholique de Paris pendant treize ans, supérieur et fondateur d'un séminaire analogue à Angers pour l'université de l'Ouest, d'où il fut expulsé par les fameux décrets de 1905 qui précédèrent la séparation de l'Eglise et de l'Etat.

Alors, contraint aux loisirs d'une retraite prématurée, il les
a consacrés à achever la publication de ses ouvrages de philosophie, qui comprennent aujourd'hui 25 volumes. Son
grand cours en 9 vol. in-8° (8ᵉ édition) et son abrégé classique en latin en 2 vol. (25ᵉ édition) traduits en plusieurs
langues, lui ont valu du souverain Pontife l'honneur d'être
nommé Prélat romain, le 8 janvier, 1908.

3° Le troisième enfant fut nommé Marie-François-Eugène
Farges. Il naquit à Beaulieu le 11 septembre 1854, et eut
pour parrain M. Eugéne Soulhac, époux de Noémie Daval du
Peyrat sa tante ; pour marraine Françoise Albert sa grand'
tante. Il fut baptisé le 14 septembre par l'abbé Décoste,
curé de Pazayac, cousin et ami de la famille Farges.

Après avoir fait ses classes à Beaulieu et à Saint-Joseph

de Tivoli de Bordeaux, il entrait à la rue des Postes en 1872, pour préparer les examens de Saint-Cyr, où il était reçu après un an seulement d'études préparatoires, le 27 octobre 1873. Sorti de l'école sous-lieutenant le 1er octobre 1875. — Lieutenant, officier d'ordonnance du général Thibaudin commandant la 32e division d'infanterie à Perpignan, puis ministre de la guerre en 1883 — capitaine en 1885 — chef de bataillon en 1894. En retraite volontaire en 1908, lieutenant-colonel commandant le 4e régiment territorrial d'Avesnes-Maubeuge en 1910 — Siège de Maubeuge du 6 août au 7 septembre 1914. Prisonnier de guerre en Allemagne, à Torgau (Saxe) jusqu'au 15 février 1915, à Gütersloh (Wesphalie) jusqu'au 1er mai 1916. En Suisse, interné à Glion-près Montreux, canton de Vaud.

Chevalier de la Légion d'honneur du 27 décembre 1897.

Marié le 21 février 1889 à Dlle Jeanne Dusan, fille du général Dusan (originaire de Grenade, Haute-Garonne) et de Madame née Elisa Cros. Le mariage fut béni par M. l'abbé Farges et célébré dans l'insigne basilique de Saint-Sernin de Toulouse, en présence d'une brillante assistance où l'on remarquait sept généraux et un grand nombre d'officiers supérieurs. La musique du 83e donnait à cette fête un aspect tout militaire.

De cette union sont nés deux enfants :

a) Henri, né le 17 mars 1890 à Toulouse, 40, boulevard Carnot Sorti ingénieur de l'Ecole centrale, 1910-1913 Tombé au champ d'honneur en 1915, en des circonstances que nous relaterons plus loin ;

b) Antoinette, née le 24 février 1893 à Saint-Gaudens (Haute-Garonne).

Madame Farges est la belle-sœur du général Chapelain et la cousine germaine de deux généraux de Villaret.

4° Le quatrième et dernier enfant de Louis Farges fut une fille dite Marie-Claire-Noémie. Elle naquit le 16 septembre 1857 et eût pour parrain M. Emile Viguier tenant la place d'Adolphe Viguier notre oncle, et pour marraine sa tante Noémie Daval du Peyrat, épouse de M. Eugène de Soulhac, qui lui donna son prénom. Elle fit son éducation à Sainte-Ursule de Beaulieu et à l'Abbaye-aux-Bois de Paris

Le 18 avril 1878, elle épousa à Beaulieu M. Louis Fabre, natif de Gramat (Lot) ancien conseiller de préfecture, juge de paix à Beaulieu, puis juge au tribunal de Figeac, où il mourut prématurément le 4 février 1890, à 43 ans.

Ils n'eurent qu'un seuf fils, Albert, avocat à Tulle où il a épousé Mlle Geneviève Toinet, fille de M. Raymond Toinet, avocat général à la cour de Poitiers, démissionnaire à l'époque des fameux décrets contre les congrégations religieuses, et de Madame, née Chamiot, fille du procureur général à la cour de Limoges, ancien Préfet de la Corrèze, etc.

Le mariage fut béni en la cathédrale de Tulle, le 17 juin 1909, par Mgr Farges, au milieu d'une assistance brillante et digne de cette patriarcale famille. Trois enfants sont déjà nés de ce mariage : Raymonde, Louis et Jacques.

*
* *

Passons aux autres branches des Farges issues des sergents royaux du xviie siècle. Comme elles paraissent, avoir aujourd'hui disparu, et n'être pour nous que d'un intérêt purement historique, nous serons plus rapide : la rareté des documents anciens nous forcera du reste à la brièveté.

Autant qu'il nous sera possible, nous suivrous l'ordre chronologique donné par nos actes de l'état-civil, et malgré leurs graves lacunes, nous devrons nous en contenter

— *Deuxième famille*, issue de sieur Jean Farges et de Guillaumette Beffare. Longtemps ayant que Jean Farges, le sergent royal, se fût allié aux Beffare et leur eût transmis sa charge, les alliances avec cette famille s'étaient déjà multipliées. Le mariage de Jean Farges avec Guillaumette Beffare, célébré vers 1679, en est un exemple. Leurs enfants furent : Jean, Marguerite, Gérald et Jeanne.

Le 12 mai 1682, nous voyons D^lle Marguerite Farges, fille de sieur Jean Farges et de dame Guillaumette Beffare, éponser Julien Estrade, bourgeois et marchand de Beaulieu, dont elle eût un fils, Gérard Estrade, baptisé le 3 mars 1683.

Marguerite eût un frère appelé Gérald Farges, qui fut parrain de Gérald Estrade et lui donna son prénom.

Gérald Farges eût une autre sœur, Jeanne, que l'on maria au sieur Bernard (?) Bonneval, bourgeois de Beaulieu et qui lui donna cinq enfants : 1° Izabeau Bonneval, baptisée le 13 avril 1684 et dont le parrain fut Pierre Farges fils à Pierre, sergent royal ; 2° Gérald Bonneval, baptisé le 3 mai 1685, et dont le parrain fut Gérald Farges, son oncle ; 3° Marguerite Bonneval (baptisée le 14 juillet 1689) ; 4° Pierre Bonneval (5 novembre 1691) ; 5° Jean Bonneval (17 novembre 1697). .

L'acte de décès de Guillaumette Beffare, en date du 26 février 1693, la dit mère de Jean Farges et la suppose très proche parente de Pierre Albert : ce qui ferait remonter encore plus haut l'union des familles Farges et Albert.

L'acte du 17 décembre 1684, dit Pierre Beffare allié à Jeanne de la Serre et à Guillaume Coste, notaire royal. Celui du 12 juillet 1689 nous donne un spécimen de la signature très distinguée d'Ignace Beffare époux de D^{lle} Anne Massalve (1).

— *Troisième famille*, issue de Gérald Farges et de Jeanne Beffare. — Gérald, mort le 29 avril 1737, à l'âge de 80 ans, avait dû naître vers 1657, et se marier vers 1689. Jeanne était pour lui une cousine et une amie d'enfance. Elle lui donna d'abord une fille du nom de Jeanne, baptisée le 14 juin 1690 ; puis un fils Pierre-André Farges, baptisé le 1er décembre 1695.

Celui-ci épousa en premières noces. encore une cousine du même nom, Jeanne Beffare, dont il n'eût point d'enfant. Aussi désira-t-il convoler en secondes noces avec Madeleine Roüanes de Curemonte, le 10 février 1738. Ce nouveau mariage ne lui donna qu'une fille, Marie, baptisée le 12 août 1739, qui eut pour parrain le sieur G. Massalve de Saint-Genès. Il mourut à l'âge de 72 ans, le 24 janvier 1767, et fut enterré dans son église paroissiale.

---

(1) Notons que le sieur Gérald Beffare était contrôleur du Guet à Paris, en 1765 ; on le retrouve, en 1786, sergent (homme de loi) de la baronie de Castelnau. (Archives de la Corrèze, liasse B. 1055 et 1040).

— *Quatrième famille*, issue de Jean Farges et de Fran
çoise Couderc. — Nous nous réservons de parler plus loin,
dans une note spéciale, de la famille Couderc qni a donné à
la ville de Beaulieu des avocats en Parlement et des
consuls.

Quand à Jean Farges, nous l'avons déjà énuméré parmi
les sergents royaux de ce nom. L'acte de décès de son fils
Jean, au 13 novembre 1740, lui donna ce titre. Il était né
vers 1682, et se maria avec D^lle Françoise Couderc le 16
février 1711.

Les témoins furent Pierre Albert et Jean Couderc son
frère, pour la mariée ; pour l'époux, Pierre Bonneval et
Blaise Beffare, tous les deux bourgeois de la ville de Beaulieu et proches parents.

De cette union naquirent six enfants dont trois du nom
de Jean.

On voit combien ce grand Saint était aimé et honoré
dans la famille Farges où son nom se retrouve si souvent. On
dira sans doute, que quatre Jean dans une même famille
doivent être un grave embarras lorsqu'il s'agit de les appeler ou de les désigner. Mais nos aïeux savaient fort bien se
tirer de la difficulté Laissant aux notaires et aux fonction-
naires de l'état civil le soin de les désigner par la formule
un peu sèche et banale : 1er, 2e, 3e, du nom ou du prénom,
nos pères avaient de ces familiarités charmantes où leurs
petits Jean et leur petites Jeanne se déguisaient en Jeannot,
Gentil, Jeantou, Jeannet, Jeannette, Jeanneton, etc. et ils
étaient rapidement compris.

Quoiqu'il en soit, voici l'énumération des six enfants :

1° Jean, baptisé le 14 janvier 1712. Il eut pour parrain
Jean Couderc, bourgeois et marchand, et pour marraine
dame Jeanne Beffare, veuve d'un Farges. Il mourut le 23
novembre 1740, à l'age de 38 ans seulement ;

2° Autre Jean, baptisé le 18 mars 1713. Il fut tenu sur les
fonds par Jean Couderc et Jeanne Farges ;

3° Toinette, baptisée le 21 novembre 1714 ;

4° Autre Jean, baptisé le 16 novembre 1716 ;

5° Pierre, baptisé le 5 décembre 1718. Il eut pour parrain et marraine Pierre Farges et Marianne Biget;

6° Enfin Joseph, baptisé le 24 octobre 1721. Sa marraine fut Marie Borie.

— *Cinquième famille*, issue de Jean Farges et de Toinette Audinet. — Jean Farges était né vers 1688 et devait être le frère cadet du sergent royal époux de dame Françoise Couderc.

C'est le 13 janvier 1712 qu'il épousa D^{lle} Toinette Audinet. A ce mariage signèrent comme témoins : De la Serre Puysservier, D. Floret, du Brossier et Lacoste.

Ne reconnaissant pas de parents parmi ces noms — sauf les Lacoste alliés aux Farges (Voir 20 mai 1697), — nous sommes en droit de conclure que cette élite de la noblesse et de la bourgeoisie de Beaulieu, dont plusieurs étaient ou avaient été consuls, avait tenu à honorer de sa présence, soit la famille des sergents royaux, soit celle des Audinet qui, à cette époque, se distinguaient parmi les bourgeois de la ville : nous les voyons alliés aux Gasquet (notaire royal), et aux Braconac (3 mars 1681), aux Brel et aux Veilhers (26 avril 1751) ; enfin aux Marbot, car l'éducation du général Marcelin Marbot, devenu orphelin, fut confiée à une vieille tante, D^{lle} Audinet, de Beaulieu.

Quels furent les enfants issus de cette union ? Nous n'avons pu les découvrir, malgré nos recherches, soit qu'elle ait été stérile, soit que les registres aient été égarés comme tant d'autres.

— *Sixième famille*, issue d'un autre Jean Farges et D^{lle} Suzanne Couderc. — Encore une alliance avec les Couderc ! nous n'avons donc pas ici à les présenter au lecteur, et le renvoyons pour plus de détails à la *Note VII*.

D'après les registres des Pénitents, ce Jean Farges est mort en 1765, à 81 ans, ce qui porte sa naissance vers 1684. C'est vers 1713 qu'il a dû épouser D^{lle} Suzanne Couderc. Il en a eu cinq enfants :

1° Toinette Farges, baptisée le 21 novembre 1714. Elle eut pour parrain Pierre Farges, bourgeois, et pour marraine dame Toinette de Combes, épouse du sieur Jean Couderc ;

2° Marie, baptisée le 25 octobre 1720.

3° Louise, baptisée le 24 décembre 1723. Elle eut pour parrain Jean Coste, bourgeois, et pour marraine Louise de Besse, parente du consul de ce nom. Elle devait épouser le sieur Raymond Mondet, bourgeois, fils de feu Joachim et de D^{lle} Marie de Braconac.

Leur contrat de mariage, daté du 20 décembre 1770 (chez Ducham n° 350) fut passé en présence de noble Jacques-Raymond de Lavialle, avocat en Parlement, seigneur de Beaulieu et de maître Batut, greffier, témoins réquis, qui ont signé avec les sieurs Mondet, du Bessol, de Braconac, Ducham, Florentin, Couderc, Chièze, Decoste et les Farges au nombre de six. — (Les Mondet ont été consuls en 1625, 1629, etc.) ;

4° Marie, baptisée le 21 mai 1728, qui fut tenu sur les fonds sacrés par Pierre Bonneval, bourgeois et dame Marie Couderc ;

5° Enfin autre Toinette, baptisée le 12 juin 1726, et dont sieur Martin Vert, bourgeois, fut le parrain.

— *Septième famille*, issue de Pierre Farges et de D^{lle} Marie Borie. — Cette famille Borie n'était point parente avec les deux notaires de ce nom et originaires de Tulle, qui ont exercé à Altillac au XIXe siècle, dont nous avons déjà indiqué l'alliance avec la sœur de M. Hippolyte Farges, — mais elle était parente aux deux autres notaires du même nom, père et fils, qui ont exercé à Beaulieu de 1832 à 1876.

Pierre Farges étant décédé le 2 février 1736, à l'âge de 64 ans, il avait dû naître vers 1672 Son mariage avec D^{lle} Marie Borie fut célébré à Beaulieu le 16 août 1721. Cinq enfants naquirent de leur union :

1° Marie-Jeanne, baptisée le 9 septembre 1722. Elle eût pour parrain Pierre Borie, et pour marraine Jeanne Beffare ;

2° Jean, baptisé le 10 novembre 1723 ;

3° Suzanne, ainsi nommée par sa marraine dame Suzanne Couderc. Elle fut baptisée le 10 juin 1725 ;

4° Jeanne, baptisée le 6 décembre 1726. Son acte de baptême est signé des noms de Vert, bourgeois, Raymond Béronie et François Massoulie ;

5° Enfin un autre Jean qui devait épouser, le 9 août 1768, D^lle Françoise Chièze, dont le frère Antoine Chièze, maître chirurgien, signa l'acte de mariage, comme témoin avec P. Bousquet, contrôleur des actes, Jean Farges et Nicolas Leclère.

Notons que l'acte de décès de Pierre Farges en date du 2 février 1736 — par une prolixité peu coutumière à ces sortes d'actes — indique qu'il fut enterré dans l'église paroissiale (des Pénitents) et dans la *chapelle de droite en entrant*. Les Farges avaient donc leur sépulture dans cette chapelle, jusqu'à la Révolution. Malheureusement, dans une « restauration » de son pavé, la dalle qui portait le nom des Farges a disparu. Notre grand'mère Appolonie fit placer sur l'autel de cette chapelle un tableau de Ste Germaine de Pibrac (réduction du tableau de mon oratoire) en souvenir de sa guérison subite lors de sa maladie à Toulouse.

.— *Huitième famille*, issue de Jean Farges et de D^lle Catherine Rivière. — Ce Jean Farges, bourgeois et marchand, mort le 31 mai 1786 à l'âge de 74 ans, devait être né vers 1712.

Il se maria vers 1734, avec l'aînée d'une excellente famille bourgeoise — qui a donné plusieurs consuls en 1624 (1), 1635, 1716, 1756, 1749), — D^lle Catherine de Rivière, dont il eut cinq enfants :

1° Claire, décédée le 29 mars 1823, à 86 ans, avait été baptisée le 12 janvier 1737. La marraine et le parrain ont signé : Claire de Farges et Ignace Chazal, bourgeois, dont la famille donna des notaires royaux et des consuls à la ville de Beaulieu.

Devenue riche héritière, le 23 octobre 1786, elle épousa sieur Pierre Raymond Lafon, docteur en droit et avocat en

---

(1) A l'avènement de Richelieu, en 1624, Pierre Rivière, 1er consul, prête serment de fidélité au roi, au nom de la ville de Beaulieu, devant le sieur Fénis, commissaire royal et lieutenant général du sénéchal au siège de Tulle (Cartulaire de l'Abbaye).

Parlement, fils à Pierre Lafon, notaire royal, 1er consul et à Dlle Marie Dupuy. Le contrat fut passé à Beaulieu (chez maître Terrier, n° 83), mais la cérémonie religieuse eut lieu à Sioniac, avec la permission de Messire Leymarie, curé de Beaulieu, enregistrée dans les actes de l'état civil. Ont signé au contrat avec les parties : Turenne, Destresses, Destresses, D'Estresses, Lafon de Coudercq, Farges de Mastral, Dupuy, curé de Ménoire, Lafon, curé de Bretenoux, Verséjoux, etc. Sieur Raymond Lafon devait être un homme politique, député à la Convention Nationale où il refusa de voter la mort du roi, maire de Beaulieu au 19 floréal an VIII, etc. (1) ;

2° Joseph, baptisé le 14 avril 1738. Il devait être l'époux de Dlle Anne Ducham de Lageneste, le 18 avril 1768, et mourir le 2 juin 1785 à l'âge de 47 ans ;

3° Jeanne, baptisée le 19 avril 1735, elle eût pour marraine dame Jeanne de Chazal veuve du sieur Rivière, et pour parrain Joseph Farges, bourgeois et marchand.

4° Catherine, ainsi nommée par sa marraine Catherine Florentin Elle fut baptisée le 6 août 1739 et son acte de baptême fut signé : Ducham, Chazal, Brunie, Rivière veuve Florentin, etc. Elle devait un jour épouser Jean-Félicien Mastral, bourgeois de Beaulieu ; elle mourut le 2 mars, 1810, âgée de 72 ans.

5° Enfin un dernier enfant, Pierre, dont il nous a été impossible de découvrir les dates exactes de naissance et de mort.

Le testament mystique de Jean Farges, bourgeois, en date du 13 avril 1786, ouvert le 1er juin 1786 (chez maitre

____

(1) Le testament de Claire Farges (7 septembre 1822) lègue à Claire Laurier « ma fillieule » ; — à Joseph-Jules Ducham (fils à Jean notaire) « mon fillieul » ; — à Catherine Florentin, veuve Décoste « ma cousine » ; — à Bernarde Farges « ma cousine » ; — à J.-B. Farges « mon cousin » ; — à Catherine Florentin, épouse de J.-B Roche « ma cousine » ; — à Marie-Catherine Florentin, épouse de J.-Pierre Batut ; à Jeanne Catherine Florentin, épouse de Guillaume Moussours, avoué à Tulle ; — à Joseph Rivière « fillieul à mon frère, (fils à feu J. Rivière).

Terrier, n° 45) suppose que la mère est défunte ainsi que les enfants, à l'exception de Claire et de Catherine.

— *Neuvième famille*, issue de Clément Farges et de D^{lle} Marguerite Laval de l'Auduberty. — Clément, dont nous n'avons pu retrouver la filiation exacte, semble être né vers 1711 et marié en 1740. Leur fils Joseph, né en 1741 s'est marié le 23 juillet 1771 avec D^{lle} Suzanne Issartier veuve d'Alexis Champ, au Batut. Ils ont eu deux enfants :

1° Jean Farges, baptisé le 11 mars 1773, qui eut pour marraine dame Jeanne Veilhers, sa grand'tante maternelle, et pour parrain Jean Farges, du Puy-d'Arnac ;

2° Suzanne, baptisée le 14 février 1776.

Cette famille a quitté la ville de Beaulieu pour se retirer d'abord à Nonard-la-Roche et puis, croyons-nous, au Batut, où elle a encore des représentants, dont un maire de Beaulieu, pendant la grande guerre de 1914-18.

— *Dixième famille*, issue de Joseph Farges et de D^{lle} Jeanne Demichel. — Joseph, né vers 1721 et marié vers 1750, eut d'abord deux enfants jumeaux : Léonard et Jean, baptisés ensemble le 14 juin 1751.

Le troisième enfant fut un autre Jean, baptisé le 6 octobre 1757. Il se maria le 3 septembre 1783 avec D^{lle} Anne Bourdarie, et nous voyons leur acte de mariage signé par quatre témoins : Sieur Raymond Mondet, bourgeois, Farges, étudiant en philosophie, Jean Biget et Antoine Barrière, bourgeois. Cet ensemble de témoins, qui n'est pas banal, méritait d'être noté.

Le quatrième enfant fut une fille, Toinette, sur laquelle nous n'avons aucun renseignement.

— *Onzième famille*, issue de Joseph Farges et de Catherine Fombazou. — Joseph, dont les registres de décès fixent la mort au 15 mars 1753, à l'âge de 84 ans, et précisent le lieu de la sépulture dans l'église paroissiale, était né vers 1669. Il se maria le 17 septembre 1696 avec D^{lle} Catherine Fombazou, fille à Guillaume Fombazou, maître maréchal, et à D^{lle} Marie Montaigne. Nous avons déjà eu l'occasion de citer ce nom, de faire l'éloge de cette famille, dont le meilleur est encore la répétition même des alliances des Farges avec les Fombazou. L'expérence en dut être très heureuse, puisqu'on voulut la répéter.

De cette union naquirent sept enfants :

1° Jeanne, baptisée le 6 juin 1697 ;

2° Pierre, baptisé le 13 janvier 1699 ;

3° Jean, baptisé le 6 avril 1703 ;

4° David, baptisé le 26 janvier 1706. Il eut pour marraine Louise Besse dont la famille a donné des consuls à la ville de Beaulieu ;

5° Jean-Baptiste, baptisé le 13 février 1708. C'est dame Anne Montagne qui fut sa marraine ;

6° Claire, baptisée le 17 mars 1711, qui devint, en 1730, l'épouse du sieur Raymond Florentin. L'acte du 15 novembre 1764 porte, en outre, que dame Claire Farges était grand'mère maternelle de Jean Décoste, fils à Jean Décoste maître apothicaire et à Catherine Florentin ;

7° Enfin un autre Jean, baptisé le 18 avril 1712.

Leur mère mourut le 7 janvier 1733, et laissa son mari veuf pendant de longues années. Ayant été baptisée le 10 juillet 1672, elle n'était âgée de 61 ans. (L'acte de décès porte 50 ans environ).Elle fut enterrée dans l'église paroissiale, et dans les rangs du clergé on vit figurer messire Martial Clare (de Peyrissac) curé de Sioniac, et messire François Veilhers, prêtre, qui tinrent à honorer de leur présence sa dépouille mortelle.

— Une *douzième* et dernière famille qu'il nous reste à faire connaître — un peu plus longuement, parcequ'elle a donné un confesseur de la foi, cousin d'un martyr, — est issue du mariage d'un autre Jean Farges avec D[lle] Antoinette Lescure de S. Basile, fille d'une famille bourgeoise alliée aux Rivière, aux Dupuy, etc. (voir état-civil, 4 février 1749).

Le sieur Jean Farges, bourgeois et marchand de Beaulieu, y décéda le 28 avril 1775, et fut enterré à l'église paroissiale. à l'âge de 58 ans : ce qui fixe la date de sa naissance à 1718, Son mariage avait eu lieu le 24 juin 1751.

De ses enfants nous n'avons pu retrouver que deux noms dans les actes de l'état civil :

1° Une fille Jeanne, baptisée le 13 août 1757 ;

2° Un garçon du nom de Jean, qui devait se consacrer au service des autels. Il fut baptisé le 3 mai 1761, A la date du 3 septembre 1783, il signait : *Etudiant en philosophie*. Peu après, il entra dans les ordres sacrés, devint prêtre et vicaire gérant du Puy-d'Arnac.

Ayant eu le courage de refuser le serment schismatique, il fut arrêté après les fameux décrets du 18 mars 1793, incarcéré à Tulle dans l'ancien bâtiment des Récollets. Puis, le 11 mars 1794, il fut du nombre des 55 prêtres corréziens déportés dans les marais pestilentiels du Brouage (Charente-Inférieure), vis-à-vis de l'Ile d'Oléron.

Parmi eux se trouvait un cousin de Jean Farges, Jacques-Antoine Audinet, prêtre cordelier, né comme lui à Beaulieu, mais vingt ans plus tôt, en 1740. Tous les deux subirent ensemble et avec le même courage surhumain, pendant deux ans et demi, le long et barbare supplice des pontons et des marais où Jacques laissa sa vie, auréolée de la gloire du martyre.

Le récit de cette cruelle persécution a été écrit par l'une de ces nobles victimes, le chanoine Massainguiral, dont le récit a été récemment retrouvé par le docteur Morély dans ses papiers de famille, et nos lecteurs pourront lire ces pages émouvantes dans leur simplicité, parmi nos pièces justificatives (n° xv) qui terminent ce volume.

Nous tenons à les reproduire *in-extenso*, parcequ'elles sont trop peu connues et qu'elles ne peuvent manquer d'inspirer un vif sentiment de respect et d'admiration pour ces hommes héroïques qui préférèrent endurer le martyre, plutôt que de trahir leur conscience et de renier la foi de leur baptême.

Résumons-les ici en quelques mots :

Partis de Tulle le 11 mars 1794, vers midi, les uns en fourgon, les autres à pied, escortés de la gendarmerie et de la garde nationale, les proscrits arrivèrent à Brive à la nuit tombante et furent logés dans l'église de l'ancien Collège.

De Brive à Bordeaux, le trajet fut des plus pénibles. Dans tous les villages traversés, leurs gardiens — par un odieux mensonge — les signalaient comme des « brigands Vendéens pris les armes à la main » : aussi presque partout furent-ils menacés et insultés par la foule en fureur.

Au huitième jour de marche, ils parurent enfin devant Bordeaux. Embarqués sur trois chaloupes, les vénérables prêtres furent conduits en diverses prisons. où tout leur manquait, même la paille pour se coucher. Pendant cinq mois, ils y vécurent d'eau et de pain, entassés pele-mêle dans des salles obscures et infectes, au milieu d'un peuple furieux, vociférant sous leurs fenêtres.

A ces angoisses morales se joignit bientôt la misère physiologique avec tout son cortège de maladies. Leur état était lamentable, et les secours médicaux complètement refusés.

Le 9 thermidor (27 juillet 1794), jour de la chute de Robespière, qui rouvrit tant de prisons, laissa obstinément fermée celle des prêtres insermentés. Point de pitié pour eux !

Au contraire, l'ordre de déportation en masse est donné, et c'est au nombre de 580 qu'on les entasse sur trois vaisseaux négriers : *le Gentil, le Dunkerque* et *le Républicain*. On les fait stationner deux mois à l'embouchure de la Gironde. Au moment de gagner le large, ils sont assaillis par la tempête, et arrêtés par le bruit des canonnades, car les hostilités entre la France et l'Angleterre étaient ouvertes. Les commandants des trois navires, peu soucieux de se jeter dans la bagarre, se dirigent vers les côtes de la Charente, abordent au Port-des-Barques où ils restent amarrés pendant quatre mois.

Vers mai 1795, par ordre du représentant Blutel, ils sont débarqués aux marais du Brouage, où ils restent près d'un an, dans un état de misère et de dénûment indescriptible.

Ils quittèrent le Brouage le 30 mars 1796 pour se rendre à Saintes où ceux qui survivaient encore à cet affreux martyre furent enfin libérés. L'abbé Jean Farges était du nombre. Son cousin et son compagnon d'exil, Jacques-Antoine Audinet, étant mort de misère au Brouage, le 21 novembre 1795, il rentra seul dans sa ville natale.

L'ordre de libération signé du Ministre de la Police, en date du 15 thermidor an IV.(2 août 1796) ne porte que huit autres noms parmi les cinquante cinq prêtres corréziens. On peut juger par là de la barbarie du traitement qui permit à la maladie et à la mort de faire de si cruels ravages, car peu nombreux furent les privilégiés assez heureux pour s'évader ou se faire libérer.

Malgré son robuste tempérament et sa vigueur juvénile, Jean Farges ne put survivre longtemps à une épreuve si inhumaine et si prolongée. Il s'éteignit doucement et saintement au milieu de l'affection des siens et entouré de la vénération générale de notre population chrétienne pour un si héroïque confesseur de la foi.

Ainsi finit, — non sans quelque gloire — assurément, la douzième et dernière branche des Farges de Beaulieu au XVIIIe siècle.

*
* *

Inutile, croyons-nous, de pousser plus loin nos recherches sur les ramifications généalogiques des autres familles Farges, puisqu'elles se sont éteintes ou ont disparu de Beaulieu (1). Du reste, ces nomenclatures sont toujours arides, elles sont des squelettes qui ont besoin pour revivre sous nos yeux de revêtir les formes et les couleurs de l'histoire, c'est-à-dire, la narration des faits.

Mais avant de conter les faits et gestes des principaux personnages que nous venons d'énumérer, disons quelque chose des diverses *maisons* familiales que les Farges ont tour-à-tour ou successivement habitées. La maison de famille est en effet comme le cadre de la vie privée et même

----

(1) Elles ont dû se disperser dans les environs : Curemonte, Puy-d'Arnac, Nonard, Vaurs (Tudeil), Sérilhac etc., où nous retrouvons nombre de Farges, bourgeois, hommes de loi, etc. Ainsi Claude Farges, de Vaurs, était juge de La Gaye, le 3 novembre 1738 (minute Grenaille, n° 137).

de la vie publique des parents et de leurs fils ; elle ajoute à leur histoire une couleur locale indispensable.

A peine est-il besoin d'avertir que les douze familles énumérées, ayant eu chacune un foyer, une maison et parfois plusieurs maisons, il nous serait impossible d'en faire une complète énumération, encore moins la description topographique.

Nous devrons donc nous restreindre à la première de ces familles, celle qui se perpétue encore de nos jours et la seule qui nous intéresse directement ; les autres, nous l'avons dit, ayant disparu avec les siècles passées.

La plus ancienne maison des Farges, longtemps habitée par les sergents royaux, nous est décrite dans le contrat de mariage de D^lle Claire Farges (fille de Jean et de dame Catherine Rivière) avec le sieur Raymond Lafon, avocat, premier consul de Beaulieu et plus tard député (non régicide) à la Convention.

L'acte, du 23 octobre 1786, est déposé aux minutes de maître Terrier, n° 83. On y lit que la dite maison avec ses dépendances, était bornée au midi par la place Barbacane, au couchant par la grand'rue conduisant à la place des Halles, au nord par la rue de Zimbazane, et au levant par la maison des Veilhers (maison Lacombe ou du four).

Cet emplacement considérable, d'une superficie de plus de 600 mètres carrés, comprenait avec la maison, cours, jardins, granges, remises et dépendances. Etant situé dans l'intérieur des remparts, *intra muros*, où le terrain avait le plus de valeur, le prix d'estimation devait en être très élevé, mais il n'est pas porté dans l'acte. Il stipule seulement la donation (pour une moitié) qu'en fait Claire Farges à son époux, en cas de prédécès.

Elle mourut, en effet, sans enfants, cinq mois avant son mari, et c'est ainsi que la dite maison est passée aux Lafon, qui l'ont transmise aux Monbrial. Ceux-ci ont plus tard élevé dans ses jardins, sur la place Barbacane, la nouvelle maison qu'ils habitent encore. L'ancienne, qui avait des locataires, fut incendiée vers 1850.

La deuxième maison que les Farges ont habitée, dès les temps les plus reculés, est celle qui existe encore — quoique complètement transformée, — sur le Champ de Bourrie (Champ de Mars) à l'angle de la rue du Collège. Sa façade était sur la grand place, mais la porte d'entrée était dans cette rue. Du côté opposé ou parallèle à la dite rue, son mur était mitoyen avec celui du vieux Collège, devenu aujourd'hui la maison Pradel.

Elle fut conservée dans la famille, jusqu'au milieu du xix⁰ siècle, quoique réduite alors à l'usage banal de grange et d'écurie. A cette date, elle fut vendue à un cousin, M. Lestourgie, le père, docteur en médecine et maire de Beaulieu (comme son fils le Dr Antonin), puis rachetée par M. Louis Farges, et finalement revendue par lui à son possesseur actuel (M. Neuville). Dans l'acte de vente, il se réserva expressément la propriété du légendaire trésor qu'un ancêtre y avait, disait-on, caché. Mais la démoliton ne fit rien découvrir.

Cette maison étant situé dans un faubourg — celui de Mirabel, — quoiqu'à cent mètres seulement de distance de la grand'place des halles, centre de la cité d'alors, la famille Farges, qui à l'origine était marchande, dut transporter son commerce vers ce centre des affaires.

Dans ce but, elle occupa diverses maisons, dont la dernière fut construite par elle à la fin du xviᵉ siècle, dans cette grand'place « au midi contre le clocher » (1), sur l'emplacement de la maison de M. le Prévost de l'abbaye, saccagée et détruite par les Calvinistes. Ceux-ci, en 1575, avaient en effet ruiné de fond en comble le monastère et ses dépendances, sachant bien qu'il suffit de détruire le nid pour faire périr la couvée, et de supprimer les cloîtres pour interdire toute vie monacale. Malheureusement, il n'y réussirent que que trop bien !...

C'est dans cette nouvelle maison, à côté des grandes halles et du marché, que Jean Farges père et fils établirent leur grand commerce de chapellerie. Elle portait toujours le nom de *maison du Prévost*, comme en témoigne l'histoire

____

(1) Voir le *second mémoire pour les Consuls* (au sujet des cloches revendiquées par la ville contre l'abbaye) p. 17. Archives de la Paroisse.

de l'abbaye par Don Varlot, p. 82, où l'on peut lire en note le texte d'un manuscrit de la famille Montbrial qui le rappelle expressément (1).

C'est au milieu du XVIIIe siècle que ces deux maisons furent délaissées, lorsque le commerce des deux Jean eut été cédé à des étrangers, et que le troisième Jean, petit-fils du premier (1727-1808) eût contracté mariage avec Dlle Catherine Fombazou (1756), qui lui apportait en dot une autre belle maison, sise sur la place du Collège, dans le voisinage de la première, et acquise, en partie, de M. Dubessol, juge à Beaulieu.

Là, naquirent et vécurent ses enfants : Bernarde, Jean et Etienne, prieur de Montcalm. Là, ce dernier fut caché dans les grands placards de noyer sculpté, au second étage, pendant les jours de la terreur. Là, ce bon prêtre, confesseur de la foi, célébrait les saints mystères, pendant la nuit, et pendant le jour, lorsqu'il sortait de ses cachettes, distribuait à tous des paroles de réconfort et d'espérance. Là aussi, il mourut à la fleur de l'âge, épuisé par la maladie et les souffrances de la persécution. Là enfin, virent le jour notre grand-père Gaspard Farges et les aînés de ses sept enfants. Aussi ai-je tenu à conserver cette « maison vieille » et à la restaurer, à cause des pieux souvenirs de famille dont elle était remplie et qui en font comme une vénérable relique.

Entre temps, Jean Farges (1759-1842), le frère d'Etienne, par son mariage avec Dlle Madeleine Biget (30 avril 1790) avait reçu en dot une nouvelle maison qui permit à la famille, de plus en plus nombreuse, de se mettre bien au large.

Elle était située d'un côté sur la place Sainte-Catherine, tout près des halles, de l'autre elle longeait par son jardin les boulevards déjà projetés et construits dès 1792, sur les fossés de la ville, en face de la maison de M. de Peyrissac,

----

(1) Sur cette même place, les Farges avaient aussi un autre grand magasin, situé au-dessous de la maison Brunie. En 1792, il appartenait à Louise Farges, veuve de Raymond Mondet, bourgeois et consul. (Voir son testament chez maître Gasquet, 15 avril 1792, n° 156).

achetée par notre grand'tante, Mère Ste Claire, pour le nouveau monastère des Ursulines. C'est dans cette maison que naquirent le père d'Hippolyte Farges et ses propres enfants.

Mentionnons encore deux autres maisons. L'une est portee dans un acte de 1746, comme appartenant à Pierre Farges, bourgeois ; elle est dite confrontant au nord avec la maison Ducham acquise de Pierre Vayssière par Jean Ducham, près la place de La Bridolle. Les jardins s'étendaient jnsqu'aux fossés de la ville.

L'autre est mentionnée dans un acte de l'hôtel-de-ville, le 22 août 1779, comme propriété de Jean Farges, et située entre l'ancien hôtel de ville et la place de La Bridolle. C'était « l'ancienne maison du sieur Cabrol, possédée aujourd'hui par le sieur Farges bourgeois ». L'une et l'autre, comme on le voit, étaient placées *intra muros*, au centre même des affaires.

Enfin plus récemment, vers 1827, fut construite par Gaspard Farges la nouvelle et dernière maison que nous habitons aujourd'hui. Sa façade sud-est, d'où l'on jouit d'une vue magnifique sur la ville et la campagne, est située sur la nouvelle place dite de la Barbacane (aujourd'hui place Marbot) construite — ou plutôt reconstruite, car elle existait déjà — sur les anciens jardins Dubessol et Farges. L'autre côté, au nord-est, longe la nouvelle route nationale n° 140, rectifiée après la construction du pont suspendu sur la Dordogne.

L'arrêté préfectoral donnant l'alignement est daté du 31 octobre 1827, mais sa construction ayant été très rapide — tous les matériaux étant prêts à l'avance — elle fut achevée en quelques mois dans le courant de 1828.

C'est là que Gaspard Farges tint un commerce de fers jusqu'en 1854 : il choisit avec soin tous les ferrements et les belles serrures en acier et cuivre ciselé qui ornent encore plusieurs de nos portes. C'est là que naquirent les derniers de ses enfants et que son fils aîné, Louis, a continué la postérité.

Telles furent les principales maisons habitées à Beaulieu par les Farges, au cours des âges, au moins à partir du XIIIe siècle, car on peut se demander : où habitaient-ils auparavant ? C'est la question des *origines*, toujours si passionnante, que nous voudrions étudier plus complètement.

*
* *

Revenons à notre point de départ, je veux dire à la fameuse date du 1ᵉʳ octobre 1459 qui coïncide à peu près avec la fin de la guerre de cent ans, et l'arrivée des Albert de Brivezac, à Beaulieu.

Si à cette époque, les ancêtres de Gérard Farges s'étaient fixés à Beaulieu depuis plus de cent ans, *(ab antiquo)* — comme dit le vénérable parchemin — ce qui nous ferait remonter jusqu'au xivᵉ siècle ou à la fin du xiiiᵉ, on peut se demander d'où ils étaient venus, de quelle région ils étaient originaires.

Or, nos traditions de famille sont unanimes à répondre qu'ils arrivaient — eux et leurs amis — de la région Bordelaise. Nos cousins Couderc ou Ducouderc n'hésitent pas sur ces origines lointaines. Comme les Farges, ils disent que leurs ancêtres étaient des marchands venus de Bordeaux par la vallée de la Dordogne, pour chercher fortune dans les pays plus neufs du Bas-Limousin.

Du reste, c'est une loi géographique de l'histoire : les anciennes émigrations se firent le long des fleuves ou des rivières, qui furent les premières routes naturelles « les voies marchantes », soit qu'on les descendît, soit qu'on les remontât, suivant que le point de départ de l'émigration se trouvait très près ou très loin de l'embouchure de ces cours d'eau.

Or, de Bordeaux ou de Libourne, la direction en remontant la Dordogne était tout indiquée. La voie fluviale était d'ailleurs doublée d'une voie pavée ou « ferrée » d'origine gallo-romaine ou celtique, dont on peut, sur les cartes de la Gaule, suivre le tracé passant par La Linde (Diolendum), Uxellodunum, et bifurquant à Brivezac, dans la direction d'Argentat et du nord de la Corrèze, ou à l'ouest, en passant la Dordogne, vers la Cère et la région d'Aurillac.

Nos émigrants Bordelais vinrent donc, par cette voie na

turelle, se fixer à Beaulieu, à la fin du xiii° siècle ou au commencement du xiv°.

Or, à la même époque, par une coïncidence assez remarquable, une autre famille Farges, également Bordelaise, — peut-être une autre branche de la même famille, — négociants enrichis et plus tard anoblis, vinrent se fixer en Limousin et arrivèrent même jusqu'à Beaulieu, comme nous le dirons bientôt.

Cette famille des nobles de Farges — d'après Baluze — était parente de l'archevêque de Bordeaux, Bertrand de Goth, qui en 1305 fut élu pape sous le nom de Clément V, et fut le premier des Papes d'Avignon (1305-1314) (1).

Or le cardinal de Farges était le propre neveu de Clément V comme on le démontre aisément. En effet, une sœur du nouveau pape était mariée au sʳ Raymond de Farges qui possédait des terres ou des fiefs à Bazas, à Monvoisin et à Budos, dans l'arrondissement de Bordeaux.

Ils eurent deux fils, appelés l'un et l'autre Raymond-Guillaume et un troisième du nom de Bernard. Celui-ci, Bernard de Farges, devint archevêque de Narbonne ; le premier resta dans le monde, et c'est le second des Raymond-Guillaume qui devait être honoré de la pourpre romaine.

D'abord doyen et trésorier de l'église cathédrale de Bayeux, pendant que son oncle était encore archevêque de Bordeaux, il fut fait archevêque de Rouen aussitôt après l'élection de celui-ci, à la chaire de saint Pierre.

Enfin le samedi des quatre temps de l'Avent 1310, créé cardinal diacre, au titre de Sᵗᵉ Marie-Nouvelle, il alla rejoindre son oncle maternel à Avignon, où il resta jusqu'à sa

---

(1) En voici la liste : Clément V (1305-1314) de la famille gasconne des Bertrand de Goth ; — Jean XXII (1316-1324) fils d'un savetier de Cahors, Jacques d'Ossa ; — Benoit XII (1324-1342) ou Jacques Fournier abbé de Frontfroide près Narbonne ; — Clément VI (1342-1352) Pierre Royer de Beaufort, bénédictin de la Chaise-Dieu, archevêque de Rouen, né à Rosiers-d'Egletons ; — Innocent VI (1352-1362) Etienne d'Albert, né à Beyssac ; — Urbain V (1362-1370) Guillaume Grimoard de Limoges ; — Grégoire XI (1370-1378), Roger de Beaufort, neveu de Clément VI, né à Maumont. Les quatre derniers sont Limousins.

mort, eu 1314. C'est lui qui se fit bâtir le château des Farges à une lieue d'Avignon.

Mais comment cette famille bordelaise est-elle venue jusque dans notre pays ? Baluze, de qui nous tenons tous ces renseignements (1), nous répond qu'à la même époque un Raymond-Guillaume de Farges, frère ou proche parent du futur cardinal, était devenu professeur de droit canon à l'Université d'Aurillac, où il acquit une très grande célébrité de jurisconsulte, *doctor famosus decretorum*, et c'est ainsi qu'il se fixa dans notre région.

Le roi Philippe-le-Bel, ami du nouveau pape qu'il voulait retenir à tout prix à Avignon, combla cette famille de Farges d'honneurs et de seigneuries, et l'une de ces libéralités fut sans doute la châtellenie de la Salesse (paroisse de Ladignac, près de Laguenne, au sud-ouest de Tulle) dont une branche porta le titre jusqu'à nos jours.

Ses armes sont : *De gueules, à une gerbe d'or*, ou plutôt : *D'azur à bande d'or, accompagnée de 2 merlettes de même*, couronne de comte (Archives départementales, minutes de M⁰ Baudry).

D'Aurillac, la famille Farges de la Salesse rayonna dans les environs, donna des maires à la ville de Tulle, et vint jusqu'à Beaulieu pour marier ses filles.

Ici les actes de l'état civil vont nous fournir des dates exactes. Le 9 novembre 1776, nous y lisons que Marie-Jeanne-Françoise de Turenne, présentée au baptème, était fille de messire Joseph de Turenne, écuyer, sʳ de Puchardie Bassignac-le-Bas, Grand Lac et autres lieux, gendarme de la garde du roy, — et de dame Marie-Madeleine-Françoise de Farges de la Salesse ; le parrain fut messire noble Jean-François-Martial de Farges, seigneur de la Farges (paroisse de Saint-Augustin (2), au nord de Tulle) et seigneur de la

---

(1) Baluze, *Ibid.* p. 662 et suivantes. — Ajoutez que Clément V avait des relations en Limousin, qu'il y vint plusieurs fois et que nos compatriotes, désireux d'avoir un pape de leur race, tentèrent de l'y retenir (Baluze, *Ibid.*, p 94 654. 1101).

(2) L'un de ces Farges de Saint-Augustin qui s'était surnommé « le paysan de La Farges » fut député en 1848. — Notez que le

Salesse, ancien maire de Tulle, avocat en parlement, grand-père de la baptisée, habitant de la ville de Tulle (en 1775) ; marraine dame Marie Paret, veuve de messire Raymond de Turenne, écuyer, seigneur de Falgueyroux, la Nouaille et autres lieux, grand'mère de la baptisée.

A ces détails authentiques, les actes du 2 septembre 1778 et du 30 mars 1782, ajoutent un trait intéressant.

D^lle Farges de la Salesse, épouse du sieur de Turenne, avait une sœur D^lle Marie-Madeleine de Farges, veuve du sieur Jarrige, seigneur de la Majorie, le Bouchatel, la Berronie, etc., conseiller du roy au Présidial de Tulle. Elle a signé : Farges de la Majorie, au baptème de ses neveux de Turenne.

Ce fait est confirmé par le testament (17 novembre 1787) de noble François Farges, seigneur de la Salesse, avocat en la cour, ancien maire de Tulle, qui déclare avoir eu deux filles de son mariage avec Louise-Elisabeth de Laporte : l'aînée, mariée au seigneur Jarrige de la Majorie, et la cadette, mariée à Beaulieu à M. de Turenne, gendarme de la garde du roi, chevalier de Saint-Louis, etc.

Puisque l'occasion s'en présente — sans trop nous éloigner de notre sujet — disons un mot de cette noble famille de Turenne qui se surnommait Turenne de Beaulieu pour se distinguer de la grande famille du château de Turenne, dont elle se croyait être cependant un rejeton éloigné — ou bâtard.

Elle habitait à Beaulieu la maison actuelle de M, Audubert et de l'hôtel de Bordeaux, maison qui fut autrefois magnifique avec ses beaux escaliers tournants en pierre, et sa belle porte d'entrée, surmontée des armoiries aujour-

---

rapprochement entre ces 3 familles Farges, de Saint-Augustin, de Tulle et de Beaulieu, s'impose à ce point que M. Champeval les a réunies dans le même article, quoique son plan fut de procéder par canton. Leur unité originelle, sans pouvoir être prouvée, est au moins vraisemblable.

d'hui effacées de cette antique famille. Ils avaient aussi un très bel hôtel à Paris, Hôtel Vendôme, rue d'Enfert, numéro 59.

Ayant émigré pendant la Révolution, ils disparurent de Beaulieu, sans pouvoir jamais se relever de ce coup mortel : depuis lors, ils végétèrent dans la médiocrité de fortune et finirent même dans la misère. Or messire Jean-Joseph de Turenne et dame Marie-Madeleine Françoise de Farges eurent plusieurs enfants dont trois ont survécu :

Le *premier* fut Joseph-Pierre, né le 30 mars 1782. Il devint chef de bataillon d'état-major, officier de la légion d'honneur et chevalier de Saint Ferdinand d'Espagne, et finalement se retira dans le domaine de sa femme, « propriétaire agriculteur » († 1850).

Par son mariage avec Elise de Fariaux de Mauld, du château de Landifay, près Vervins (Aisne), il eut deux fils : Raymond, né en 1834, qui se disait sieur de Falgayroux, officier d'infanterie pendant la guerre de 1870, et mort peu de temps après en laissant une fille, issue du mariage avec une juive X, dont les espérances de fortune se changèrent en amères déecptions ; — et Ludovic de Turenne né en 1837 et mort à Paris en 1909 dans l'abondon, les infirmités (il était cul-de-jatte) et la pauvreté. Ce fut la victime expiatoire, et d'ailleurs bien généreuse, de sa race. Je le visitais assez souvent et il voulait bien me traiter de « cousin », soit en mémoire de sa grand'mère, Madeleine de Farges, soit à cause d'une seconde alliance des deux familles, comme on le verra bientôt.

Le *second* enfant de François de Farges fut Martial-François de Turenne, né le 11 décembre 1783. Il deviut lieutenant-colonel de cavalerie, officier de la légion d'honneur et chevalier de Saint-Louis († 1830). Il était veuf de Mathilde O'Keefe du château de Thouars, près de Talence (Gironde), qui lui avait laissé une fille : Thomassine-Amélie, veuve de M. de Taragon, à Paris, rue Cassette, numéro 16.

Le *troisième* fut une fille Elisabeth-Marguerite de Turenne qui, en premières noces, épousa notre grand-oncle Jean Damascine Daval de Fargues, avocat, ancien maire de

Lyon, dont une rue porte encore le nom. Le mari était très vieux mais très riche, la femme très jeune et sans fortune : Aussi cette union déplut aux héritiers naturels des Daval, notamment à notre aïeul le docteur Daval.

Ce qu'il redoutait tant arriva : peu de temps après le dit mariage, le 23 novembre 1814, M. de Farges mourait à Beaulieu, et la jeune veuve (1), ayant redoré son blason, — tandis que notre grand-père Daval ne recevait qu'un maigre legs de 2.000 francs — épousait en secondes noces François de La Garde, capitaine de cavalerie à Saint-Ceré.

Ils eurent une fille, Gabrielle de La Garde qui se maria avec M. Chassain de Marcilly, au château de Marcilly par Boën (Rhône) (2). Une de ses cousines, Irma de La Garde († 1880), épousa notre oncle Hippolyte Farges († 1902).

C'est le père d'Hippolyte Farges (Jean Baptiste Farges, mari de D^{lle} Duchamp de la Geneste) qui voulut bien se charger, gratuitement et par amitié, de gérer les propriétés des de Turenne, pendant et après l'émigration.

Par ses soins, leur domaine de Rioupeyroux fut vendu à M. Chauvac en 1806 ; de même, il vendit ceux de Ganissal, de Bassignac et les autres, dont la liquidation traîna en longueur jusque vers 1850. Celui de Puychardie avait été vendu comme bien national.

De là, sans doute, les liens d'amitié et de vague cousinage dont les deux familles Farges et de Turenne n'ont cessé pendant plus d'un siècle, de faire profession : une demoiselle de Farges étant entrée chez les **de** Turenne et une demoiselle de Turenne chez les Fargues de Cornac (3).

---

(1) Nous avons deux de ses lettres datées de Landifay (chez son frère aîné) et de Paris, rue Cassette, 16, le 5 novembre 1818 et le 1er janvier 1819. Elles sont d'une femme intelligente et habile. Elle a signé : *T. de Fargues* (Turenne de Fargues).

(2) Un de leurs enfants, X. de Marcilly, vient d'être nommé ambassadeur (chargé d'affaires) de France à Berlin, 1920.

(3) Armes des Turenne de Beaulieu : Aux 1 et au 4, cotissé d'or et de gueules, qui est Turenne, brisé d'un chef d'azur, chargé de 3 étoiles d'or ; — Au 2, d'azur au demi vol renversé ; — Au 3, d'azur à la tour crénelée d'argent. — Le tout surmonté d'une croix d'or.

Quoiqu'il en soit, tous ces faits — quelqu'intéressants qu'ils nous paraissent — ne sont encore que des à-côtés de notre sujet principal. Ce sont les Farges de Beaulieu qu'il nous faut faire connaître : hâtons-nous d'y revenir.

*
* *

Le nom des Farges se retrouve dans presque toutes les municipalités de la ville de Beaulieu, avant, pendant et après la Révolution, soit comme consuls, soit comme officiers municipaux, soit au moins comme notables.

Dès les premières pages de nos *Registres consulaires*, en 1610 (p. 4 bis) nous rencontrons les signatures des Farges, et dans toute la suite, elles deviennent de plus en plus fréquentes. Ils furent consuls à divers reprises ; et dans l'assemblée du 23 août 1779, nous voyons figurer Jean Farges, comme ancien consul, et Joseph comme notable. Nous les voyons encore figurer dans les grandes assemblées électorales (1), aussi la question de leurs opinions et de leurs principes politiques se pose-t-elle ici d'elle-même.

A ce mot de « principes politiques » nous avons vu plus d'une fois nos grands parents sourire avec tristesse, plutôt que scepticisme, à cause de l'abus presque universel fait de ce grand mot.

Un « principe » est, en effet, comme la vérité elle-même, chose essentiellement impersonnelle et désintéressée. Or les soi-disant « principes » qui font adhérer les hommes politiques à tel ou tel régime, ne sont le plus souvent que des intérêts privés, des calculs personnels, et même les plus bas des appétits caractérisés par la haine et l'envie.

---

(1) Voici, pour notre canton, les membres de l'Assemblée électorale de la Corrèze, à Tulle (6-25 juillet 1790): Braconac, Lestourgie, Testut, Battut, Monbrial, Marbot, Ponchie, Lacoste, De Lajoannie, Lafon, Ducham, Brunie aîné, Farges, Mastral, Borie, Boissonie, Couderc, Chaumont, Materre (Procès-verbal imprimé, p. 17-18).

Nous savons qu'au contraire les Farges avaient des « principes » vraiment dignes de ce beau nom. Loin de les cacher, nous les leur avons plus d'une fois entendu proclamer fièrement.

Le premier de tous est qu'il n'y a pas de société sans morale, ni de morale sans religion. Cette vérité fondamentale, que l'on retrouverait chez tous les anciens philosophes, même païens, de Platon et Aristote chez les Grecs, jusqu'à Cicéron chez les Romains, — ils se contentaient de la surprendre chez des libre-penseurs et des mécréants, tels que Jean-Jacques Rousseau (1) et Voltaire lui-même, qui dans un éclair de bons sens s'écriait :

« Si Dieu n'existait pas, il faudrait l'inventer ! » Formule équivalente à celle-ci : si l'air qui nous fait vivre n'existait pas, il faudrait l'inventer !

Mais, dans leur foi profonde, ils aimaient à corroborer sa vérité par ces paroles de l'Evangile : *Nisi Deus custodierit civitatem frustra vigilat, qui custodit eam. — Nisi Dominus œdificaverit domum, in vanum laborant qui œdificant eam..*

Ce premier principe — malgré son importance capitale — paraîtra encore un idéal un peu vague et trop général. On demandera sans doute, quel était, à leurs yeux, le meilleur régime politique, la meilleure Constitution pour réaliser cet idéal.

Nous les avons souvent entendus répondre à cette question : Les constitutions valent ce que valent les hommes qui les appliquent ; les meilleures peuvent devenir détestables par leur application, tandisque les moins bonnes et même les mauvaises peuvent devenir passables.

Sous cette réserve, ils préféraient les gouvernements forts et stables, faisant à l'autorité et à la liberté leurs parts à peu près égales, ou plus tôt en faveur de l'autorité.

Tel était, croyons-nous, leur principe politique. Quant à leur règle de conduite personnelle, elle leur prescrivait de

---

(1) Voir notre opuscule sur *la Religion de J.-J. Rousseau.*

ne s'enchaîner à aucun régime et de garder autant que possible leur indépendance. Non pas en ce sens qu'ils devraient s'abstenir de la vie publique, émigrer à l'intérieur. Non, bien loin de là ! Ils visaient à être des citoyens actifs, mais plus préoccupés du bien général de leurs concitoyens, que du bien du Parti au pouvoir. Avant l'amour du Gouvernement et bien au-dessus de lui, planait l'amour de la Patrie et de l'Eglise.

Cette règle dicta leur conduite, surtoùt après la fin de « l'ancien régime ». Autant ils se mélèrent à la vie publique, autant ils évitèrent les premières places — comme celles de maire — qui les auraient trop enchaînés à un gouvernement souvent éphémère.

Aussi à l'époque la plus troublée de notre histoire, pendant la grande Révolution, — tandisque les maires passaient rapidement, ou s'écroulant les uns sur les autres, ou démissionnaires comme les D'Anterroches, ou destitués comme les Oubrayrie, les Florentin, les Laplace, — nous voyons Jean Farges, père et fils, demeurer quasi immuables à la municipalité, sous les régimes successifs,

Ils y sont actifs et indépendants. Ils parviennent à faire éviter beaucoup de mal, et protestent librement contre le mal qui se commet malgré eux Ainsi pendant que nobles et bourgeois appliquent cette fameuse constitution civile du Clergé, que Louis XVI avait signée, la mort dans l'âme, avant de la rétracter, — les Farges refusent d'y participer et vous ne trouverez leurs noms ou leurs signatures ni parmi ceux qui après avoir fait l'élection du curé intrus, lui faisaient cortège aux offices et aux processions et signaient des pétitions et des protestations indignées en sa faveur ; — ni parmi ceux qui appliquèrent aux Bénédictins ou aux Ursulines de Beaulieu la même constitution schismatique ; — encore moins parmi ceux qui furent chargés de faire les inventaires des biens du Clergé ou de l'abbaye de Beaulieu, ou qui, aux enchères publiques, s'enrichirent de leurs dépouilles vendues à vil prix.

On a dit, par euphémisme, que bien des familles « avaient dans les veines du sang des Bénédictins », — pour ne pas dire de l'argent des Bénédictins dans leurs poches : la famille

Farges ne fut pas de ce nombre : elle est sortie de ces tristes liquidations, les mains pures et l'honneur sauf (1).

Qu'on me permette, à propos du curé intrus, une petite anecdote.

C'était un ancien curé de Saint-Martin-la-Méanne, qui n'était pas originaire de la ville de Beaulieu, mais des environs, comme il le dit dans une de ses lettres : aussi son acte de naissance ne figure pas dans notre commune : nous l'avons constaté par le dépouillement des actes de l'état civil. Nous avons aussi découvert dans les archives de la Corrèze (Q. 281) qu'il était frère de Joseph, huissier royal, venu à Beaulieu pour ces fonctions. Il y fut d'ailleurs mal reçu. Traqué par les révolutionnaires qui voulaient le faire passer pour fou, et avoir sa tête, il dut donner sa démission, et le curé intrus ne put le sauver.

Or, comme il était leur homonyme, il espérait pouvoir se prévaloir auprès de Jean Farges, père et fils, d'un vague et lointain cousinage (2). Mais ceux-ci le tinrent impitoyablement à l'écart, tant qu'il vécut dans le schisme. En voici la preuve. Ils ne recoururent à son ministère que pour les cas de légitime nécessité, comme le baptême. Mais là encore, ils trouvèrent moyen de protester. Au lieu de s'astreindre — suivant l'usage — à signer les actes de l'état civil, ils déclarèrent uniformément *ne pas savoir signer*.

C'était la *grève des fidèles*, qui devint presque universelle : Aussi voit-on dans la presque totalité des actes de l'état civil, tenus par ce curé, la mention invariable : les témoins ont déclaré *ne pas savoir signer*.

Or, le 6 août 1791, au mariage de Pierre Ducham (fils d'Antoine Ducham et de Catherine Florentin) avec D^{lle} Marie-Anne Decoste, les deux témoins, Raymond Lafon, juge de

------

(1) Cette tradition de notre famille est confirmée par les pièces des archives de la Corrèze sur la vente des biens des émigrés ou du Clergé. Parmi les acquéreurs nous n'avons jamais surpris le nom des Farges.

(2) Nous avons dit ailleurs comment Jean Farges fils, et son propre fils J.-Baptiste, parvinrent plus tard à le convertir et à lui faire rétracter son serment schismatique.

paix et Pierre Farges, bourgeois, refusèrent de signer pour le même motif, ce qui irrita fort le curé intrus, lequel n'osant rien dire au juge de paix, se retourna vers M. Farges et lui dit vivement : « Quel est donc votre profession, Monsieur ? » — Et celui-ci de répondre, en lui tournant le dos : *Artiste !* — Plutôt que d'avouer qu'on se moquait de lui, le dit curé inscrivit gravement sur son registre : « Pierre Farges, artiste », comme on peut encore le lire à la date ci-dessus, mais il n'eût pas sa signature.

Nous n'avons pu constater qu'une seule exception à la règle, pour la famille Farges, de ne plus signer les actes de baptême, de mariage ou d'enterrement. Ce fut le cas où la cérémoine était faite par un autre prêtre que l'intrus.

Ainsi le 19 novembre 1792, le mariage de Pierre Ducham, frère du précédent, avec D^lle Bernarde Farges, ayant été célébré par leur oncle, messire Etienne Farges, dernier prieur de Moncalm, tous les Ducham, au nombre de deux, et tous les Farges, au nombre de quatre, s'empressèrent de signer le registre. L'intrus s'étant permis d'y ajouter sa signature finale, elle fut aussitôt effacée par un large trait de plume, comme on peut encore le constater.

Plus tard, au lendemain de la Terreur, les citoyens Joseph Florentin *maire*, Jean Farges *agent général* et *procureur* de notre commune, et Jean Couderc *officier municipal*, sur la demande instante de la population, eurent le courage de rendre au culte l'église abbatiale, dans la séance municipale du 24 messidor an III, 12 juillet 1795. Le procès-verbal de cette mémorable séance ne portant que leurs trois signatures (avec celle de Daniel, secrétaire) nous devons en conclure qu'ils furent les seuls à oser en prendre la responsabilité. Et pour leur permettre de célébrer publiquement le culte, ils donnèrent des certificats de non-émigration aux prêtres insermentés : Pierre Braconnac, J.-B. Chièze, Pierre Certain, Etienne Farges, Simon Ducros, J.-B. Perrinet, Etienne Selafer et Martial Viladard. Quelques mois après, 11 brumaire an IV (2 nov. 1795) survint un redoublement de persécution ; ils durent enregistrer les nouvelles lois contre les prêtres insermentés, sujets à la réclusion ou à la déportation ; ils durent transmettre, pour la forme, au commandant de la gendarmerie des ordres de réquisition, qui restèrent lettre morte, tout le temps où ils furent à la tête de notre commune. Les prêtres persécutés étaient rentrés dans leurs cachettes où ils étaient en sureté, malgré les inquisitions du « Comité de Surveillance ».

Ces faits montrent assez clairement les convictions religieuses et politiques de la famille Farges, à cette époque, et prouvent combien elle était digne de s'allier, quelques années plus tard, à la famille Albert.

*
* *

Nous ne parlerons que pour mémoire du rayonnement de cette action publique à travers les âges dans les œuvres paroissiales de la ville de Beaulieu, telles que : Confréries de SS. Prime et Félicien, Hôtel-Dieu, Fabrique, Ecoles. Il est rare qu'on ne rencontre pas la signature des Farges au bas des délibérations de leurs conseils d'administration (1).

Bornons-nous à l'œuvre des Pénitents bleus, qui est la moins connue et la plus curieuse.

La célèbre confrérie ou «frérie» des Pénitents bleus de saint Jérôme fut fondée en 1687 par la mission des Pères jésuites. Elle avait pour but : d'une part, la réforme des mœurs publiques, par l'édification et le zèle d'une élite de bons chrétiens ; d'autre part, leur sanctification personnelle

-----

(1) Voir par exemple les registres de l'Hôtel-Dieu : Jean Farges y signe « administrateur ordonnateur de l'hospice civil » (1er octobre 1831). Son nom y figure comme « candidat » dès le 12 septembre 1814. Un de ses ancêtes, Farges, bourgeois, y figure comme « administrateur » dans une affaire Rivière, 23 décembre 1767. — Quant à la Fabrique, le premier trésorier en fut M. Jean Farges 1811, et le dernier président avant la séparation (1905) M. Louis Farges. Entre les deux, on voit se succéder Gaspard et puis Hippolyte Farges. — L'antique confrérie des SS. Prime et Félicien porte aussi souvent leurs noms. Voici, comme exemple, les signatures des dignitaires au 21 octobre 1753 : Brel, Lafon, Dufaure, Oubrayrie, Albert, Farges, Farges, Farges, Braconnac, Chièze, Couderc, Roquet d'Estresse, Duport, Lacoste, Terrier, Valrivière, Coste, Dupuy, Massinguiral, Laumond, Vayssière et Delaune.

par des œuvres de pénitence et des cérémonies communes,
telles que le chant des offices liturgiques à certaines fêtes,
notamment les trois jours de la Semaine Sainte, ainsi qu'un
petit nombre de processions.

Les statuts de l'association, que nous avons sous les yeux,
sont une sublime profession d'égalité chrétienne, de frater-
nité pratique ou de secours mutuel, et aussi de sainte liberté
sous un régime de suffrage universel, qui est l'idéal des
communautés vertueuses.

A certains jours de l'année, on voyait nobles, bourgeois et
prolétaires, confondus sous la même livrée dont la couleur
bleu de ciel tirant sur le violet, symbolisait à la fois les
espérances célestes et la pénitence qui y conduit. C'était un
grand sac, sans élégance, avec un chaperon qui coiffait la
tête et pouvait se rabattre sur la figure, avec 2 trous pour
les yeux, afin de garantir à volonté l'anonymàt contre les
indiscrétions du public. Une corde ou cordon bleu, qui cei-
gnait les reins et soutenait un chapelet à gros grains, était
le signe de la pénitence et de la prière auxquelles ces chrétiens s'étaient voués librement.

Cette poignée d'hommes d'élite, dont le chiffre a parfois
dépassé largement la centaine, — tout le temps qu'à duré
sa ferveur — a mis dans la communauté paroissiale une vie
et un entrain — surtout un ferment d'honnêteté et de vertu,
dont les mœurs publiques ont largement profité pendant
plus deux siècles. C'est à peine si nous pouvons aujoud'hui
nous en faire quelque idée.

Or, dès la première page de l'antique registre des délibérations de l'assemblée — registre acheté et offert par messire
Lassere de Puysservir, premier prieur — Joseph-Ignace
Massolie bourgeois, étant sous-prieur — nous découvrons
de suite la belle signature d'un Farges — sans doute l'un
des sergents royaux qui se succédèrent à cette époque. Ce
devait être Jean ou Joseph, mais plus probablement Joseph,
le plus ancien des deux, décédé le 8 novembre 1694, suivant
le nécrologe de la confrérie, — Jean n'étant mort que le
7 avril 1703.

Depuis cette première page, les signatures des Farges se
multiplient, presque sans interruption, pendant deux siè-

cles, et nous les voyons à maintes reprises élevés à la charge de secrétaire, puis de Sous-Prieur et de Prieur (1728).

La dernière page devait aussi être écrite par eux, car Gaspard Farges, notre vénérable grand'père, en fut, pendant près de trente années, le dernier Prieur. Il était l'âme et la vie de cette confrérie à son déclin, à la fois Prieur, trésorier, chantre, maître des cérémonies ; il se multipliait pour ne pas la laisser périr, et lorsqu'il disparut en 1866, son successeur purement nominal, le digne M. Simen Laval, n'eût qu'à recueillir le dernier souffle de cette illustre confrérie, et personne n'eût assez de zèle et d'influence pour tenter de la ranimer.

Nous venons de dire « illustre » confrérie, et pour montrer que cette épithète n'exagère rien, il suffira de citer parmi les « confrères » qui demandèrent l'honneur d'y être admis les noms suivants : de La Vialle du Landa, seigneur de Beaulieu ; de Turenne, seigneur de Falgueyroux ; de Massoulie, seigneur de Beaulieu ; de Lasserre, seigneur de Bourrié ; Veilhers de Clare de Peyrissac ; de Braconnac, seigneur de Ceppes ; de La Serre, seigneur de Puysservier ; d'Arche, seigneur de Vaurs ; Messire de Polignac, abbé commendataire de S. Symphorien de Metz et de Beaulieu ; le chanoine Boulaix de la cathédrale d'Auxerre, qui fut agrégé en même temps que Jean Baptiste de Verrières, seigneur du Laurans et Guillaume de Veilhers de Massolie, (13 juillet 1777). Quant aux bourgeois notables, on y retrouve en entier, parmi les dignitaires, le groupe des Albert, Brel, Couderc, Brunie, Chazal, Chièze, Tronche, Battut, Decoste, Leymarie, Ducham, Florentin, Valrivière, etc., etc.

*
* *

Nous avons cité en passant le nom d'Etienne Farges, dernier prieur de Montcalm, mais ce vénérable confesseur de la foi, mérite une plus longue mention.

Né, comme nous l'avons dit, le 13 décembre 1761, de Jean Farges, bourgeois et marchand, et de Catherine Fombazou, il eût pour parrain un parent de la famille (1). Etienne Courteau, maître taillandier, et pour marraine sa grand'mère Jeanne Port ou Duport.

Il fit ses études classiques au Collège, fondé par les Pères bénédictins de Beaulieu, alors très florissant et situé en face de sa maison natale, « place du Collège ». Nous ne doutons pas qu'il en fut un des plus brillants humanistes ; pour le démontrer, il suffirait de rappeler le grade de docteur ou maître en philosophie et ès-arts qu'il conquit à Toulouse avec la note *optimé* et l'unanimité du jury, le 11 juillet 1783, à l'âge de 21 ans.

Le 19 du même mois, le Recteur de l'Académie lui délivrait un certificat de stage pendant trois années consécutives dans la même faculté, où il est fait le plus grand éloge non seulement de sa bonne conduite et de ses bonnes mœurs, mais de ses succès remarquables en philosophie et dans les joutes d'argumentation scolastique. Pour marquer sa complète satisfaction, le Recteur a ajouté de sa propre main cet éloge magnifique : « Ce candidat a donné des preuves remarquable du succès de ses études », *candidatus iste præclara dedit studii specimina*. A ces deux diplômes sur parchemin sont attachés deux grands sceaux de l'Université et de la Faculté des Arts, en cire rouge fondue dans des boîtes en fer blanc, l'une cylindrique et l'autre ovale.

Mais l'attrait pour le sacerdoce, qu'Etienne avait puisé dans la foi profonde et les vertueux exemples de sa famille, lui avait déjà fait renoncer aux séduisantes carrières du siècle. Trois mois avant la soutenance de sa thèse de doctorat, il avait demandé à son Evêque la grâce de la tonsure qu'il reçut à Toulouse, le 5 avril 1783, des mains de Mgr Tristan de Cambon, évêque de Mirepoix, délégué à cet effet par le trop fameux archevêque de Toulouse, Etienne-Charles de Loménie de Brienne.

---

(1) Une D^{lle} Jeanne Fombazou, avait épousé maître Etienne Courteau, père d'Antoine (voir au 21 Nivose an III). Etienne mourut le 4 mars 1788, d après le registre des Pénitents. Son fils Jean, eut pour parrain le Sieur Jean Farges, et pour marraine D^{lle} Catherine Albert (21 janvier 1757).

Il fut promu aux ordres mineurs le 14 juin de la même année par Mgr de Castellane, évêque de Lavaur, et continua à se préparer au séminaire de S. Charles à Toulouse, aux engagements irrévocables du sous-diaconat. C'est alors que ses père et mère lui firent le gracieux cadeau d'un *titre clérical* à présenter à son évêque avant l'ordination.

Le 5 janvier 1784, devant maître Terrier, notaire royal, Sieur Jean Farges et D^lle Catherine Fombazou, « pour seconder la vocation d'Etienne Farges, leur fils, à l'état ecclésiastique, et pour contribuer à ce que dans la susdite il ait les moyens de se soutenir et de vivre honorablement dans son état », lui promettent une pension annuelle de cent livres, hypothéquée sur leur vigne de l'Arcane, et une chambre meublée. Comme caution gracieuse, ont signé quatre oncles ou cousins : Joseph Farges, bourgeois et marchand ; Ignace Chazal, bourgeois ; Joseph Florentin, bourgeois et marchand ; Jean Farges, jeune, bourgeois et marchand. En outre deux amis de la famille ont voulu signer comme témoins cet engagement solennel en face de l'église : Messire Jean-Baptiste Massoulie, écuyer, demeurant à Beaulieu, et messire Claude Lazare de Braquillange, seigneur du Vialard, demeurant au château de Mortegoute, paroisse de Saint-Hippolyte, (chez maître Terrier, 1784, n° 1).

Quelques mois après cet acte solennel, notre jeune acolyte était ordonné sous-diacre à Toulouse par monseigneur Colbert de Castlchill. évêque de Rodez, délégué ; puis ordonné diacre par monseigneur de Salignac de Lamothe-Fénelon, évêque de Lombez, encore délégué par l'archevêque de Toulouse, toujours empêché ou absent.

Enfin il fut consacré prêtre dans la chapelle du grand séminaire à Limoges, par son propre évêque monseigneur Duplessis d'Argentré, le 17 décembre 1785.

Dans ces intervalles, notre jeune clerc avait achevé à l'Université de Toulouse, ses études en droit civil et droit canon, et conquis, croyons-nous, le diplôme de docteur en droit *in utroque.* Du moins ce titre lui est-il attribué dans les registres de mon père et par diverses lettres.

Ces titres étaient largement suffisants pour lui obtenir un bénéfice ecclésiastique, et quelques mois après, le 18 mai

1786 il se vit nommé au prieuré de Saint-Jean de Montcalm par le très haut et très puissant seigneur, monseigneur Amable d'Albert, duc de Luynes et de Chevreuse, baron de Castelnau et Bretenoux, et patron laïc dudit prieuré : ce qui demande quelques explications.

Situé sur la rive gauche de la Dordogne, dans la paroisse de Bassignac-le-Bas, à une heure environ au-dessus de Beaulieu, dans un site pittoresque et plein de *calme*, d'où le nom populaire qui lui fut donné dans les temps modernes, mais qui traduisait mal son vieux nom latin de *mons calvus* ou montagne *chauve*, — le monastère de Saint-Jean de Montcalm avait été fondé vers 1143, par les religieux Augustins de l'abbaye de la Couronne en Angoumois, et par suite en dépendait.

Malheureusement, après des siècles de vie monastique régulière et bienfaisante, vers 1568, il tomba en *commande*, sous la tutelle de seigneurs laïcs, qui s'arrogèrent le droit de nommer à leur gré les supérieurs du monastère, et dont les choix s'inspirèrent plus souvent de leurs intérêts égoïstes que du bien des âmes et de l'honneur de la religion. De là vint la décadence rapide d'une foule de ces saintes maisons qui se relâchèrent de leur antique ferveur, se dépeuplèrent, puis se vidèrent entièrement, tandis que leurs revenus se dépensaient ailleurs, chez des abbés commendataires qui n'observaient plus la résidence.

Depuis le xviie siècle, l'antique monastère de Montcalm n'était donc plus qu'un bénéfice simple à patronnage laïc et c'était le seigneur de Castelnau, autrefois bienfaiteur du monastère en fondation, qui nommait, à chaque vacance, le titulaire de ce bénéfice, sauf à le faire agréer par le supérieur ecclésiastique, — ici l'abbé du monastère de la Couronne, en Angoumois, — puis l'évêque du lieu, qui donnait ensuite l'institution canonique.

Une fois nommé prieur par le duc de Luynes, seigneur de Castelnau, messire Etienne Farges devenait seigneur de Montcalm et haut justicier dans la mouvance du fief qui embrassait alors treize villages de trois paroisses : Bassignac, Altillac et Reygades. Il nommait un juge, un procureur d'office, un greffier, en un mot un tribunal complet qui rendait des jugements, de haute, basse et moyenne justice, sauf appel au juge de Castelnau qui, de fait, jugeait aussi lorsqu'on s'adressait à lui directemenî.

Cependant il restait encore au nouveau prieur à se pourvoir, pour ses pouvoirs spirituels, auprès du supérieur religieux du prieuré, c'est à dire auprès de l'abbé de la Couronne, et c'est ici que l'affaire se compliqua. L'abbé était absent, et le prieur claustral, chargé de sa procuration pour les cas ordinaires, ne se croyant pas autorisé pour la collation d'un bénéfice, se récusa et ajourna le réquérant. Mais Etienne, trouvant ces délais suspects, se pourvut aussitôt en cour de Rome. qui lui envoya des lettres datées du III des ides de septembre 1786. Il les fit aussitôt viser par son évêque et prit possession le 5 mars 1787, dix mois après sa nomination.

Sur ces entrefaites, il apprend que l'abbé de la Couronne avait, le 5 février de l'année précédente, pourvu du même prieuré le sieur Mazars. curé de Saint-Amans de Rodez, lequel avait déjà pris possession le 5 du mois suivant. Il fallut s'expliquer.

Les explications, courtoises du reste, menaçaient de ne pas aboutir ou de n'aboutir qu'à un procès, lorsque M. Mazars se ravisa tout-à-coup et se désista purement et simplement. Une étude plus attentive des droits des seigneurs de Castelnau, lui ayant fait comprendre que l'abbé de la Couronne, en le nommant, avait agi par ignorance, « le pouillé de l'Abbaye, ni les archives, disait-il, ne donnant aucune notion du droit particulier du duc ».

Etienne resta donc le paisible possesseur du prieuré, mais il n'en jouit pas longtemps. Monseigneur d'Argentré jetait déjà les yeux sur un sujet si distingué pour succéder aux Pères jésuites expulsés de Beaulieu, et y fonder un nouveau collège, en même temps qu'une mission, — lorsque la Révolution éclata et l'on connait la suite de cette lamentable histoire...

Le 11 avril 1791, le Directoire du département de la Corrèze, estimant les revenus du prieuré de Montcalm à 786 livres, 8 sols et 9 deniers, fixa sur ce taux la pension de son dernier titulaire, et la lui offrit en échange du serment schismatique.

Etienne était trop bon théologien et trop éclairé pour douter de son caractère illicite, trop généreux pour se résigner à cet odieux marché. N'écoutant que la voix de sa conscience et de l'honneur, il refusa sans hésiter le morceau de pain qu'on lui tendait : *potius mori quam fœdari* : la fière devise bretonne fut encore une fois celle des Farges.

Alors commença la persécution mais non l'exil. La famille ne l'aurait pas permis. Au risque des pires dangers et des perpétuelles anxiétés, on le cacha. Lui qui était si fier de paraître dans les réunions populaires ou dans les assemblées municipales (1), dont il était la lumière et le soutien, si heureux de signer de sa brillante signature chacune de leurs délibérations, — se trouva tout-à-coup expulsé, proscrit, réduit à se cacher.

Sa prison fut sa maison natale. On y voit encore les grands placards de noyer sculpté où il célébrait la messe pendant la nuit, et où pendant le jour on l'enfermait à clef, comme une relique vivante. Lui-même, a écrit sur le revers des portes de son cachot volontaire les dates les plus mémorables de sa vie recluse. Elle dura 14 mois, du 1er novembre 1795, au 25 décembre 1796. C'est lui-même qui l'a écrit, et l'on ne peut lire sans émotion ce titre de gloire magnifique dans sa simplicité.

Epuisé par la maladie non moins que par les souffrances morales, il mourut quelques mois après sa délivrance relative, car les temps étaient encore mauvais, et c'est le 3 novembre 1797, qu'il rendit sa belle âme à son Dieu.

Pour obtenir un permis d'inhumer, son frère Jean dut recourir à un stratagème auprès du club républicain, et laisser croire qu'Etienne, revenant d'un prétendu exil en Espagne, était mort accidentellement à son passage dans la maison natale. Il n'avait que 35 ans, et par sa piété sincère

____

(1) Il fut élu dans les premiers rangs, parmi les notables de Beaulieu, aux élections de février 1790.

comme par son talent supérieur donnait encore à l'église
les plus belles espérances (1).

C'est ainsi que la famille Farges a donné à l'église de
France deux confesseurs de la foi : messire Etienne Farges,
prieur de Montcalm, et son cousin maître Jean Farges, fils
de Jean, bourgeois, et de D^lle Antoinette Lescure, dont nous
avons parlé un peu plus haut. Ils étaient du même âge, étant
nés l'un et l'autre en 1761. Leur cousin Jacques Audinet
martyr, avait vingt ans de plus, étant de 1740.

Ajoutons un détail : Etienne, philosophe, littérateur et
jurisconsulte, était aussi un artiste. A ses heures de loisirs,
il aimait à sculpter et à tourner des ouvrages en bois. Son
neveu Hippolyte Farges, a hérité de son tour-en-l'air, mais
c'est son autre neveu, Louis, qui a hérité de son goût et de
son talent vraiment très remarquable de tourneur.

Quant à ses œuvres de sculpture, il nous en reste deux.
Une très belle croix en noyer de 0^m 60 centimètres de hauteur, que j'ai placée sur le tabernacle de ma chapelle. Pie IX,
en 1875, m'a permis de l'enrichir d'une indulgence plénière
à l'heure de la mort. L'autre est une grande statue de son
patron S. Etienne en bois de noyer sculpté, d'une hauteur
de 0^m 75 centimètres. Sans être un chef-d'œuvre, elle révèle
beaucoup de goût et de facilité. Elle est peinte et dorée, suivant la mode du XVIIIe siècle. Elle se trouve placée, après
diverses vicissitudes, dans mon cabinet de travail.

Voici les armoiries de messire Etienne Farges, prieur de
Montcalm, seigneur de Bassignac, Altillac, Reygades et
autres lieux, telles que nous les lisons sur les vieux couverts
d'argent de la famille :

*Coupé d'un : en chef, trois étoiles d'or sur fond d'azur.
En pal, un groupe de monts d'argent sur fond de gueules.
Le cartouche est soutenu par deux léopards et surmonté
par une couronne de marquis.*

On nous permettra — *si parva licet componere magnis* —
de rapprocher ces armes de celles qu'un autre Etienne,

---

(1) Cf. Poulbrière, *note sur l'ancien prieuré de Montcalm,*
1879.

Innocent VI, avait prises avant son élection à la chaire de S. Pierre. Nous les avons décrites plus haut, d'après les plus vieux historiens tels que Onuphre et Ciacconius. On y voit pareillement, en chef, des étoiles d'or sur fond d'azur, et en pal, sur fond de gueule, ses chers *Monts* du Limousin, où il naquit. Malgré la divergence de détails accessoires, c'est la même idée fondamentale qui les inspire. L'une et l'autre sont des armes parlantes : elles proclament ces *Monts* bien aimés, sur lesquels brillent les étoiles du ciel dans l'azur infini.

* * *

Nous avons dû rouvrir notre manuscrit, que nous supposions terminé, pour ajouter au nécrologe de la famille Farges, une dernière page, glorieuse, mais écrite avec du sang et des larmes.

Vers le milieu de février 1915, après six mois de cette atroce guerre mondiale qui désolait notre chère patrie, la plupart des journaux reproduisaient, à peu près dans les mêmes termes, la note suivante, sous la rubrique générale : *Morts au champ d'honneur* :

« M. Henri Farges, 24 ans, ingénieur de l'école centrale, sous-lieutenant de réserve à l'état-major du 1er régiment d'artillerie, — cinq fois blessé en six mois de campagne, — quatre fois cité à l'ordre du jour, — décoré de la Croix de guerre avec palmes et de la Légion d'honneur, — blessé mortellement le 4 février 1915, dans la forêt d'Apremont, près Saint-Mihiel, et décédé le 13 à l'hôpital de Commercy. Il était le fils du lieutenant-colonel Farges, défenseur de Maubeuge, alors prisonnier à Torgau, et le neveu de Monseigneur Farges ».

Le journal aurait pu ajouter aussi qu'il était le petit fils du général Dusan, qui se distingua pendant la guerre de Crimée et de 1870, et l'arrière-petit-fils des Albert, dont la bravoure était une vertu de race.

Ce grand et beau jeune homme, si distingué, avait hérité des qualités physiques et morales de ces trois familles. Il

suffisait de le voir une seule fois pour constater chez lui une
nature si élevée et si généreuse, une spontanéité si dégagée
de toute préoccupation personnelle, qu'on le jugeait aussitôt
capable de toutes les plus belles actions.

On va lire, écrites par ses chefs eux-mêmes, celles qu'il a
su accomplir en six mois de campagne : « Assez de lauriers
pour couronner un vieux soldat »... mais quel malheur pour
la famille et pour la patrie, que le livre de sa vie ait été si
prématurément fermé ! Que de belles et grandes pages n'y
eut pas ajouté cette âme si entièrement généreuse !

Voici d'abord en quels termes émus le général Vandenberg, commandant la 16ᵉ division d'infanterie et le secteur
des Bois, annonce au sous-lieutenant Farges sa première
citation à l'ordre du jour, et sa proposition pour la Légion
d'honneur (28 octobre 1914).

« Mon cher Lieutenant,

» J'ai le très grand honneur de vous adresser mes félici-
tations personnelles pour la belle série d'actes d'héroïsme
que vous venez d'accomplir et de vous faire connaître que
je vous cite à l'ordre de la division, en même temps que je
vous propose pour Chevalier de la Légion d'honneur.

» Signé : Général VANDENBERG. »

Les actes de bravoure auxquels le général fait ici allusion
étaient nombreux et variés. Le plus habituel consistait à
accepter la mission très périlleuse *d'observateur* d'artillerie,
chargé de repérer les canons ennemis et de diriger le tir de
nos batteries. Pour cela, il fallait aller de jour et de nuit
en reconnaissance, se rapprocher de très près des tranchées
allemandes, en lever des croquis topographiques, traduire
en chiffres très exacts les distances et les positions, et souvent demeurer des heures entières dans ces dangereux voi-
sinages pour régler par téléphone le merveilleux pointage
de nos artilleurs, qui visent sans voir le but et l'atteignent
mathématiquement.

Ces visites aux tranchées boches se terminaient parfois
par des coups de sabre ou de révolver, voire par des corps
à corps sanglants. Une fois même, Henri avec son ami

Bertrand, camarade d'Ecole, et officier comme lui à l'état-major, employés tous les deux à la même mission, durent se mettre ensemble à la tête d'un détachement de fantassins et charger l'ennemi à la baïonnette.

Malheureusement, ce jour là, dans cette charge héroïque, son ami fut tué, et ce fut pour son cœur si aimant une douleur sans pareille de le voir tomber à ses côtés sans pouvoir le secourir, ni même emporter son corps. Voici les lignes désolées qu'il a tracées sur son carnet de notes, à la date du 26 octobre 1914 :

« Journée affreuse ! je ne crois pas, dans ma vie, avoir tant souffert. Bertrand a été tué en chargeant bravement à la baïonnette. Hélas ! je n'ai pu reprendre son corps et suis moi-même légèrement blessé. Je m'en vais à midi absolument abruti par les larmes... C'est vraiment une mort splendide, digne du héros qu'il était ! Il avait toujours rêvé de partir à la baïonnette : il est mort en plein rêve. Moi, j'ai le remords cuisant de n'être pas allé chercher son corps, car nous nous étions promis de ne pas revenir l'un sans l'autre. Je n'ai qu'une parole !... »

« 28 octobre. — Nous allons ce matin à la tranchée ennemie... pour dresser l'acte de décès de Bertrand... Les allemands n'ont point enlevé les cadavres. Profitant du tir de l'artillerie, nous allons le chercher avec le sergent-major Gallard et le sergent Juliá du 172ᵉ et le rapportons, sans avoir été atteints par un seul coup de fusil... Sa figure est calme. Nous rapportons son corps à Mécrin. ...Maintenant je suis tranquille, j'ai tenu mon serment ! »

« 29 octobre. — J'ai assisté à la messe ce matin et j'ai communié ; mais les obsèques de Bertrand sont remis à demain. »

« 30 octobre. — Enterrement de notre brave camarade. Les deux tiers des officiers sont présents. Quelques-uns ont fait 15 kilomètres à cheval, en pleine nuit, pour y assister. C'est dire les regrets que laisse celui qui s'en va. Au cimetière, brève allocution du Colonel qu'il termine par ces paroles émues : « Sous-Lieutenant Farges, au nom de votre

» camarade, au nom des officiers, au nom du régiment,
» venez que je vous embrasse ! » — « Je me trouve récom.
pensé au centuple de ce que j'ai pu faire par ce beau geste
du Colonel. » (*Lettre du même jour*).

Ces brièves notes, écrite au jour le jour, avec une simplicité parfaite, en même temps qu'elle nous font entrevoir
la générosité et la bravoure d'une âme d'élite, vont nous
donner la clef des allusions contenues dans les documents
qui vont suivre.

Ordre de la Division

Le général commandant la 16e division et le secteur des
Bois cite à l'ordre de la division :

Monsieur le sous-lieutenant Farges du 1er régiment d'artillerie pour le motif suivant :

Observateur d'artillerie, s'est porté jusqu'aux tranchées les
plus voisines de l'ennemi ; en a fait, au mépris du danger, avec
une hardiesse, une habileté, une science avisée, la reconnaissance complète, permettant ainsi à l'infanterie de diriger ses
attaques sur le point intéressant.

A vu tomber à ses côtés son camarade d'école et camarade
de mission, le sous-lieutenant Bertrand ; a fait, sous les balles
ennemies tous ses efforts pour ramener dans nos lignes le corps
de son ami. Blessé lui-même au cours de cette mission a réussi
après une nouvelle tentative et au prix des mêmes dangers.

Au Quartier général, Lérouville, le 28 octobre 1914.

Signé : VANDENBERG.

(général commandant la 16e division)

Ordre Général n° 110

(en date du 15 décembre 1914)

Le général commandant la 1re armée cite à l'ordre de
l'armée, le sous-lieutenant de réserve Farges du 1er régiment
d'artillerie de campagne :

Observateur d'artillerie, s'est porté jusqu'aux tranchées les
plus voisines de l'ennemi. En a fait la reconnaissance complète
avec tant de hardiesse et d'habileté, que l'attaque de l'infanterie
a pu être dirigée sur les points les plus intéressants.

Blessé au cours de cette mission, a fait, sous les balles ennemies, tous ses efforts pour ramener dans nos lignes le corps d'un camarade tombé à ses côtés.

Signé : Général DUBAIL.

Le sous-lieutenant Farges est blessé une deuxième fois, le 11 novembre, au cours de sa mission d'officier observateur aux tranchées, d'un coup de feu aux reins.

Ordre Général n° 72

(en date du 8 janvier 1915)

Le général commandant le 8e corps d'armée cite à l'ordre du corps d'armée :

M. le sous-lieutenant Farges du 1er régiment d'artillerie :
A préparé avec un soin jaloux et une habileté consommée l'organisation d'une pièce de 75 et d'une pièce de 80 en première ligne, en vue de l'attaque. S'y est employé pendant 48 heures avec une énergie peu commune, sans craindre d'exposer bravement sa vie. A obtenu d'excellents résultats dans l'accomplissement de sa mission. Officier qui n'est pas à ses débuts comme exemple d'abnégation et de courage. A déjà une citation à l'ordre de l'armée.

Signé : Général DE MONDÉSIR.

Nouvelles citations en date du 25 janvier (ordre de la 16e division) et du 3 février 1915, pour la brillante attaque du 20 janvier sur la Tête-à-Vache, où il fut blessé d'un éclat au bras :

Ordre Général n° 126

M. Farges sous-lieutenant de réserve au 1er régiment d'artillerie :

A fait preuve d'une énergie et d'un mépris du danger remarquables en dirigeant le feu d'une pièce d'artillerie placée en première ligne pendant l'attaque du 20 janvier. A été blessé. A déjà été cité à l'ordre de l'armée, le 15 décembre 1914 et à l'ordre du corps d'armée le 8 janvier 1915.

Signé : ROQUES.

Tous ces considérants sont résumés par le *Journal Officiel* du 10 février 1915 dans l'arrêté ministériel inscrivant le nom du sous-lieutenant Farges au tableau de la Légion d'honneur à compter du 23 janvier 1915.

Malheureusement, notre jeune officier ne devait pas voir briller longtemps sur sa poitrine la croix des braves. Le 4 février, dans une de ces missions d'autant plus périlleuses, qu'il s'habituait presque à braver le danger, étant parvenu à proximité des tranchées ennemies dont il relevait le croquis topographique, fut frappé mortellement d'un coup de feu qui lui brisa la cuisse.

Voici l'orde du jour qui annonce sa blessure, en même temps que la remise de la croix des braves :

Ordre de la Division n° 106

Le sous-lieutenant de réserve Farges, du 1er d'artillerie de campagne a reçu aujourd'hui la croix de chevalier de la Légion d'honneur des mains du général commandant le corps d'armée.

En six mois de campagne, notre jeune camarade a reçu cinq blessures, obtenu trois citations à l'ordre de l'armée, assez de laurier pour couronner un vieux soldat.

Nous faisons des vœux pour la guérison de la grave blessure qui l'éloigne du champ de bataille.

Au Q. G. de la 16e division d'infanterie, le 12 février 1915.

Signé : ROUQUEROL.

(général commandant la 16e div. et le secteur)

Malgré les soins les plus éclairés et les plus dévoués des chirurgiens, des infirmiers et de sa mère accourue avec sa sœur à son chevet, il expirait à l'hôpital mixte de Commercy, dix jours après sa blessure, le 13 du même mois, muni des sacrements de la Sainte Eglise.

Dans quels sentiments de courage chrétien et chevaleresque est-il mort ? On peut aisément le deviner par tout ce qui précède. Mais lui-même va nous l'apprendre, car dans le pressentiment mystérieux de la fin qui l'attendait et à laquelle, dès le début de la guerre, il s'était préparé chrétiennement — il nous écrivait, dans sa lettre de nouvel an 1915, cette phrase significative :

« Si Dieu permet que je tombe dans cette lutte terrible, souvenez-vous que j'ai fait fait de grand cœur le sacrifice de ma vie pour la plus juste et la plus sainte des causes, heureux et fier de pouvoir me montrer digne de mon père et du nom que je porte ». (1)

Quelques semaines plus tôt, dans sa lettre du 17 novembre 1914, il avait ainsi décrit ou *défini* cette « grande et sainte cause » pour laquelle il donnait sa vie si généreusement :

« Quand on songe, écrivait-il, que nous avons failli être vaincus une fois encore ! Heureusement la Providence est là, et les événements actuels montrent une fois de plus que dans les grandes choses, même sur la terre, la justice et la vérité finissent toujours par triompher... Cette lutte présente, sans exemple dans l'histoire du monde, aboutira au *triomphe d'une idée sur la force.* C'est la plus belle chose qu'un français puisse rêver : *Gesta Dei par Francos* ! ».

Telle était la foi invincible de ce soldat du Christ dans le triomphe final du droit sur la force, qu'il l'annonçait sans hésiter quatre ans à l'avance, et les évènements les plus inattendus et cent fois providentiels ont fini par lui donner raison et la récompenser au centuple.

A ces héros chrétiens, l'église a donné le seul nom qui leur convienne, le beau nom de *martyrs*, c'est-à-dire témoins par excellence ou confesseurs de la foi. La foi et le patriotisme s'unissent ainsi harmonieusement : ce sont les deux ailes qui soutiennent et élèvent l'âme humaine jusqu'aux plus sublimes hauteurs du sacrifice.

Les premières funérailles en la chapelle de l'hôpital de Commercy, furent simples et émouvantes. Les canons grondaient depuis minuit ; quand même, près de cent officiers étaient accourus, quelques uns de fort loin, pour donner un dernier gage d'estime et d'amitié à ce jeune officier si distingué et si sympathique, qui, dès le premier abord, avait su conquérir tous les cœurs. Parmi eux, l'on distinguait le géné-

---

(1) « Sans attendre votre conseil, je suis allé rendre visite à M. l'abbé Delabart, vicaire général de Bourges (son confesseur, aujourd'hui vicaire général de Paris et secrétaire du cardinal Dubois). Je pars donc tranquille à tout point de vue et plein de confiance dans la victoire ». (Lettre du 5 août 1914).

ral commandant le corps d'armée, le général de division, le colonel commandant la 1ʳᵉ région d'artillerie de campagne, etc. Les camarades pleuraient un ami et un frère. Les chefs, comme le brave colonel d'artillerie Lequime, s'écriaient : « Cet enfant était notre fierté !.. Au milieu de tant d'autres hardis et braves, et prêts toujours à se dévouer, il était le premier toujours, le premier partout ! » (Ordre du régiment n° 82, le 14 février 1915).

De son côté, le colonel Chauvey du 85ᵉ d'infanterie, écrivait au colonel Lequime : « Cet excellent ami, avec lequel j'avais vécu des heures agréables et aussi des heures d'émotion, personnifiait pour moi le modèle du héros. Quelle perte pour votre brillante arme ; quelle perte pour tous ses camarades ! Je garderai éternellement le souvenir du cher disparu ! »

Quand au général en chef, commandant le 8ᵉ corps d'armée, il avait tenu à être présent à la triste mais glorieuse cérémonie, et à y prononcer les belles et touchantes paroles que l'on va lire in-extenso, car nous n'aurions pas le cœur de les résumer, encore moins les abréger :

J'ai tenu à accompagner la dépouille mortelle du brave et charmant camarade, du jeune et brillant officier que le 8ᵉ corps d'armée a eu la douleur de perdre.

Tous ceux qui ont vu à l'œuvre, sur notre front de combat, au contact immédiat avec l'ennemi, le sous-lieutenant Farges, du 1ᵉʳ régiment d'artillerie de campagne, tous ceux, officiers et soldats, qui ont été témoins de son audace, de son calme au milieu du danger, et qui ont pu apprécier sa vive intelligence, son aimable caractère et la noblesse de ses sentiments, tous garderont de lui un fidèle et profond souvenir.

A peine sorti de l'Ecole centrale, venu aux armées avec des camarades et des amis de cette même Ecole, formant avec eux une phalange qui ne cesse de se faire remarquer par une incomparable bravoure, Farges était le type du Français des jeunes générations.

Fils, petit-fils et arrière-petit-fils de soldats qui se sont distingués sur le champ de bataille, il n'a pas démenti les belles traditions de sa famille.

Son père, le lieutenant-colonel Farges, commandant le 4ᵉ régiment d'infanterie territoriale, avait repris, pour la durée de la guerre, malgré son âge, les armes qu'il avait quittées depuis plusieurs années. Il a concouru vaillamment à la défense de Maubeuge et est aujourd'hui prisonnier à Torgau, ignorant encore que le fils dont il était justement fier vient de donner généreusement sa vie pour la patrie.

Sa vie, il l'avait maintes fois exposée ! Rappelons-nous comment il alla chercher sous les balles le corps de son camarade Bertrand, tué la nuit précédente, sous bois, auprès de lui, pendant une reconnaissance qu'ils avaient poussée à quelques mètres des tranchées allemandes !

En six mois de campagne, il a reçu cinq blessures, obtenu trois citations à l'ordre de l'armée, « assez de lauriers pour couronner un vieux soldat », comme l'a écrit à l'ordre son général de division.

Il y a trois jours, à l'hôpital, j'avais l'honneur de lui attacher sur la poitrine la croix des braves.

En l'embrassant, je conservais l'espoir de le voir ramener chez lui, pour la guérison et une période de repos, par sa mère et sa sœur venues à son chevet.

Hélas ! Dieu lui a accordé le définitif repos ! Mais, après les récompenses terrestres qu'a values à notre jeune et regretté compagnon d'armes sa valeur militaire, il lui a sûrement réservé la récompense suprême qu'il décerne à ses élus et dont la vision peut seule atténuer dans les cœurs qui le chérissaient une douleur que l'absence de son père rend plus poignante encore.

Au nom de tous les officiers et soldats du 8e corps d'armée, en disant adieu, sur cette terre seulement, à l'intrépide et généreux jeune homme, dont la belle conduite reste pour tous un exemple, je prie sa mère et sa sœur de recevoir le respectueux témoignage de notre vive affliction et de le faire connaître à celui qui est momentanément retenu loin d'elles, en pays étranger.

Général DE MONDÉSIR,

Commandant le 8e corps d'armée.

En remettant au jeune officier sa première citation à l'ordre de l'armée et sa proposition pour la Légion d'honneur, son colonel lui recommandait de garder ces papiers comme « de véritables titres de noblesse » (20 décembre 1914). C'est bien ainsi que notre famille les gardera au lieu et place du cher disparu ; elle se consolera même de l'immense douleur de voir sitôt disparaître le nom des Farges, en pensant que

le dernier d'entre eux est mort pour la France, et qu'il s'est
éteint dans un rayon de gloire ! Son sang généreux n'a pas
été répandu inutilement : il a contribué, pour sa modeste
part, à acheter à notre bien aimée Patrie la revanche de
1870, revanche infiniment glorieuse et dix fois miraculeuse :
le prix, quelque élevé qu'il soit, ne paraîtra jamais trop
cher au patriotisme de la famille Farges.

*
* *

Après sept années d'attente, le 6 juillet 1921, le corps du
jeune héros a été enfin ramené dans notre ville natale, à
Beaulieu. Et c'est au milieu d'un concours immense d'une
population religieusement émue dans « l'union sacré », qu'il
a été déposé dans la tombe du dernier des Albert. L'ar-
rière-grand'oncle a dû tressaillir de fierté, à la rencontre
d'un petit-neveu si digne de sa race !

NOTE II

Sur la famille FARGES de FILLEY de la BARRE

Nous avons déjà eu l'occasion de dire que l'un des enfants
(le quatrième), né de l'union de M. Gaspard Farges avec
Mlle Appollonie Albert, du nom de Joseph, chef de bataillon,
chevalier de la Légion d'honneur, avait épousé — au château
Théophile, dans la paroisse de Baron, canton de
Branne, arrondissement de Libourne (Gironde), — D^{lle} Laurence-Marthe-Louise
(Lowely) de Filley de la Barre, fille
cadette de Pierre-Victor-Joseph-Mathurin de Filley de la
Barre, chef d'escadron en retraite, et de dame Marie-Rosalie
de Pontoise.

Dans cette union naquirent deux enfants :

1° Pierre-Marie-Oscar Farges, né à Baron, le 26 mars
1855. Son parrein fut son grand'père Pierre-Victor-Joseph-Mathurin
de Filley de la Barre, et sa marraine Mlle Ernestine
de Filley, sa tante, tenant la place de dame Appollonie
Farges, sa grand'mère. Il est devenu commandant d'infanterie,
chevalier de la Légion d'honneur, décoré des campagnes
d'Algérie.

Il a épousé à Brive, en février 1894, D^{lle} Marie Dubujadoux,
sœur du colonel Dubujadoux, tué si glorieusement à
la tête du 2° régiment de zouaves, en enlevant le village
d'Etrepilly, lors de la fameuse bataille de l'Ourcq, en 1914.

Ils ont eu deux enfants : Pierre et Madeleine. — Pierre,
Saint-Cyrien, de l'illustre promotion de la « Croix du drapeau »,
après avoir pris part, comme officier de cavalerie
à « course à la mer », demande à passer dans les zouaves
en février 1915, gagne la croix de guerre à Verdun, au bois
des Corbeaux, en mars-avril 1916, et tombe héroïquement
face à l'ennemi, le 8 novembre 1916, à l'attaque de Pressoire,
capitaine, décoré de la Légion d'honneur.

Madeleine, mariée à M. Decoux-Lagoutte, de la haute bourgeoisie de Treignac (Corrèze), en 1919 ;

2° Le deuxième enfant fut une fille qui reçut le nom de Marie-Louise Farges, née à Baron, le 24 novembre 1857. Elle fut tenue sur les fonds baptismaux, le 5 janvier 1858, par son grand'père, Gaspard Farges, et sa tante D^{lle} Ernestine de Filley. Elle est demeurée célibataire.

Mademoiselle Ernestine de Filley, pareillement célibataire et sans enfant, avait à cœur de ne pas laisser s'éteindre le nom des de Filley. Dans ce but, elle a demandé et obtenu l'adoption légale de son neveu et de sa nièce, Oscar et Louise, auxquels elle a ainsi régulièrement transmis, avec le nom, la couronne de comte des de Filley de la Barre de Sanguinet.

Voici les états de service des officiers de cette noble et illustre famille.

*
* *

Etat des services de la famille de Filley de la Barre, dans le corps du génie et celui de l'artillerie :

En ligne directe

Louis de FILLEY, chevalier de Saint-Louis, maréchal de camp, directeur des fortifications des places de la Meuse, tué au siège de Nice en 1704.

Edme de FILLEY (fils du précédent), chevalier de Saint-Louis, ingénieur en chef des places de Givet et de Charlemont, brigadier des armées du roi, tué au siège de Fribourg, 1713.

Joseph de FILLEY (frère du précédent), chevalier de Saint-Louis, ingénieur en chef des ville et château de Salins, mort au service.

Edme de FILLEY (fils aîné du précédent), chevalier de Saint-Louis, ingénieur en chef des villes du Port-Louis et de Lorient, colonel, mort au service.

Joseph de FILLEY, chevalier de Saint-Louis, ingénieur en

chef des ville et citadelle de Blaye, major retraité après 36 ans de service.

Pierre de FILLEY (fils du précédent), chef d'escadron, sous-directeur d'artillerie, officier de la Légion d'honneur, retiré à 38 ans de service.

En ligne collatérale

Pierre de FILLEY, lieutenant-général, commandeur de l'ordre de Saint-Louis, inspecteur des fortifications de la moitié de la France, depuis Bayonne jusqu'à Dunkerque, directeur des fortifications des places, des évêchés et de la Lorraine, retiré après 64 ans d'un service qui a peu d'exemples.

Louis de FILLEY, chevalier de Saint-Louis, capitaine de génie, tué au siège de Mons en 1746, (fils du précédent).

Augustin de FILLEY (frère du précédent), chevalier de Saint-Louis, ingénieur en chef de Thionville, brigadier des armées du roi, a eu le bras cassé au siège de Namur en 1746. Mort au service.

***

DOCUMENTS SUR LE CAPITAINE
PIERRE FARGES DE FILLEY DE LA BARRE

Ordre de la Division n° 214

Le général Debeney, commandant la 25ᵉ division cite à l'ordre de la division M. Farges de Filley de la Barre (Gabriel-Marie-Joseph-Pierre), lieutenant à la 18ᵉ compagnie du 1ᵉʳ régiment de marche de zouaves pour :

Officier venant de la cavalerie, détaché sur sa demande dans l'infanterie, s'est toujours fait remarquer par sa bravoure et son sang froid dans les situations difficiles. Dans la nuit du 14 au 15 mars 1916, malgré un bombardement d'une violence inouïe, a maintenu sa section en terrain découvert lui faisant exécuter un travail prescrit.

Q. G., le 30 mars 1916,

Le général Debeney commandant la 25ᵉ division.

Signé : DEBENEY.

Ordre du Corps d'Armée n° 125

Le général Alby, commandant le 13ᵉ corps d'armée, cite à
l'ordre du corps d'armée M. Farges de Filley de la Barre
(Gabriel-Marie-Joseph-Pierre), lieutenant à la 18ᵉ compagnie du régiment de marche de zouaves pour :

Le 26 juin 1916, au cours d'un violent bombardement par tor-
pilles, n'a pas hésité à parconrir la première ligne complètement
dévastée afin de s'assurer personnellement du sort de ses hommes. Un abri s'étant effondré sans qu'on pût savoir si ses occu-
pants s'étaient retirés, s'est mis immédiatement à la tête de
quelques volontaires pour dégager l'entrée de cet abri, officier
d'un courage à toute épreuve, déjà cité à l'ordre de la division
pour sa belle conduite devant Verdun.

Q. G., le 13 août 1916,

Le général Alby, commandant le 13ᵉ corps d'armée.

Signé : ALBY.

Rapport au sujet d'une proposition pour chevalier de la
Légion d'honneur en faveur du lieutenant Farges de Filley
de la Barre :

Le 7 novembre 1916, le lieutenant de Filley a placé lui-même
sa compagnie dans la parallèle de départ. Tout le monde est
prêt à bondir en avant. A l'heure prescrite, de Filley s'élance à
la tête de sa compagnie qu'il mène jusqu'à la première ligne à
occuper. Là, il recommande à tous de s'abriter jusqu'à la minute fixée pour le deuxième bond, tandis que lui-même observe
la position à enlever. C'est alors qu'un obus éclatant à moins
d'un mètre de lui, le couche face à l'ennemi.

Extrêmement faible, il se préoccupe des évènements, deman-
dant à ses porteurs des renseignements sur l'action, se réjouis-
sant d'apprendre que Pressoire est enlevé.

Superbe figure d'officier, d'un courage constant, d'une vaillance communicative, le lieutenant de Filley est digne de la
plus haute récompense, la croix de la Légion d'honneur.

Au front dès le début, de Filley servait dans la cavalerie. Il
demande à passer dans l'infanterie où il sait devoir mieux employer son activité.

Il est au régiment du 22 février 1915, mais en est resté absent
d'avril à juillet 1915 pour maladie.

Il assiste à toutes les grosses affaires : Nieuport, Roye, Las-
signy, Verdun, Cumières, Nouvron.

Motif de proposition :

Le 7 novembre 1916 après avoir disposé sa compagnie pour l'assaut, l'a enlevé énergiquement, la menant pendant le premier bond ; a été très grièvement blessé au moment où il reconnaissait la direction à prendre pour le deuxième bond à faire.

Superbe figure d'officier d'un courage constant, d'une vaillance communicative.

Adoré de ses hommes.

Rapport du lieutenant Denaton, commandant la 18e compagnie, à M. le Colonel commandant le régiment :

L'opinion des camarades du lieutenant de Filley était celle-ci : c'est l'homme qui saura mourir quand l'occasion se présentera. L'attaque de Pressoire, le 7 novembre devait lui fournir cette occasion. Avant le jour, le matin de l'action, il voit ses chefs de section, leur donne des conseils, puis il cause avec ses hommes, suivant la tranchée, souriant sans cesse, inspirant aux poilus son indomptable vaillance. Il attend avec impatience l'heure du bond. Le premier il quitte la tranchée, d'une main son révolver dans l'autre une canne, il s'élance. Et maintenant je rapporte les paroles d'un de ceux qui ont pu le voir étant en deuxième rang : « Jamais je ne l'ai vu si beau ».

Pendant la progression il modère son ardeur, car ses hommes bondissent courant aux Boches. Après la tranchée de la Sondale il arrête sa compagnie recommandant d'abriter les zouaves pendant le temps prescrit. Lui sans souci se prodigue, il ne pense même pas à rechercher une protection. Juste à ce moment un obus éclate à moins d'un mètre de lui, il s'effondre face à l'ennemi. Transporté immédiatement, il se préoccupe du mouvement, et a la suprême consolation d'apprendre la réussite de l'attaque. On le transporte à l'hôpital. Bientôt trop faible pour parler et faire le moindre mouvement, il meurt à Narbonnières le 8 novembre, avec la Légion d'honneur et les galons de capitaine.

Les zouaves en parlent et en parleront toujours.

H. Denaton.

NOTE III

Sur la famille DAVAL DU PEYRAT

Cette famille, originaire de Cornac (Lot), passait pour une
des plus anciennes de la région. J'ai souvent entendu raconter par ma grand'mère, Mme Daval, qu'un de ses ancêtres,
sous Louis XIV, vers 1690, était *Cornette* (officier porte-
étendard) dans un régiment de chevau-légers, à la bataille
de Fleurus ; or la noblesse appartenait de droit à l'officier
parvenu à ce grade supérieur. A l'appui de cette tradition,
il existait des papiers de famille qui ont passé dans la maison
des Turenne avec la succession de l'aîné des Daval, dont
nous parlerons bientôt, et malheureusement ont été dispersés par la Révolution avec les biens d'émigrés.

Ardents légitimistes, les Daval eurent beaucoup à souffrir
de la Révolution. Sous la terreur, notre bis-aïeul et sa femme
furent traqués et jetés en prison. Peu de temps après leur
délivrance, ils moururent des privations et des mauvais
traitements qu'ils avaient subi pour leur foi religieuse et
leurs opinions politiques.

L'aîné de leurs frères, Jean Damascène, qui suivant l'u-
sage de cette époque avait, pour se distinguer d'eux, pris le
nom d'un autre fief, Daval de Fargues, était avocat réputé,
établi à Lyon. Vers la fin du règne de Louis XVI, il fut maire
de cette ville, et les Lyonnais, reconnaissants de son habile
administration, donnèrent son nom à une de leur rues qu'elle
porte encore aujourd'hui.

Ce sieur de Fargues, épousa à un âge avancé une jeune
D^lle de Turenne (Elisabeth-Marguerite), dont nous avons
déjà parlé, et mourut à Beaulieu, dans la maison des
Turenne, le 23 novembre 1814, léguant à sa femme toute sa
fortune, et ne laissant à notre grand'père qu'un maigre legs
de 2.000 fr.

La veuve, épouse, en secondes noces, de M. de Lagarde

fut mère de Mme de Marcilly (au château de Marcilly, près de Lyon). Elle revenait souvent à Saint-Ceré, lorsque nous étions enfants, et nous nous souvenons vaguement d'elle, comme d'une très vieille dame.

Notre grand'mère Daval, qui allait parfois la voir ou la recevait en visite à Bretenoux, l'appelait « ma tante ». Un jour qu'elle lui vantait ses quartiers de noblesse, Mme de Lagarde, née de Turenne, lui répondit vivement : « Fout ! fout ! Mme, nous avions une place dans le carosse du Roi ! ».

Dès le xvɪɪᵉ siècle, nous connaissons quelques unes des alliances très honorables de la famille Daval. On en pourra juger par les deux pièces suivantes que nous avons tirées de la poussière et sauvées de la destruction.

La première est un testament olographe, d'une fort belle écriture, datée de Cornac, le 2 janvier 1682. La testatrice se nomme elle-même « Marguerite de Daval, veuve de maître Jean Fraisse, docteur ès-lois et avocat en Parlement ». Elle énumère ainsi ses quatre filles et ses deux fils avec leurs alliances : 1º Elisabeth de Fraisse, femme du sieur Gabriel Lapeyre, bourgeois de Soupètes, paroisse de Bretenoux ; 2º Madeleine de Fraisse, femme du sieur Etienne Dufaure, bourgeois, des Maniols, paroisse de Tauriac ; 3º Marie de Fraisse, femme du sieur Antoine Du Mas, bourgeois, de Tessou, susdite paroisse ; 4º Dˡˡᵉ Marguerite encore mineure.

Ses fils sont : 1º Guillaume, sieur de La Coste, et fils aîné ; 2º Maître Jean Fraisse, prêtre, docteur en théologie et prieur d'Espères (Saint-Ceré). Il est légataire universel de sa mère, à condition de retour des biens patrimoniaux à son frère aîné.

Le second document est un contrat de mariage de ce fils aîné, en date du 1ᵉʳ mars 1683, quelques mois après le décès de sa mère. Il épouse Dˡˡᵉ Marie de Linars, fille du sieur Pierre de Linars, docteur ès-lois, et avocat en parlement, juge de la ville de Bretenoux, et de Dˡˡᵉ Marie de Bray. Un des témoins est maître Jacques Decarot, sieur de Busqueille, conseiller du roi au sénéchal de Martel, habitant de la ville d'Austhoire. Il est fondé de pouvoir de maître Jean Fraisse, docteur en théologie et prieur d'Espères, pour doter richement son frère le nouveau marié.

La seule énumération des objets mobiliers apportés en dot : linge, argenterie, bijoux, indique suffisamment la grande aisance, sinon la belle fortune, des nouveaux conjoints.

Voici les armoiries que nous voyons gravées sur les plus anciens couverts d'argent de la famille Daval : *Coupé d'un ; en chef, 2 croissants d'or sur fond d'azur ; en pal, un chévron d'or sur fond de gueules, accompagné d'une dague en pointe.*

Par un sentiment de piété filiale, ce sont ces armes de sa mère que Monseigneur A. Farges, devenu prélat de S. S., a prises sans y rien changer, en les couvrant seulement du Chapeau violet à douze glands, insigne de la prélature, et en y ajoutant la *devise* de ses Etudes philosophiques : *Vetera novis augere et perficere.* Tout progrès dans les sciences, en effet, consiste, non pas à oublier le passé, mais à l'augmenter et à l'enrichir de nouvelles données.

*
* *

Abordons la généalogie de cette famille, telle que nous avons pu la reconstituer.

Notre grand-père était M. *Jean-Pierre-Auguste Daval du Peyrat*, docteur en médecine de la faculté de Paris (24 juin 1817). Il fut longtemps maire de Bretenoux (Lot), où il exerçait son art, et inspecteur des eaux de Miers. Fils cadet de Jacques Daval du Peyrat, propriétaire à Cornac, et de D[lle] Catherine Taule du Theil. Né à Cornac, le 21 mai 1787, il est décédé à Bretenoux le 21 juillet 1861, à 74 ans.

Il avait eu deux frères plus âgés que lui. Le second, Guillaume-Cirice Daval du Peyrat, né à Cornac, le 1er janvier 1779, fut avocat de la faculté de Toulouse, et avoué près le tribunal de Figeac de 1810 à 1833. Il se retira alors près de son frère, le docteur, à Bretenoux, où il a passé 25 années de retraite. Il y mourut le 28 octobre 1858.

L'aîné de ses frères, Jean-Baptiste, garda la maison familiale à Cornac. Il eut deux fils et une fille. Des deux fils l'aîné, Hippolyte, mourut jeune de la petite vérole ; le second était Urbain, avocat de très grand talent ; malheureusement il devint infirme, et mourut sans enfants. La fille, Adeline, épousa M. Antoine Lamarche de Cornac, et en eut un fils et une fille. Le fils, Charles, marié à une D^{lle} Fourneau de Cornac, n'a pas laissé de postérité. La fille épousa le docteur Vernéjoul. Ils eurent un fils, qui habite Cornac et s'est marié à une cousine D^{lle} Gabrielle Vernéjoul.

Les sœurs de notre grand-père devinrent Mme Coste (de La Serre) ; Mme Souilhol (du Frouziol) ; Mme Lafon et Mme Taule (de Cornac).

Notre grand'mère *Marie-Adeline Vaissié* se maria avec le docteur Daval, le 1er février 1820. Elle était fille de M. Jacques Vaissié, propriétaire à Bretenoux, et de D^{lle} Marie-Victoire Trassy (1). Elle était aussi petite-fille et arrière petite-fille des notaires royaux Jean-Pierre et Antoine Vaissié. Par sa mère, elle était petite-fille de J.-B. Trassy, avocat, et petite-nièce de maître Antoine Trassy, avocat, juge de paix de Bretenoux, et procureur d'office de la Baronnie de Castelnau. Née à Bretenoux, le 6 avril 1802, elle y est décédée le 16 décembre 1881, à l'âge de 79 ans.

Lorsqu'elle se maria, Mme Daval était orpheline et mineure — elle n'avait que 17 ans et dix mois — aussi eut-elle besoin de l'autorisation du conseil de famille qui, tout en approuvant volontiers cette union, avait fait attendre une année son consentement.

Elle avait eu un frère et une sœur. Le frère, Jean-Baptiste, mourut assez jeune ; il se noya en se baignant dans la Cère. La sœur, Marie-Madeleine-Céleste, devint l'épouse du docteur Vaysse, et eut une fille unique, qui devint Madame Alfred de Teyssieu.

Ils eurent 6 enfants : Marie de Teyssieu, épouse de M. Robertie et puis de M. Saffrey ; Joseph, mort tragiquement ; Maurice qui fut tué à Gravelotte, en 1870 ; Alice, qui se noya en se baignant dans la Cère ; Noémie, morte religieuse de saint Vincent de Paul à Castelnaudary ; enfin Adrienne,

----

(1) Par suite, Mme Louis Farges, était cousine-issue de germains avec MM. Basilide et Ernest Trassy.

qui avait épousé M. Vidal, notaire à Firmy (Aveyron) près de Decazeville et qui mourut des suites de couches, laissant un fils du nom de Jean. Le père et le fils sont morts récemment à Saint-Médard-de-Presque. Cette branche de la famille de Teyssieu se trouve ainsi éteinte.

*
* *

Du mariage du docteur Daval du Peyrat avec D^{lle} Vaissié sont issus trois enfants, trois filles, mais nous ne parlerons de la dernière que pour mémoire, Marie-Jeanne-Léontine, n'ayant vécu que quelques mois : née à Bretenoux, le 10 décembre 1825, et étant décédée à la Rauffie en octobre 1826.

La seconde nous a déjà occupé dans l'article sur la famille Farges, parce qu'elle se maria à M. Louis Farges, le 20 mai 1845. Son nom était Marie-Antoinette-Elisabeth-Adèle Daval du Peyrat, née à Bretenoux, le 10 février 1822. Elle eut pour parrain Pierre-Antoine Teilhac, propriétaire à Carennac, fils de Pierre Teilhac, avocat en Parlement et ancien tuteur de Mme Daval ; pour marraine, Elisabeth-Mélanie Challons, née Vaissié et cousine de Mme Daval.

Il nous reste donc à parler de la première fille, l'aînée, qui s'appelait Marie-Jeanne-Coralie-Noémie Daval du Peyrat, naquit à Bretenoux, le 16 décembre 1820, et mourut à la Sous-Préfecture de Figeac, le 11 novembre 1872. Elle eut pour parrain M. Jean-Baptiste Daval du Peyrat, frère aîné du docteur Daval, et pour marraine la sœur cadette de sa mère, Céleste Vaïssiè, devenue plus tard l'épouse du docteur Vaysse.

Douée d'un tempérament un peu nerveux, notre chère tante Noémie pouvait en avoir quelques défauts, mais elle en avait surtout les plus brillantes qualités. Au salon, elle causait avec grande distinction et chantait à ravir. Elle était non moins excellente de cœur que d'esprit, aussi était-elle chérie des siens et aimée de tous.

Elle fut mariée le 9 juin 1843, à M. Jean-Louis-Joseph-Eugène Soulhac, propriétaire à Saint-Céré (Lot) qui fut maire de cette ville et plus tard Sous-Préfet de Figeac. Il était né à Saint-Céré, le 24 décembre 1814 ; il y est mort le 21 juillet 1885.

On peut dire de lui qu'il était aussi remarquable par son intelligence, que par sa magnifique stature et sa belle prestance. S'il fut républicain, ce fut à l'ancienne manière qui consistait à *servir* la République et non à *s'en servir*. Il contribua à la fonder par son talent, sa popularité, et un peu aussi aux dépens de sa fortune.

Voici quelques notes sur son honorable famille :

Le père de M. Eugène Soullac s'appelait Joseph, († 1817) comme lui propriétaire à Saint-Céré. Il était marié à D^lle Marie-Louise-Rosalie Vinel, originaire du canton de Cajarc (Lot), et élevée à Latronquière par ses oncle et tante, M. et Mme de Montcourier qui l'avaient adoptée. Elle était fille de M. Vinel, avocat, à Larnagol, qui mourut assassiné sous la Restauration (crime politique, dit-on, dont l'auteur ne fut jamais découvert), et d'une D^lle Salgues de Geniès. C'est de cette manière que les Soulhac sont parents avec la famille Salgues.

M. Joseph Soulhac mourut très jeune, laissant un seul fils, Eugène, alors âgé de trois ans. Sa veuve se remaria à M. Girles, receveur de l'enregistrement à Latronquière, duquel elle eut une dizaine d'enfants. Il la ruina complètement et ses enfants se dispersèrent. Le plus jeune, Arsène, est mort, il y a quelques années, à Latronquière où il avait pris sa retraite comme capitaine de cuirassiers.

M. Joseph n'avait eu qu'un frère qui fut tué à Marengo (1800). Il servait comme vélite dans la garde consulaire.

Son père, M. Jean-Louis Soulhac, né en novembre 1739, et décédé en 1833 (93 ans), était notaire et procureur à Saint-Céré. Il avait épousé la fille unique du Dr Sirieys, et d'une D^lle Murat, de laquelle provient le beau domaine de Lantuéjoul, ainsi que la maison de Saint-Céré, devenus propriétés des Soulhac depuis un siècle. A la mort de son second fils, il laissa son étude à l'un de ses frères, Jean-Pierre, né en 1835, époux d'une D^lle Lespinas.

Cette étude est aujourd'hui gérée par M. Landes, arrière petit-fils de ce dernier.

Le Dr François Soulhac, médecin, décédé à Saint-Ceré en 1864, était fils d'un autre médecin (Jean-Pierre), époux Condamine, décédé le 25 mars 1851, à 80 ans, et petit-fils du dit Jean-Pierre, époux Lespinas, notaire et procureur à Saint-Ceré.

*
* *

Du mariage de D[lle] Noémie Daval du Peyrat avec M. Eugène Soulhac, sont nés quatre enfants :

1° Marie-Louise Soulhac, née à Saint-Ceré, le 14 novembre 1844, et décédée à Lantuégoul, le 1er août 1846. Elle avait eu pour parrain son grand'père, le Dr Daval, et pour marraine une tante de M. Soulhac, Marie-Victoire Soulhac, née Condamine ;

2° Jean-Louis-Joseph-Auguste Soulhac, né à Saint-Ceré, le 14 février 1848. Brillant élève, il avait été reçu avocat et donnait les plus belles espérances. Malheureusement, ayant été mobilisé pendant la guerre de 1870, l'épreuve fut au-dessus de ses forces et il mourut quelques années après. Son parrain avait été M. Auguste Vinel, avocat, oncle de M. Soulhac, et sa marraine Mme Daval, grand'mère ;

3° Jean-Jacques-Edgard Soulhac, né à Saint-Ceré, le 20 mai 1848. Il eut pour parrain M. François Soulhac, docteur en médecine, son oncle, et sa tante Mme Louis Farges, pour marraine. Receveur de l'enregistrement, il fit la campagne de 1870, comme lieutenant des mobiles du Lot, fut fait prisonnier avec l'armée de la Loire. Conservateur des hypothèques à Chartres, il prit sa retraite en 1913. Il s'était marié le 31 janvier 1872, avec D[lle] Joséphine Gibiat, nièce du directeur du « Constitutionnel », dont il avait eu deux enfants : Eugène, marié le 25 février 1919, à D[lle] Olympe Buffe, d'Argentat ; — et Marguerite, mariée le 10 janvier 1905, avec Léopold Laparra, notaire à Cardaillac et conseiller général du Lot : Dont : Emile, né le 30 janvier 1906, et Jean Edgard, né en mars 1910 ;

4° Marie-Louise-Julie Soulhac, née à Saint-Ceré, le 6 septembre 1849, et morte religieuse au couvent du Sacré-Cœur de Pau, le 19 avril 1880. M. Louis Farges, son oncle, avait été son parrain, et dame Marie-Louise-Julie de Ladoux, née Vinel, sa tante, avait été sa marraine.

*
* *

Nous avons dit que M. Guillaume-Cirice Daval du Peyrat, frère du docteur Daval, avoué à Figeac, de 1810 à 1833, se retira à cette date, chez son frère, maire de Bretenoux. C'est là que nous avons connu cet oncle vénérable pendant une dizaine d'années. Il avait vendu son étude à un excellent ami, cousin de notre grand'mère, M. Vaissié, qui venait souvent les visiter à Bretenoux et y séjourner très longuement. Sa fille, Hélène Vaissié, l'y accompagnait volontiers, et devenue plus tard Mme Laborie de la Rigaldie, elle aimait à nous raconter l'accident — peu grave heureusement, — dont elle manqua être victime à Paris, lors de l'Exposition universelle de 1867.

Le 6 juin, au retour d'une revue des troupes au bois de Vincennes, par Napoléon III et le Czar Alexandre II, elle se pressait avec une immense foule sur le passage du cortège impérial, lorsqu'auprès d'elle un jeune homme jusque-là inconnu, Bérézouski, qui avait comploté d'assassiner « le tyran de la Pologne », tira un coup de pistolet sur la voiture de Sa Majesté. L'arme frôla vivement la tempe de la jeune femme, qui tomba évanouie.

On la crut grièvement blessée, peut-être morte, et il y eut dans la foule un moment de grande émotion. Elle fut transportée aussitôt par son mari dans la pharmacie la plus proche, où les docteurs accourus ne purent constater qu'une légère égratignure à la tête, d'où le sang coulait à peine. Pour lui faire reprendre les sens, il suffit des soins les plus élémentaires.

Toutefois, comme elle se trouvait enceinte, la famille eut lieu de craindre encore des suites fâcheuses, qui heureusement, ne se produisirent point. Entre temps, le Czar Alexandre, qui ne fut pas atteint, mais qui redoutait qu'une femme eût été victime à sa place, envoya plusieurs fois prendre de ses nouvelles, et, de retour en Russie, lui fit adresser des cadeaux magnifiques, dont un collier de perles fines, auquel s'attachaient des souvenirs de la famille impériale, et qu'on évaluait à un très haut prix (20.000 ou 25.000 fr.).

D'autres visites fort intéressantes nous arrivaient souvent dans cette maison des Daval, ou plutôt des Vaissié, car elle fut construite par l'un d'eux en 1779 Son entrée était située en face de la porte du presbytère, — et elle était voisine de celle des Saint-Priex et des Sainte-Fortunade, car nous étions mitoyens.

Nous ne citerons que les visites et les séjours de l'illustre Pierre Loti. A l'âge de 12 à 13 ans, le futur académicien ne s'appelait encore que Julien Viaud. Son oncle, le vénérable M. Bon, percepteur de Bretenoux, l'invitait à passer chez lui une partie des grandes vacances, mais comme il arrivait accompagné de sa mère et de plusieurs autres membres de sa famille de Rochefort, et que M. Bon n'était pas assez vastement logé pour recevoir tant de monde, il priait Mme Daval de le tirer d'embarras, et notre grand'mère, avec sa bonne grâce coutumière — s'empressait d'offrir deux ou trois lits supplémentaires aux hôtes de nos excellents voisins.

Julien était ordinairement du nombre de nos invités, et comme il rencontrait chez nous d'autres jeunes gens de son âge — surtout parmi les Soulhac et les Farges — il jouait volontiers à divers jeux, notamment à « l'escarpolette » de notre domaine de Brégandine, ou faisait avec nous diverses excursions, en un pays pittoresque et enchanteur, qui l'intéressaient beaucoup.

Lui-même parait bien ne pas l'avoir oublié, puisqu'il a consacré à Bretenoux une page émue de ses souvenirs d'enfance.

Mme Viaud, sa vénérable mère, protestante de vieille race, lui lisait ou lui faisait lire chaque jour un chapitre de l'Imitation de Jésus-Christ, et le jeune Julien était alors très pieux. Puisse-t-il, au seuil de la vieillesse, se souvenir aussi de ces « lectures spirituelles » de Bretenoux !

Maintes pages récentes du brillant Académicien nous permettent de ne pas désespérer... Nous en avons cité une des plus belles dans notre *Philosophie de M. Bergson* (2ᵉ édition, p. 459), où nous lisons cette phrase pleine de sanglots et d'espérances :

« L'existence d'une Pitié suprême, on la sent plus que jamais s'affirmer universellement dans les âmes hautes qui s'éclairent à toutes les grandes lueurs nouvelles... La Pitié suprême vers laquelle se tendent nos mains de désespérés, *il faut qu'elle existe*, quelque nom qu'on lui donne ; *il faut qu'elle soit là*, capable d'entendre, au moment des séparations de la mort, notre clameur d'infinie détresse ; sans quoi, la création, à laquelle on ne peut raisonnablement plus accorder l'inconscience comme excuse, deviendrait une cruauté pas trop inadmissible à force d'être odieuse et à force d'être lâche ! »

Cette profession de foi est le digne pendant de celle de Victor-Hugo : *Credo in Deum* !

*
* *

Notre grand'mère, Mᵐᵉ Daval, avait, dans le voisinage de Bretenoux des parents très chers que nous nous reprocherions de passer sous silence, tant était grande leur place dans ses affections. Notamment les Teilhac de Carennac, et à Beaulieu Mᵐᵉ Mazeyrac et Mᵐᵉ Lestourgie. Quelques notes rapides sur ces trois cousines achèveront de faire connaître sa famille.

D'abord les Teilhac. Que de fois cette vénérable aïeule m'a conduit à Carennac dans la famille de ces excellents cousins ! Je puis dire qu'elle y revenait toujours avec amour.

C'est là en effet, comme elle me l'a souvent raconté, qu'étant devenue orpheline, elle fut élevée et qu'elle apprit à lire sur les genoux de son grand-oncle prêtre, le vénérable

Dom Antoine Teilhac, dernier prieur de l'Abbaye des Bénédictins de Carennac, gouvernée un siècle auparavant par l'illustre Fénelon, archevêque de Cambrai.

Dom Antoine, né le 26 mars 1750, fils du sieur Jean-Pierre Teilhac, avocat en Parlement et de D^{lle} Marie-Anne Trassy, était moine Bénédictin Cluniste et conventuel de la maison de Bezat. Maitre ès-arts et en théologie de Toulouse, il fut nommé prieur conventuel du monastère de Carennac au chapitre de Cluny, en 1781 et prit possession le 1er septembre de la dite année 1781. Il fut aussi visiteur de l'ordre de Cluny pour les maisons d'Aquitaine.

Aux plus mauvais jours de la Révolution, il fut arrêté pour avoir refusé le serment schismatique, et déporté à Nantes, où il allait périr victime des fameuses noyades de Carrier, lorsqu'il fut sauvé (13 avril 1795), par son frère, capitaine au 8e d'artillerie à Nantes. Il arrivait à Carennac le 4 mai, épuisé par les fièvres et le scorbut contracté sur les pontons du *Républicain*, et ne survécut que peu d'années à son horrible martyre (1).

Lors de nos visites, la célèbre abbaye (2) était dévastée par la Révolution, mais il en existait encore des ruines magnifiques et de très belles pièces, notamment les cloîtres, le réfectoire, le chauffoir des moines, et les celliers voûtés.

Je les examinais avec grand intérêt ; je gravissais aussi les escaliers de la tour, dite de Fénelon, qui domine les trois vallées, au confluent de la Dordogne, de la Cère et de la Bave, et du haut de laquelle on jouit d'un coup d'œil splendide, celui qui inspira l'auteur du *Télémaque*. On me montrait à mes pieds l'île de Calipso et les panoramas décrits par l'immortel conteur : je croyais rêver, les yeux ouverts, comme dans une féerie...

Puis, nous revenions dans la superbe maison familiale des Teilhac, dont j'admirais le style renaissance, l'escalier mo-

---

(1) Voir l'intéressante brochure *Le Prieuré-Doyenné de Carennac* par le chanoine ALBE *et* A. VIRÉ, p. 210 et suivantes.

(2) L'abbaye de Carennac étendait au loin sa juridiction, jusque sur Saint-Ceré et Argentat. Ainsi son doyen était seigneur et haut-justicier d'Argentat.

numental en colimaçon, et j'en scrutais tous les coins et recoins. C'est là, en furetant dans un énorme monceau de débris de bibliothèque relégués au grenier, que j'eus la chance et le bonheur de découvrir un des vieux livres où ma grand'mère avait appris à lire sous la paternelle direction de son grand-oncle.

Ce vieux livre, imprimé sur velin, avec de très riches enluminures, et des gravures hors texte, était intitulé : *Heures de Nostre-Dame à l'usage d'Amiens, avec les miracles de Nostre-Dame, les figures de l'Apocalypse et les triomphes de César.* Il sortait des presses célèbres de Simon Vostre, au milieu du xvie siècle. Je le montrais à Paris aux Conservateurs de diverses bibliothèques, notamment à la Nationale, qui ne le possédait point. Je me disposais à le faire restaurer, car sa reliure et plusieurs pages étaient en mauvais état, lorsque les communards, qui pillèrent le séminaire Saint-Sulpice en 1871, me dispensèrent de ce soin. Il me fut volé avec un couvert d'argenterie, une timbale d'argent, un riche bréviaire et d'autres objets de prix, et la police, mise en éveil, ne les a jamais retrouvés.

En 1802, c'est M. Pierre-Antoine Teilhac, frère de Dom Antoine, le prieur, qui avait été le parrain de notre grand'-mère. Il était propriétaire à Carennac et fils de maître Pierre Teilhac, avocat en Parlement et de D^{lle} Marie-Anne Trassy. Il fut ensuite son tuteur lorsqu'elle devint orpheline, aussi avait-elle pour sa mémoire une piété filiale.

Un de ses fils ou petits-fils, appelé Teilhac de la Flamanchie (paroisse de Bassignac-le-Bas) était, il y a une quinzaine d'années, percepteur à Saint-Céré, et se disait notre cousin. Il a laissé un fils, Arnaud, chef de bataillon et gendre de M. Léopold Langle, et une fille, Jeanne, de son vivant épouse de M. Mathieu, commerçant en vins. Sa fille a épousé maître Darnis, notaire à Saint-Céré.

*
* *

A Beaulieu, notre grand'mère avait deux cousines germaines qu'elle aimait tendrement.

La première épousa, le 10 avril 1825 maître Jean Mazeyrac notaire royal (père d'Amédée), dont un ancêtre fut 1er Consul de Beaulieu, en 1734. Elle s'appelait D^lle Mélanie Challons. Sa mère était une D^lle Elisabeth Vaissié, veuve Challons, et sœur du père de notre grand'mère. Elle habitait à Bretenoux, la grande maison qui sert actuellement de gendarmerie.

Après son veuvage, elle se retira chez sa fille, à Beaulieu, où elle mourut à 66 ans le 3 mars 1845. Sa fille, Mme Jean Mazeyrac, la suivit dans la tombe dix ans plus tard, le 26 août 1855 ; elle n'avait que 52 ans. J'avais alors 7 ans, sans doute l'âge de discrétion, car on me confia la surveillance pendant la cérémonie funèbre, ou la garde de son plus jeune fils, Auguste.

Je me rapelle encore, quoique vaguement, les traits de la noble figure de « *tata Challons* », et surtout la grande capote — mode de 1821 — qui encadrait totalement son visage avec ses belles papillotes anglaises, et dont elle conserva l'ancienne habitude jusqu'à la fin de ses jours.

Nos relations avec cette excellente famille étaient si étroites que notre grand'mère fut marraine de Jean-Alfred Mazeyrac (23 mars 1828); et sa fille Noémie Daval, marraine de Noémie-Ernestine-Marie-Gabrielle Mazeyrac, (20 juin 1842). De son côté, dame Elisabeth Vaissié, veuve Challons, avait été marraine de Louis-Géraud-Ernest Mazeyrac, (20 mars 1826) : tous les trois, enfants de « *tata Challons* ». A ce dernier baptême, on remarque les signatures de Coste de Barrau, Amédée Audubert, et Marcelin Mabire.

Du mariage de Jean Mazeyrac, notaire royal (1) avec la cousine germaine de notre grand'mère Daval, D^lle Mélanie Challons, naquirent dix enfants :

1° Ernest qui mourut très jeune ; 2° Amédée, né le 10 avril 1827, et mort le 4 janvier 1889, à l'âge de 62 ans. Il succéda à son père, comme notaire, fut maire de Beaulieu, conseiller général, chevalier de la Légion d'honneur. Il avait épousé, en mai 1860, D^lle Céllne Lachaud, de Meymac (1836-1887).

---

(1) Il avait pris l'étude Oubrayric.

Sa mort fut si édifiante que le vénérable doyen M. Pallier, heureux de ce retour un peu tardif aux pratiques chrétiennes, ne put contenir son émotion et ses larmes de joie ; 3° et 4° Alfred et Céline, morts très jeunes ; 5° Ursule, née le 2 novembre 1832. Elle demeura célibataire et se dévoua à l'éducation de plusieurs de ses neveux. Elle eut le pressentiment de sa fin prochaine et mourut en 1898 à 66 ans ; 6° Aline, devenue Mme Laumond, au château de la Rauffie (1836-1887). Elle mourut à 51 ans, après avoir eu un fils, Edmond, qui ne survécut que deux ans ; 7° Marie, ne vécut que deux jours ; 8° Léonie, devenue la vénérable Mère Marie-Thérèse. Sa profession au monastère des Ursulines de Beaulieu est du 8 décembre 1858. Elle était née le 8 août 1837, et mourut en 1921 presque octogénaire ; 9° Noémie, née le 16 juin 1842, épouse de M. Bouyssonie ; 10° Auguste, né le 5 janvier 1845 et mort à 26 ans, pendant la guerre de 1871 à l'hôpital d'Alger.

La neuvième de ces enfants, Noémie, a seule laissé postérité par son mariage avec M. Marcelin Bouyssonie, pharmacien à Brive et puis propriétaire au château de la Rauffie, lequel est décédé à Beaulieu à 83 ans (1836-1918).

Ce mariage, célébré le 25 novembre 1862, a donné 9 enfants :

1° Gabrielle, née en 1863, mariée en 1899 à M. Camille Diousidon, conservateur des hypothèques à Brive. Ils ont eu 2 filles : Marie et Odile ; 2° Paul, né en 1865, mort du croup à 4 ans, chez sa tante Ursule ; 3° Amédée, né le 12 février 1867, devenu prêtre, chanoine honoraire de Tulle, et directeur de l'école Bossuet ; 4° Henri, mort vers l'âge de 21 ans ; 5° Thérèse, née le 29 décembre 1872 et restée célibataire ; 6° Marguerite, née 17 mars 1875, mariée à M. Léon Chassain d'Uzerche, propriétaire à Pazayac (Dordogne) Ils ont eu six filles et deux garçons, Joseph et Pierre ; 7° Jean, né le 31 août 1877, devenu prêtre et professeur de sciences à l'école Bossuet, après avoir été reçu à la licence ès-sciences en Sorbonne ; 8° Marcelle, née en août 1880, mariée à M. Georges Prud'homme, inspecteur de l'enregistrement à Versailles, en août 1912. Un fils, Jean, leur est né en 1918 ; 9° Paul, né le 30 septembre 1887, marié à D^{lle} Geneviève

Brunie du château d'Arnac, le 11 février 1914. Ils ont deux fils, André et Raoul.

*
* *

La seconde cousine germaine à Beaulieu, de uotre vénérée grand'mère, était Mme Lestourgie, femme du Dr Marc-Antoine Lestourgie, ex-major aux armées, maire de Beaulieu, membre du conseil général et chevalier de la Légion d'honneur (1).

Leur contrat de mariage, en date du 20 juin 1815, constate que le futur était fils de feu Pierre Lestourgie, médecin et de D^{lle} Marguerite Riouzal, (ou Reyjal) de la Salardie, natifs l'un et l'autre d'Argentat ; et la future D^{lle} Victoire Certain, fille de sieur Julien Certain, ex-capitaine d'infanterie et de dame Catherine Laval, de Beaulieu.

Parmi les témoins qui ont signé, nous remarquons Pierre Teilhac de Carennac et Antoine Trassy, de Bretenoux. Les Trassy en effet étaient alliés aux Reyjal et les Teilhac aux Certain.

Quoique née à Beaulieu, Mme Lestourgie nous a dit bien des fois que la famille Certain était originaire de la Val-de-Cère (paroisse de Cahus, Lot), et que ses ancêtres, la plupart médecins, étaient venu se fixer à Beaulieu, pour y exercer la médecine.

De fait, cette tradition orale est en conformité parfaite avec les Actes de l'état civil. Au 20 septembre 1705, nous lisons que le sieur Etienne Certain frère de Jean, maître en chirurgie, n'était pas originaire de Beaulieu, mais de la Raufie ; et la cousine de la dame Lestourgie qui nous occupe, dame Marie-Louise, veuve Marbot, domiciliée au

---

(1) Parmi ses ancêtres, citons maître Géraud Lestourgie, juge de Sescle et de Ventach, époux de Jeanne de Laval, habitant le village de Langlade (12 octobre 1684), et maître Bertrand Lestourgie sieur de Langlade, procureur au Parlement de Guienne (même date, aux minutes de maître Solheilet, n° 68).

château de Bras, est déclarée originaire de Cahus dans son
acte de décès du 15 septembre 1826 (60 ans).

La famille Certain de la Val-de-Cère a dû sortir de son
village de très bonne heure et rayonner dans les environs.
Chacun de ses nombreux enfants a pris, suivant l'usage,
pour se distinguer des autres, un nom de terre différent :
de là, les Certain de la Coste, de la Méchaussée, de Canrobert, de Dupuy. de l'Isle, etc.

Les Certain de Beaulieu, quoique peu fortunés, étaient
très honorablement mariés : Mme Lestourgie en est un
exemple, mais nous pourrions en donner d'autres aussi
frappants. Ainsi Pierre Certain, maître chirurgien à Beaulieu
et Consul de cette ville en 1709, était devenu l'époux de
D^{lle} Françoise de Veilhers, une des familles aristocratique
de cette ville, comme en témoigne son acte de décès en mars
1740. Il mourut à 78 ans, et fut inhumé dans l'église paroissiale. Son fils, autre Pierre Certain, chirurgien comme son
père et Consul en 1788, épousa D^{lle} Françoise Vaissière.
Une de leurs filles, Françoise Certain, était l'épouse de maître
Jean Vaurs, notaire royal (décès 27 décembre 1843) etc.

Une autre D^{lle} Certain Marie-Louise, dite Certain *Du Puy*,
née à Cahus et cousine de Mme Lestourgie, eut une alliance
encore plus belle. Elle épousa le général Antoine Marbot,
né à la Rivière, près de Beaulieu, en 1754, et mort du choléra à Gênes en 1800, et devint mère de deux autres généraux de l'empire, dont le plus célèbre est le baron Marcellin
de Marbot (1782-1854), une des gloires du collège de Sorrèze,
dont les *Mémoires* ne sont pas moins connus que ses
innombrables exploits.

Ce général Marbot était ainsi par sa mère, le cousin germain du maréchal Certain de Canrobert (1809-1895) dont la
ville de Saint-Ceré est si justement fière.

Longtemps bourgeoise, la famille des Certain s'éleva jusqu'aux rangs de la noblesse sous le roi Louis XV, et nous
avons pu lire, à la date du 5 septembre 1729, que noble
Pierre Certain, écuyer, seigneur de la Coste, la Méchaussée
et la Ramière, fils de sieur Pierre de Certain et de D^{lle}
Jeanne de Fieux, épousait D^{lle} Antoinette d'Amadon. —

Blason : *une main sénestre apaumée d'or, sur azur*. Devise : *certa* manus. *certa* fides (1).

Or la famille Certain de la Val-de-Cère, mariant ses filles dans les environs, l'une d'elle devint l'épouse de M. Teilhac de Carennac, oncle de notre grand'mère, qui se trouvait ainsi cousine de Mme Lestourgie.

Cette étroite parenté fut doublée d'une vive amitié. Nous n'en citerons qu'un trait : Mme Daval fut la marraine de Paul Lestourgie (20 juin 1830)(2), et celui-ci devenu prêtre et curé de diverses paroisses, finalement curé-doyen d'Uzerche, et

-----

(1) Voici en quels termes le général Marcellin de Marbot, dans ses *Mémoires* (t. I. p. 3) parle de la famille Certain :

« Il existait alors, au château de Laval de Cère, situé à une lieue de celui de Larivière, qui appartenait à mon père, une famille noble, mais peu riche, nommée de Certain. Le chef de cette maison étant accablé par la goutte, ses affaires étaient dirigées par Mme de Certain, femme d'un rare mérite. Elle sortait de la famille noble de Verdal, qui, vous le savez, a la prétention de compter Saint-Roch parmi les parents de ses ancêtres du côté des femmes, un Verdal ayant, dit-elle, épousé une sœur de Saint-Roch, à Montpellier. J'ignore jusqu'à quel point cette prétention est fondée, mais il est certain qu'avant la Révolution de 1789, il existait à la porte du vieux château de Gruniac (que possède encore la famille de Verdal) un banc de pierre en très grande vénération parmi les habitants des montagnes voisines, parceque, selon la tradition, Saint-Roch, lorsqu'il venait passer quelque temps auprès de sa sœur, se complaisait à se placer sur ce banc, d'où l'on aperçoit la campagne, ce que l'on ne peut faire du château, espèce de forteresse des plus sombres ».

« M. et Mme de Certain avaient trois fils et une fille et, selon l'usage de cette époque, ils ajoutèrent à leur nom de famille celui de quelque domaine. Ainsi l'aîné des fils reçut le surnom de *Canrobert*, porté encore par son fils, notre cousin, qui l'a tant illustré depuis. Le fils aîné de la maison de Certain était, à l'époque dont je parle, chevalier de Saint-Louis et capitaine au régiment d'infanterie de Penthièvre ; le second fils s'appela *de l'Isle*, il était lieutenant au régiment de Penthièvre ; le troisième reçut le surnom de *La Coste* et servait, comme mon père, dans les gardes du corps ; la fille s'appela Mlle *Du Puy*, ce fut ma mère ».

(2) Le parrain fut Pierre-Paul Brunie, directeur des contributions indirectes de la Corrèze.

chanoine, ne manquait jamais de faire, à chacune de ses vacances. une longue et très affectueuse visite à sa vénérable tante et marraine, Mme Daval, sa « tante Adeline ».

Le Dr Lestourgie (père) mourut à 56 ans, le 14 septembre 1840, et Mme, après un très long veuvage, s'éteignit à 78 ans, le 20 mai 1870.

Ils avaient eu six enfants :

1° Antonin, docteur en médecine comme son père, et longtemps maire de Beaulieu († 1876 ?) ;

2° Mathilde, mariée à M. Veyrines, de Brive, d'où naquirent : 1° Céline, épouse Carpentier ; 2° Marie, épouse Dubart ; 3° Paul, colonel d'artillerie († 1912), marié à D^lle de Sévilly, fille du général d'artillerie, d'où naquirent : Jeanne, épouse de M. Hubault, garde général des eaux-et-forêts ; et Charles, officier d'artillerie.

3° Charles, colonel d'artillerie, commandant de la manufacture d'armes de Tulle, marié à D^lle Chauvet, de Paris, sans enfants († 1901) ;

4° Ursule, épouse de M. Peyrade, pharmacien à Argentat, morte en 1897, sans enfants ;

5° Eugénie, mariée à son cousin Auguste Lestourgie, député de la Corrèze et maire d'Argentat, poète de talent, chevalier de Saint-Grégoire-le-Grand (10 mai 1885). De ce mariage naquirent : 1° Antoine, avocat, marié à D^lle Tausserat, du château de Chevilly, près Vierzon, parente de la célèbre sœur Rosalie, et de Monseigneur Rendu, évêque d'Annecy, mort sans postérité ; 2° Marcel, officier d'artillerie, marié à D^lle Tausserat, sœur de la précédente, qui eurent deux fils : Auguste et Jean, avocats ; 3° Abbé Georges, chanoine de Tulle ;

6° Paul, prêtre et chanoine honoraire de Tulle, artiste et poète délicat, mort curé-doyen d'Uzerche, en 1905. Il avait été le filleul très aimé de notre grand'mère, dame Daval du Peyrat.

NOTE IV

sur la famille de MASSOULIE

Cette famille fut anoblie avec François Massoulie (1699-1773), avocat au Parlement et capitoul de la ville de Toulouse, en 1748.

Son grand portrait — conservé à Roux, par notre cousin Viguier — le représente magnifiquement drapé dans sa toge consulaire, et nous révèle en lui un esprit distingué en même temps qu'un grand caractère. S'il fut un savant légiste et un habile avocat, il s'est surtout montré excellent administrateur par sa sagesse et sa fermeté, qui sauvèrent jadis la ville de Toulouse d'un grand péril.

A l'époque de son capitoulat, le régiment des Gentes, après avoir mis la ville en révolution par ses pillages, ses exactions et ses attaques à main armée contre de paisibles citoyens, eut l'audace de marcher contre l'Hôtel-de-Ville. Aussitôt Massoulie sortit sur le perron, entouré de ses collègues, et d'une voix puissante ordonna, au nom du roi Louis XV, au major Ducoudray, de se retirer sur le champ avec tous ses soldats, sinon il y serait contraint par les baïonnettes et les canons des troupes municipales.

Devant cette fière attitude, le major finit par obéir, et les Gentes se retirèrent. Cet épisode est raconté dans les *Institutions politiques, religieuses et scientifiques de la ville de Toulouse*, écrites par Mège, qui consacre à son héros une belle page.

François, le capitoul, étant comme le centre ou l'apogée des Massoulie, nous devons étudier sa famille avant et après cet ancêtre.

Avant. — Notons, tout d'abord, que l'orthographe de ce nom a beaucoup varié dans le cours des âges. Nous avons constaté que les Massoulie ont signé très souvent Massolie ou Massolye (30 novembre 1689), et même Masselye (5 juin 1720) : ce qui nous a permis d'y voir une adaptation probable de l'italien *Massello*, nom historique que l'on trouve associé à celui d'Innocent VI et des Albert, ses cardinaux-neveux.

Ces variations d'orthographe se retrouvent aussi dans nos *Registres consulaires*, mais ce qu'ils nous apprennent de plus intéressant, c'est la haute situation sociale, dans ces temps antérieurs, de la lignée des Massoulie. Dès 1611, le sieur Pierre Massoulie devient consul de la ville de Beaulieu, et depuis cette date le nom des Massoulie figure souvent dans les assemblées consulaires, notamment parmi les seize électeurs des consuls. On peut déjà en conclure combien furent honorables leurs alliances.

D'abord, notons que les bonnes relations des Massoulie et leurs alliances avec les Albert et leur groupe de Brivezac, datent des temps les plus reculés. Nos grand'mère et grand'tante nous l'ont souvent redit, et leur témoignage se trouve confirmé par les plus anciens documents qui nous restent des Actes de l'état civil.

Ainsi nous les voyons alliés — comme les Albert — aux Guittard de Brivezac, aux Brunie, aux Massalve, aux Florentin, aux Lajoannie, aux Lacoste, etc., en un mot à tout le clan des Albert.

Le 12 octobre 1707, François Massoulie, bourgeois de Beaulieu, se marie avec D^{lle} Suzanne Guittard, fille à Jean Guittard, docteur en médecine et à dame Antoinette Laurié, et le prêtre qui célèbre le mariage est maître Massoulie, curé de Neuville (?). L'acte est signé par Braconac, Laurié, Peyrissac, Mailhot, Canrobert, etc,

Cette dame Suzanne Guittard de Massoulie, était sœur de D^{lle} Antoinette Guittard, épouse du sieur Pierre Albert, qui devenait ainsi son beau-frère. Elle mourut à 45 ans, le 21 août 1734, et fut enterrée dans l'église abbatiale.

Détail remarquable, c'est un sieur Massoulie (Jean) qui avait été son parrain, le 30 novembre 1689, et qui l'avait tenu sur les fonds baptismaux, en remplacement du sieur Antoine Lajoannie, bourgeois de Brivezac, empêché, — avec D^{lle} Suzanne Laurié, sa marraine, qui lui donna son nom. Cela suffit à montrer que les relations et les alliances des deux familles, Massoulie et Guittard, dataient de beaucoup plus loin encore.

Plus tard, en 1754, nous voyons la succession d'une autre dame Guittard (Françoise) disputée devant les tribunaux par messire François de Massoulie, écuyer, et par Dˡˡᵉ Marie-Anne de Braquillange (veuve de maître François-Martial Flouret, sieur de la Chassagne) : nouvelle preuve des alliances multiples de ces familles. (Voir *Archives* de la Corrèze, liasse B. 1048),

Les Massoulie étaient aussi (comme les Albert) alliés aux Chaumont de Saint-Genès. Le 14 novembre 1694, J.-B. Massoulie, bourgeois, épousait Dˡˡᵉ Marie de Chaumont. Témoins : M. Jean Chaumont, père ; les sieurs Jacques Raymondie ; Jean Salles, etc. Et le 21 décembre 1695, nous assistons au baptême de Catherie Massoulie, leur fille. Parrain, François Massoulie, bourgeois, et marraine Dˡˡᵉ Catherine de Pelleport. A cette date, le sieur Jean Chaumont était lieutenant de la ville de Beaulieu (19 avril 1697) et son frère Jacques contre-garde de la monnaie de Sa Majesté en la ville de Toulouse (8 janvier 1686).

Ils étaient alliés avec les Coste ou Lacoste, comme le montre l'acte du 27 septembre 1695. De même, avec les Duchamp : Ainsi maître François Massoulie, avocat à la Cour, fut le parrain de Jean François Duchamp, le 28 septembre 1721.

Ils étaient encore alliés aux Poitou, sieurs de Reboulet. Le 31 juillet 1722, Jean-Baptiste Massoulie, bourgeois et marchand, était, à ce titre, parrain de Madeleine Poitou, fille de Jacques Poitou et de Dˡˡᵉ Marie Soleilhet, issue du notaire royal de ce nom.

Ils eurent aussi des alliances nobles. Bonaventure Massoulie, baptisé le 12 mai 1675, était fils de Jean Massoulie, avocat à la Cour et de Dˡˡᵉ Anne de Turenne de Beaulieu.

Mais la principale de ces alliances fut avec les comtes de Gimel. Le 22 février 1728, François Massoulie le futur capitoul, tout jeune avocat, épousait Dˡˡᵉ Marguerite de Gimel. Témoins : Jean-Pierre Massalve, Antoine Broquerie (signé : Broucairie), Bernard Cruat, etc.

De ce mariage naquirent sept enfants, d'après nos Mémoires de famille, contrôlés par les Actes de l'état civil et par le testament mystique du capitoul, en date du 17 décembre 1772, qui les énumère tous en donnant à chacun sa part de fortune :

1° Jean-Pierre, leur fils aîné, qui fut baptisé le 24 janvier 1731. Parrain, Pierre Massoulie, bourgeois ; marraine, D^lle Suzanne Guittard. Signé : Pierre Floret, bourgeois, Marianne de Chaumont, de Falgueyroux (de Turenne). Le 17 mai 1768, messire Jean-Pierre de Massoulie, écuyer, épousait D^lle Anne de Comarque dans la chapelle du château du moulin d'Arnac. Il mourut à Beaulieu, le 29 mars 1777, à l'âge de 46 ans, et fut enseveli dans l'église abbatiale ;

2° Charlotte-Marie-Anne Massoulie, baptisée le 22 février 1732. Parrain, messire Charles Duverdier, écuyer et conseiller du roy au siège de Brive ; marraine, dame Anne de Chaumont. Le 17 octobre 1757, elle épousait Jean-Baptiste Brunie, *bourgeois* de Nonards, habitant Saint-Etienne de Toulouse, fils à feu Etienne (?) Brunie, *bourgeois* et à D^lle Catherine de Bétaillon. Les époux étaient cousins et obtinrent de Rome une dispense au 3e et 4e degré. Ce qui démontre que l'alliance des Massoulie et des Brunie était bien plus ancienne. Ont signé au contrat : J.-Pierre de Massoulie, écuyer, Jean Janton (maître tisserand), François Massoulie, Marianne Massoulie, de Massoulie Lapeyre. L'époux a déclaré avoir 37 ans et son épsuse 25 ;

3° Marguerite Massoulie vint au monde vers 1734. Elle devait épouser sieur Louis-Joseph Laqueilhe de la Peyre, sieur de la Rivière, dans la paroisse d'Altillac. Témoins au contrat : Messire Jean-Pierre de Massoulie écuyer, Jean Dupuy, notaire royal, Tronche, Poumeyrède de Massoulie, Jean Toreille, etc. (21 janvier 1755). Elle mourut le 21 octobre 1771 et fut inhumée dans l'église abbatiale ;

4° Pierre Massoulie, baptisé le 13 février 1736. Il est dit dans l'acte : fils de François Massoulie, avocat en Parlement, juge de l'Abbaye de Beaulieu et de la baronnie de Carennac et de Puybrun, — et de D^lle Marguerite de Gimel. Le parrain était messire Pierre de Sales, conseiller du roy et son avocat au siège de Brive et subdélégué de M. l'Intendant. La marraine, Anne de la Brüe, épouse du sieur de

Turenne. Signé : Anne de la Brüe, de Turenne, Duchastain de Bounye, Massalve, Materre, Rivière, etc. — C'était le deuxième fils : il devait devenir prieur de Montcalm et curé de Beaulieu ;

5° Jean-Baptiste Massoulie, baptisé le 5 août 1739. Il eut pour parrain son frère aîné, Jean-Pierre Massoulie, écolier, et pour marraine, D^{lle} Marianne Massoulie. Le 27 novembre 1769, messire Jean-Baptiste de Massoulie, sieur du Ponteil, écuyer, épousait D^{lle} Marie de Meynard, fille à noble Gérauld de Meynard, écuyer, sieur de la Garenne, et de défunte Marie-Jeanne de Meynard. Témoins : Jean-Pierre de Massoulie, écuyer, frère de l'époux, — maître François Boumard, prêtre, vicaire de Beaulieu, — François Dufour, marchand, — Jean Janton, maître tisserand, — Signé : Meynard de Massoulie, Massoulie de Ponteil, Massoulie, Meynard de Queilhe, Dufour, Janton, Boumard vicaire de Beaulieu, et Pierre Massoulie curé de Beaulieu. Le contrat fut reçut par maître Mialet, notaire royal, sous le n° 166.

6° Le sixième enfant fut Françoise Marie, née vers 1741.

7° Le dernier enfant fut Marie-Anne Massoulie, née le 28 novembre 1743 et tenue sur les fonds baptismaux par le jeune Pierre Vignes (de Salvagnac ?) et D^{lle} Marie-Anne Massoulie. Elle naquit « estropiée et hors d'état de se conduire » comme son père le dit dans son testament.

Notons aussi que l'alliance avec les de Gimel attira long-temps à Beaulieu divers membres de cette noble famille qui aimaient à y faire de longs séjours, dans la maison de M. Chabrignac, aujourd'hui occupée par le Dr Mage. Nous nous souvenons fort bien qu'étant enfant, vers 1860, nous y étions reçu dans les salons de la vieille comtesse de Gimel qui donnait de grandes soirées et se montrait pour nous fort aimable.

*
* *

— Du mariage de messire Jean-Pierre de Massoulie, fils

aîné du capitoul, avec D^lle Anne de Comarque, fille du chevalier et seigneur de Vintaches, sont nés :

1° Marguerite-Armande de Massoulie, « fille de messire Jean - Pierre de Massoulie,| écuyer, seigneur de Banes la Poumeyrèdes, Cazergues, Léveillaires, Lacan et autres lieux, et de dame Anne de Comarque ». Elle fut baptisée le 10 août 1769. Parrain, messire Armand de Comarque, écuyer, seigneur de Ventas (?), Levélianes et autres lieux, grand-père maternel ; marraine, dame Marguerite de Gimel, grand'mère paternelle. Signé : Gimel de Massoulie, Ferrière de Salvebœuf, Tudeil de Gimel, Roupeyroux (de Turenne), Comarques, Veilhers, de Turenne, Ponteil de Massoulie. Cette fille aînée a épousé, vers 1789, le sieur Arnaud Joseph de Comarque, son cousin. Celui-ci émigra et périt à Quiberon, en 1795. Devenue veuve, elle s'est remariée avec M. Mespoullié de la Roquebrou, huissier à Goulles. C'est de ce mariage que naquit D^lle Anne Mespoullié, mère de M. Puex (Charles-Aman-Polydore) beau-père de M. Léopold de Teyssieu, ancien notaire à Beaulieu. Elle mourut à Saint-Cirgues ;

2° Messire François de Massoulie, baptisé le 13 décembre 1770. Parrain, François de Massoulie, grand-père paternel ; marraine, D^lle Geneviève de Comarque, sa tante ;

3° Marie-Anne Françoise de Massoulie, baptisée le 12 janvier 1775. Parrain, noble Joseph Vialette, seigneur de Grélip ; marraine, Marie-Anne de Massoulie épouse, de « *noble (?) Jean-Baptiste Brunie, seigneur d'Aillès* », habitant la ville de Toulouse, remplacée par dame Marguerite-Françoise de Massoulie de Gimel, l'une et l'autre tante de la baptisée. Signé : Massoulie de Gimel, Viallettes de Grélip. — C'est cette deuxième fille qui devait épouser, en secondes noces, notre grand oncle Joseph Albert ;

4° Françoise de Massoulie, fille de messire Jean-Pierre de Massoulie, chevalier, seigneur de la châtellenie de Beaulieu, Altillac, Sioniac, Leveillanes, le Caire, les Cases et autres lieux, et de dame Anne de Comarque, baptisée le 24 janvier 1776. Parrain, Louis-Joseph de Lacqueilhe, seigneur de La Coste, oncle paternel ; marraine, dame Françoise de la Marquès de Miègemont. Signé : Massoulie, Palémont de Miegemont, Lapeyre, Lavaur de Veilhers, Veilhers, Dupuy, Layerle de Dauvis ;

5° Enfin, messire Primé-Jean-Baptiste-Pierre de Massoulie, baptisé le 4 février 1777, peu avant la mort de son père.

De ces cinq enfants, il n'en restait plus que deux, Françoise et Marie, au jour de l'ouverture du testament mystique de leur grand-père, le capitoul, le 21 juillet 1773.

*
* *

— Issus du mariage de Messire Jean-Baptiste Massoulie avec D^{lle} Marie de Meynard :

1° Messire Gérauld de Massoulie, fils à Jean-Baptiste de Massoulie, écuyer, seigneur de Ponteil, et de dame Marie de Meynard, baptisé le 2 octobre 1770. Parrain, Gérauld de Meynard, écuyer, sieur de la Garenne ; marraine, dame Marguerite Gimel de Massoulie, grand'mère paternelle ;

2° Messire François de Massoulie, baptisé le 20 novembre 1771. Parrain, noble François de Massoulie, grand-père ; marraine, dame Jeanne de Meynard de Brunie ;

3° Messire Claude François de Massoulie, baptisé le 10 janvier 1773. Il se maria, le 19 nivore an II, avec sa cousine Marie-Anne-Françoise de Massoulie (fille à feu Jean-Pierre de Massoulie et dame Anne de Comarque) et mourut à 35 ans, le 14 janvier 1808. Sa veuve devait épouser, en secondes noces, M. Jean-Joseph Albert, le 17 août 1818, et en mourant, le 7 décembre 1833, faire héritière dame Marie-Paschale-Julie Brunie, épouse de M. Simon Viguier ;

4° L'avant dernier enfant fut messire François de Massoulie, baptisé le 3 octobre 1777 ;

5° Enfin le dernier fut une fille Marie, née le 14 juin 1779. A l'âge de 24 ans, elle devait épouser à Beaulieu, le 9 pluviose an XII, M. Jean Chabriniac (1), juge de paix de Brugeilles,

____

(1) Il était né à Beynat, le 22 décembre 1772. Or, les seigneurs

fils de feu Jean Chabriniac propriétaire, et de Marie-Madeleine-Martiale Lafageardie de la Praderie. Les témoins furent : Claude-François de Massoulie, frère de l'épouse, Jean-Pierre-Rémi Brunie, de Grenade (H.-G.) son cousin germain, Joseph Bedoch, jurisconsulte à Tulle, beau-frère de l'époux, et J.-B. Craufon, juge au Tribunal de Brive.

Pour compléter cette liste généalogique des Massoulie, n'oublions pas de mentionner que le second des fils du capitoul, fut un très digne curé de Beaulieu de 1769 à 1786, messire Pierre Massoulie, écuyer, docteur en théologie, ancien prieur de Montcalm. Son nom, toujours vénéré, revient assez souvent dans les annales de cette paroisse. Par exemple, après la suppression des jésuites qui faisaient un si grand bien dans la contrée, par l'œuvre des missions, nous le voyons préoccupé de leur trouver des remplaçants, et, dans ce but, adresser une supplique à l'Evêque de Limoges, réclamant l'exécution d'un arrêt du Parlement de Bordeaux, favorable à sa demande.

Cette supplique en date du 28 juillet 1770 est encore signée par maître Antoine Couderc, avocat au Parlement, échevin, et par le sieur Pierre Albert, procureur syndic. Divers projets furent présentés, et celui qui mettait à la tête d'un nouveau groupe de prêtres missionnaires, messire Etienne Farges prieur de Montcalm, allait aboutir, lorsque la Révolution éclata et le fit avorter. (Voir les registres des Conseils de la Commune).

Il mourut dans sa cure de Notre-Dame de Beaulieu, le 23 jauvier 1786, à l'âge de 49 ans seulement. C'est Etienne Farges qui lui avait succédé comme prieur de Montcalm (1).

---

barons de Beynat, s'appelaient Geouffre de Chabriniac. Il serait curieux de rechercher s'il y avait entr'eux parenté. De fait, le fils de notre huissier de Beaulieu, devenu juge et Président du tribunal d'Aix, a repris le nom de Geouffre de Chabriniac.

(1) Le nécrologe mentionne aussi un de ses oncles : Messire Jean-Baptiste Massoulie, prêtre, docteur en théologie, mort le 12 juillet 1766, à l'âge de 70 ans, et enterré dans l'église abbatiale.

*
* *

Mentionnons enfin un échange réciproque entre les familles alliées des Massoulie et des Comarque.

Le 13 janvier 1790, noble Arnaud-Joseph baron de Comarque de la Roquebrou, chevalier et seigneur de Vintache, épousait sa jeune cousine D^{lle} Marguerite-Armande de Massoulie avec dispense obtenu de Rome du 3e et 4e degré. Les témoins étaient Jean-Baptiste de Massoulie, messire J.-Alexandre vicomte d'Anterroches, Jean Brel, docteur en médecine, Pierre-Eléonore Vassal, contrôleur des Actes. Signé : Beaulieu de Massoulie, etc.

Hélas ! leur union ne dura pas longtemps. Bientôt survint la Révolution, et le baron de Comarque figura sur la liste des émigrés avec François de Massoulie. A la demande de sa femme, le divorce fut accordé par le tribunal, et c'est le sieur Jean Farges, membre de la municipalité et officier public de la commune de Beaulieu, qui prononça le divorce, le 29 frimaire de l'an II.

L'épouse d'émigré, quoique divorcée, n'en fut pas moins déclarée *suspecte,* et enfermée dans son château de Goules (près de Sexcles) sans en pouvoir sortir pour aller à Brive soigner sa santé, malgré ses pétitions et les certificats des médecins : ainsi l'exigeait le salut de la République ! Le dit château de Goules a été démoli, dit-on, par les Pueix, héritiers de cette dame, et il n'en reste plus trace. Nous avons indiqué plus haut, comment il avait pu passer dans leur famille.

*
* *

On s'est aussi demandé pourquoi l'héritiere des Massoulie fut dame Marie-Pascale-Julie Brunie, épouse de M. Simon Viguier de Roux, grand-père de M. Rémi Viguier. L'explication en sera désormais plus facile à saisir.

Nous avons vu le sieur Jean-Baptiste Brunie, qui était

bourgeois et fils d'un bourgeois de Nonards, d'après l'Acte de l'état civil du 17 octobre 1757 (1) — quoiqu'il soit appelé *noble* et de sieur d'Aillès dans celui du 12 janvier 1775, *rédigé en son absence*, sans doute parce qu'il avait dans l'intervalle, acheté le château d'Aillès près de Toulouse, où il habitait depuis ses études de droit faites en cette ville ; — nous l'avons vu, dis-je, épouser la fille aînée du capitoul, Marie-Anne-Charlotte de Massoulie.

Or, de cette alliance naquirent un garçon et une fille. Le garçon, Jean-Pierre-Rémi après avoir épousé une très riche dame, propriétaire du château de Cornebarieu de Grenade, près Toulouse, dévora toute sa fortune et alla mourir prématurément à Roux, chez sa sœur qui l'avait recueilli.

Cette sœur vécut au contraire assez longtemps pour voir s'éteindre successivement tous les autres héritiers du capitoul. Elle s'appelait, nous l'avons dit, dame Marie-Paschale-Julie Brunie, épouse de M. Simon Viguier de Roux, à Beauville, canton de Caraman (Haute-Garonne).

C'est à elle, petite fille du capitoul, que la dernière survivante des de Massoulie, Marie-Anne-Françoise, veuve de Claude de Massoulie son cousin, et en secondes noces de Jean-Joseph Albert de Massoulie, légua toute sa fortune par son testament du 30 décembre 1833 (chez Jean Ducham, même date, n° 194).

On a dit que telle était la volonté expresse formulée par le capitoul dans son testament mystique, en date du 17 décembre 1772, reçu par maître Terrier sous le n° 59, et ouvert après sa mort, le 21 juillet 1773 (2). Mais après lecture très attentive des deux testaments que nous avons sous les yeux, nous n'y avons rien trouvé de semblable, et nous aimons mieux supposer que les désirs du capitoul, si tant est qu'il en ait exprimés, l'ont été de vive voix, et par un intermédiaire, car Marie-Anne-Françoise n'était pas encore née lorsqu'il fit son testament.

---

(1) Il est aussi qualifié de bourgeois dans l'Acte d'ouvrrture du testament de son beau-père, le 21 juillet 1773.

(2) Il était mort le 17 février 1773, à l'âge de 74 ans, et fut enterré dans l'église abbatiale.

Outre un très grand nombre de legs pieux et charitables,
— notamment celui de 6.000 fr. à l'Hospice de Beaulieu, —
voici les legs faits à sa famille par Mme de Massoulie : 1° à
dame Anne Mespoulié sa nièce, épouse de M. Puex notaire,
la somme de dix mille francs ; 2° Aux trois enfants du Dr Brel,
huit mille francs ; 3° A dame Appollonie Albert, épouse de
Gaspard Farges, sa belle-sœur, le domaine de Coursac et
ses dépendances, avec un préciput de quatre mille francs à
leur fils Joseph, filleuil de son regretté mari.

Elle était la dernière des Massoulie. Ainsi s'éteignait,
avec une rapidité vraiment effrayante, et malgré le grand
nombre des enfants et petits-enfants nés du capitoul, le nom
illustre des Massoulie.

Leur tombeau de famille était situé dans l'église abbatiale, chapelle de S. Prime, « près de la porte qui monte
à la Tour ». (*Cahier du sacristain* de l'abbaye, pour la
sépulture de Joseph Massoulie, marchand, 8 juin 1676).

Leurs armes portaient : *Deux massues en sautoir liées
d'argent, sur champ de gueules, au chef d'azur. chargé
d'un croissant, accompagné de deux étoiles d'argent.* Couronne de comte.

NOTE V

sur la famille VIGUIER de Roux

Nous avons déjà eu plusieurs occasions de parler de cette famille distinguée des environs de Toulouse.

Nous venons de raconter longuement comment elle fut alliée aux nobles de Massoulie, et pourquoi elle devint héritière de leur fortune : Mme Simon Viguier, née Julie-Pascale Brunie, étant la petite-fille du capitoul, née de sa fille aînée Marie-Anne-Charlotte de Massoulie, épouse du sieur Jean-Baptiste Brunie de Nonards.

Un peu plus haut, nous avons aussi raconté leur alliance avec les Albert et les Farges : Le fils du sieur Simon Viguier, M. Adolphe, ayant épousé D^lle Claire-Clarice Farges, fille aînée de Gaspard Farges et de dame Marguerite-Appolonie Albert, et héritière de sa tante D^lle Françoise Albert.

Il nous reste à parler de l'ancienneté de cette famille originaire du Midi. Son nom de Viguier est tout méridional. On appelait ainsi certains magistrats de ces provinces du sud de la France, chargés d'y rendre la justice. Ainsi nous avons rencontré, en 1415, maître Thomas Albert, parent d'Innocent VI, viguier du Pont-Saint-Esprit d'Avignon. Cette qualité est devenue parfois un surnom, qui a fini par remplacer le nom primitif, surtout lorsqu'il était porté de père en fils par plusieurs générations également pourvues de la même charge.

Quoiqu'il en soit, c'était à l'origine une famille bourgeoise où les magistrats et hommes de loi étaient nombreux.

D'après les documents lus au château de Ségadesse par M. Louis Dézazars et divers membres de la famille, elle aurait eu pour souche la célèbre Paule de Viguier, surnommée *la belle Paule* (1), dont la légende raconte la vertu non moins

---

(1) Son blason portait : *d'azur au palmier d'or, terrassé de sinople, soutenu de 2 lions affrontés d'or* (BRÉMOND, *nobiliaire de Toulouse* II. p. 502).

que la beauté. Elle naquit à Toulouse vers l'an 1500. Son bis-
aïeul, Gaillard de Viguier, aurait assisté à la bataille de
Navarette. Son père, marié trois fois, finit par s'établir à
Toulouse, entra au capitoulat, et fut allié aux meilleures
familles de cette ville. Voici dans quelles circonstances il
alla plus tard se fixer à Roux, commune de Beauville, au
canton de Caraman.

La propriété de Roux, à cette époque, était habitée par la
famille de ce nom qui donna des capitouls à la ville de Toulouse, lesquels durent probablement s'allier aux Viguier
leurs collègues en capitoulat.

Or, en 1515, le sieur Roux et son épouse D^{lle} de Polastre,
originaire de Toulouse éprouvèrent un grand malheur, leur
fils unique étant décédé à l'âge de 15 ans. Le père inconso-
lable en mourut de douleur et fut enterré à côté de son fils,
à Beauville, dans la chapelle Saint-Jean ; la mère disparut à
son tour, et la propriété de Roux revint aux Viguier, qui s'y
succédèrent sans interruption depuis cette époque lointaine.

Cette tradition de famille nous ferait encore mieux comprendre les préférences de messire François Massoulié pour
sa petite-fille de Roux, qui continuait à la fois la famille des
Massoulié, celle des Viguier et celle des Roux, ses anciens
collègues en capitoulat.

D'après le *nobiliaire de Toulouse* par Brémond (tom. II.
p. 508 et 370) Les Roux eurent trois capitouls avant 1550 :
Arnaud, en 1330 ; Jourdain, en 1496 ; Jean, en 1519. —
Parmi les Viguier, il cite : Antoine, en 1464 et 1477 ;
Etienne, en 1475 et 1485 ; Jean, en 1530 ; Géraud, en 1616.

— Issu du mariage de Claire-Clarice Farges avec Jean-
Marie-Adolphe Viguier : un fils unique, Julien-Gaspard-
Rémi Viguier, dont le parrain fut Gaspard Farges, grand-
père, et la marraine Paschale-Julie Brunie, veuve de Simon
Viguier. Le baptême fut célébré à Beauville le 7 février 1838,
jour même de la naissance.

Il s'est marié, le 30 avril 1872, avec une cousine, Laure
Brel, fille du Dr Joseph Brel, décédée le 9 novembre 1912 à
70 ans, et en a eu deux enfants : Emile, marié à une
D^{lle} Griffe, et Joséphine, épouse du commandant Raffy.

NOTE VI

sur la famille BREL

Cette vieille famille, alliée aux Albert, est originaire de
Liourdres, aux environs de Beaulieu.

Le premier. croyons-nous, qui vint s'installer dans notre
ville fut le sieur Jean Brel, bourgeois et marchand, marié à
D^{lle} Marie Périer. Il fut consul de la ville de Beaulieu en
1728, et nous retrouvons souvent sa signature, ainsi que
celle du sieur Perrier. probablement son beau-père, dans
les *Registres consulaires*. Il mourut le 12 septembre 1739 à
l'âge de 65 ans environ : ce qui reporte la date de sa naissance vers 1674. L'acte de décès mentionne qu'il fut enterré
dans l'église paroissiale où il avait sépulture.

Il eut cinq enfants : 1° Pierre Brel ; 2° Joseph Mathurin,
qui fut notaire royal et 1er consul en 1746 (1); 3° Anne; 4° Marie ; 5° Jacques, né vers 1706 et mort le 2 septembre 1762,
qui fut docteur en médecine. et marié le 21 septembre 1738,
à D^{lle} Hélise de Lestévenie, fille du sieur Antoine Lestévenie
sieur de la Forest (2), natif de Liourdres, et D^{lle} Marguerite
de Gardarin de la Vidalie-Haute, dans la même paroisse de
Liourdres. Témoins au contrat : sieur Joseph Brel père ;
Pierre Brel fils, ; Dupré de Testut sieur du Carlat ; Antoine
Broquerie ; Du Carlat ; maître Delmas, curé de Liourdres ;
Dupeyrat ; Duclan de Lestévenie. D^{lle} Marguerite de Gardarin, était petite fille de maître Jean Gardarin, notaire

---

(1) Les archives de la « Confrérie des glorieux S. S. Martyrs
Prime et Félicien » nous apprennent qu'il fut *Cosyndic* de la dite
confrérie avec maître Pierre Mialet, également notaire. royal.
Voir les comptes de leur gestion 1748-1754, lorsqu'ils transmirent
leurs fonctions à MM. Dubessol et Laumond.

(2) Il est aussi appelé sieur de Ganissal (14 avril 1714).

royal de Bilhac, lieutenant de la juridiction de Bétaille, né en 1667 et mort le 19 janvier 1726, à 60 ans.

Cette famille de Lestévenie où le Dʳ Jacques entrait gendre était aussi venu s'établir à Beaulieu où elle occupait depuis plus d'un siècle un rang distingué parmi la bourgeoisie. Le sieur Jean de Lestévenie en était consul en 1609 (1), et ses descendants ont longtemps signé dans les *Registres consulaires*.

Nous voyons, à la date du 9 août 1711, le baptême de Jean Lestévenie, déclaré fils du sieur Jean Lestévenie et de Dˡˡᵉ Mathurine Marbot. Parrain, maître Jean Dupuy, praticien et plus tard notaire royal ; marraine, Dˡˡᵉ Jeanne de Coste (signé : La Coste).

L'alliance que nous apprend l'acte du 2 mai 1713 est encore plus remarquable. C'est le mariage de Dˡˡᵉ Madeleine de Lestévenie avec le sieur Jean Dupré de Testut, où figurent comme témoins les nobles de Laserre et de Salles.

Les nobles Testut ou Testu, sieurs Dupré, de Carlat, de Baryneuf, del Mas, del Gos etc.. et dont l'un Jean-Joseph a signé : ancien gendarme de la garde du roy (1783), avaient des résidences à Beaulieu, à Argentat, et aussi à Paris, rue Cassette, à deux pas de l'église des Carmes où ils avaient sépulture, dans la première chapelle à gauche en entrant.

Nous ignorons s'ils étaient de la même famille que les deux académiciens de ce nom, mais nous savons qu'ils fréquentaient les meilleurs salons du faubourg Saint-Germain, et qu'il cousinaient avec notre grand-oncle Louis Albert, dont la maison était presque voisine, rue de Grenelle Saint-Germain, n° 49.

Cette alliance nous explique pourquoi parmi les témoins au mariage du Dʳ Jacques Brel, avec Dˡˡᵉ Hélise de Lestévenie, nous voyons figurer un sieur Dupré de Testut, sieur du Carlat. L'orthographe de ce nom a un peu varié et nous

----

(3) François Lestévenie avait été consul en 1571. (Voir *second mémoire pour les consuls*, p. 28). Le 15 avril 1665, autre François Lestévenie est dit juge de Puychardie et de Bassignac (minutes de Soleilhet, même date, n° 130).

lisons dans les actes de décès du père et du fils (18 juin et 27 novembre 1740) : Maître Jean Testut, sieur Dupré, juge de l'abbaye ; cette inversionnous parait plus exacte : Testut étant lenom de famille, et Dupré ou Carlat le nom de leurs fiefs ou propriétés. Ils furent ensevelis dans l'église paroissiale où ils avaient aussi sépulture.

.*.

C'est le cinquième enfant de Jean Brel, le Dr Jacques, qui continua la lignée des Brel. Il eut huit enfants :

1° Marguerite-Marie, baptisée le 9 juillet 1739. Elle eut pour parrain son grand-père le sieur Jean Brel, bourgeois et marchand, et pour marraine sa grand'mère D^{lle} Marguerite de Gardarin veuve du sieur Lestévenie. Ce fut elle qui épousa le sieur François Albert, le 11 juin 1765, et lui donna les neuf enfants dont nous avons déjà résumé les biographies. Elle mourut le 26 mars 1813 à l'âge de 73 ans et quelques mois ;

2° Le deuxième fut un garçon appelé Mathurin-Joseph. Il fut tenu sur les fonds baptismaux, le 25 décembre 1742, par son oncle Mathurin-Joseph Brel, procureur d'office de la ville de Beaulieu, et sa tante D^{lle} Marguerite de Gardarin. Nous le retrouvons notaire royal et juge à Mercœur en 1770, (archives de la Corrèze, liasse B. 1038) ; mais ce n'est pas lui, c'est son parrain du même nom qui fut administrateur de l'hospice de Beaulieu, au 11 août 1759, avec Jean Pierre Massalve ; puis consul de la ville de Beaulieu au 8 septembre 1762, avec Antoine Couderc avocat, Antoine Rivière bourgeois, et J. Valrivière bourgeois, — et qui mourut le 21 novembre 1782 à l'âge de 68 ans ;

3° Le troisième fut encore un garçon, Jean, celui qui devait devenir le Dr Jean et continuer la liguée. Il fut baptisé le 4 janvier 1745, et eut pour parrain maître Jacques Testut sieur Dupré, juge de l'abbaye, et pour marraine D^{lle} Anne Brel, sa tante. Il mourut à 79 ans le 9 avril 1824 ;

4° Le suivant fut une fille, Marie-Anne, ainsi appelée par sa tante Marie-Anne Brel qui la tint sur les fonds baptismaux avec son oncle messire Gabriel Sclafer, écuyer, seigneur de la Rode (signé, La Rode), le 12 octobre 1747. Ce fait nous découvre l'alliance des Sclafer de la Rode avec les Brel, et partant avec les Albert et les Farges, et nous explique pourquoi notre tante Marie Farges, hérita des bijoux de famille de la Chanoinesse Sclafer de la Rode, dernière du nom ;

5° Vint ensuite Catherine, baptisée le 17 février 1749. Elle eut pour parrain, messire Guillaume Veilhers, garde du roy ; pour marraine, dame Catherine de Testut de Dupré ;

6° Encore une fille, Elisabeth, née en 1752 et décédée le 12 août 1830 ;

7° L'avant dernier fut le futur bénédictin Jean-Joseph Brel, né le 5 décembre 1754. Il fut moine à l'abbaye de Beaulieu, puis à celle de Saint-Jean-d'Angély. Après la dispersion des ordres religieux, il devint desservant du Puy-d'Arnac de 1793 à 1821, puis curé de Beaulieu de 1821 au 4 décembre 1823, date de sa mort. Il fut enterré dans le sanctuaire de l'église abbatiale, devenue paroissiale.

Pendant la Révolution, il eut le courage de refuser le serment schismatique et supporta noblement toutes les affres de la persécution, tantôt caché chez sa sœur Marie, épouse de de François Albert, tantôt dans une grange de son domaine de Saligné, près Sioniac. Après la tourmente révolutionnaire, il eut la consolation de racheter et de rendre au culte public la chapelle de N.-D. du Port-Bas, comme il résulte d'un acte reçu par maitre Oubrayrie, notaire royal, en date du 18 germinal, an XII. (Voir la *pièce justificative*, n° 13) ;

8° Enfin Marie-Françoise clôtura cette belle série. Son acte de baptême nous manque, mais elle dut naître vers 1764. Il nous reste son acte de mariage, en date du 27 juillet 1789, où elle épousait maître Antoine Lafon, avocat en Parlement, et receveur des domaines à Marvéjols, fils de feu maitre Pierre-Raymond Lafon, notaire royal et de D^{lle} Marie Dupuy.

Retiré à Beaulieu, comme inspecteur de l'enregistrement

en retraite, il y fut nommé administrateur de l'Hôtel-Dieu, à la date du 10 avril 1818. Il était le frère cadet de maître Raymond Lafond, avocat, époux de D^lle Claire Farges, et ainsi s'alliaient, une première fois, les deux familles Brel et Farges. Marie-Françoise mourut le 30 janvier 1825.

*
* *

Revenons au troisième enfant, Jean Brel : devenu docteur en médecine, il devait continuer la lignée des Brel, en épousant D^lle Claire-Martiale Saint-Priest de Saint-Mûr, famille distinguée de Tulle, qui a donné des maires à Tulle et des députés aux départements de la Corrèze et du Lot.

Ils eurent trois fils pendant une union qui fut d'une durée assez courte, la mère étant décédée à l'âge de 38 ans, le 10 juillet 1806 :

1° L'aîné, nommé Jos.-Auguste, naquit le 18 thermidor an V. Son parrain fut Jos.-Félix de La Feuillade de Tulle ; sa marrainne, Marie Brel, veuve de François Albert. Il devint avocat, et premier suppléant du juge de paix à Beaulieu, il épousa D^lle Marie-Madeleine Ducham de Lageneste (dite Migardou), fille de Pierre et de dame Bernarde Farges, et sœur de D^lle Marguerite Ducham (dite l'Ilôtte), femme de M. J.-Baptiste Farges. Le registre des mariages de la paroisse porte la date du 27 décembre 1827. Parmi les témoins, on remarque la signature de E. de Laprade. De cette union naquit une fille : Claire-Elisabeth Brel, épouse de M. Ferdinand Vigne de Salvagnac, et mère de Rémi de Salvagnac (2 octobre 1850). Elle mourut fort jeune, à 25 ans, le 29 août 1852. Sa mère, devenue veuve le 5 mars 1860, lui survécut longtemps, car elle ne décéda que le 16 janvier 1876, à 75 ans ;

2° Le second nommé Rémi (Guy-Joseph), naquit le 29 nivose an IX de la République. Il eut pour parrain, Guy-Jos.-Rémi de Saint-Priest de Saint-Mûr, son oncle, et pour marraine, Marianne Brel, sœur de son père. Intelligent, mais volontaire, il fit un coup de tête avant sa majorité, refusa de continuer ses études classiques, et s'engagea dans la marine. Parti pour un voyage d'outre-mer, on ne le revit plus jamais ;

3° C'est le troisième fils, qui continua parmi nous le nom des Brel. Né le 23 prairial an X de la République, il fut nommé Marie-Joseph. Devenu docteur en médecine, comme son père, il épousa D^lle Joséphine Delort, de Faugeras commune de Condat. Médecin habile, particulièrement réputé pour les accouchements, il était d'une bonté et d'une charité proverbiale, surtout envers les malades pauvres. Il avait la réputation de faire de la médecine gratuite, aussi dévoué de nuit que de jour, à peu près pour tous : ce type de philantrope chrétien a disparu avec lui, le moule en est brisé.

Assurément de telles fonctions, si libéralement exercées, lui donnèrent une influence très grande et très légitime dans les affaires publiques. Comme son père le Dr Jean, il était administrateur de l'hospice, membre du conseil municipal et de sociétés diverses, et maire de Beaulieu vers 1852 ; mais tous ces nouveaux titres honorifiques étaient de nouvelles charges et jamais du lucre. On ne le vit jamais briguer de grasses sinécures à la Chambre ou au Sénat. Encore une fois, ce type de désintéressement est perdu. Il mourut, entouré de la considération universelle, le 26 juillet 1874, âgé de 72 ans.

Il avait eu trois enfants : Pierre, Laure et Rémi. Pierre, tout jeune écolier, se noya en se baignant dans la Dordogne, un peu au-dessus du pont, le 22 août 1867, à l'âge de 17 ans. Laure, épousa son cousin Rémi Viguier de Roux, le 30 avril 1872. Rémi. notaire à Altillac, et marié à D^lle Marie-Marguerite Perrier, le 27 janvier 1887, a eu un fils, du nom de Jean-Joseph, docteur en médecine et décoré de la croix de guerre.

Note — Mademoiselle Claire de Saint-Priest Saint-Mûr, épouse du docteur Jean Brel, avait deux frères : le maire de Tulle et le député du Lot, ainsi que trois sœurs ; 1° Mme Lafond, mère de Rémi Lafond de Saint-Mûr, député de la Corrèze ; 2° Mme Labounoux, mère de Mme d'Ambert de Sérilhac ; 3° Mme Ludière, mère de Mme de Sainte-Fortunade.

NOTE VII

sur la famille COUDERC

Cette famille, très ancienne dans ce pays, se croit originaire du Bordelais : ce qui nous parait très vraisemblable. Nous avons vu que les Farges et plusieurs autres de nos concitoyens s'attribuaient la même origine.

Les Couderc de Bordeaux auraient été, il y a trois siècles au moins, marchands de ces bois que l'on faisait si souvent, autrefois, flotter sur la Dordogne, et que l'on appelle ici du « merrain » ou de la « carassonne ». Ayant fait, plusieurs fois sans doute, le voyage par eau ou par l'antique voie pavée ou « ferrée » qui longeait cette rivière, jusqu'à Beaulieu, ce pays leur plut, et ils vinrent s'y fixer avec leur commerce alors florissant.

Quoiqu'il en soit, nous les trouvons dans les actes de l'Etat civil de notre commune dès le XVIIe siècle où ils sont d'abord qualifiés comme bourgeois et marchands.

Leur négoce avait dû les mettre dans une grande aisance, car leurs enfants purent s'appliquer de bonne heure aux études libérales, devenir hommes de loi, avocats en Parlement, membres de nos assemblées consulaires, et acquérir ainsi l'influence sociale qui accompagne d'ordinaire ces professions. Aussi les voyons-nous contracter de riches et très honorables alliances, notamment avec le groupe des Albert, des Sales, des Veilhers, des Cances, des Clare de Peyrissac.

Nous avons déjà vu ailleurs que le 5 août 1755, le sieur Antoine Couderc, docteur en droit, avocat en Parlement, avait épousé avec dispense du 2e degré de parenté, sa cousine germaine D^{lle} Martiale Albert, fille du sieur Pierre Albert, qui fut consul de Beaulieu, et de D^{lle} Toinette Guittard. Témoins au contrat : Les sieurs Jean Lacoste, Jean Jourde d'Argentat, François Combes et François Albert. Nous avons vu aussi que D^{lle} Martiale Albert était la nièce

et la filleule de D^lle Martiale Florentin, épouse du sieur
Claude Brunie, notaire royal, et d'une famille également
consulaire.

Or le sieur Antoine Couderc, qui devait être lui aussi
premier consul de la ville de Beaulieu, en 1762 (archiv. de la
Corrèze, liasse B. 1070), était fils du sieur Jean Couderc,
avocat lui-même, mais n'exerçant pas, sans doute, car il
n'est porté sur les actes de l'état civil que comme bourgeois
et marchand, lors de son mariage avec D^lle Toinette Combes,
15 février 1706. Mais ce n'est là qu'une contradiction appa-
rente, comme nous l'avons expliqué plus haut, en citant
d'autres exemples.

Le sieur Jean Couderc, père d'Antoine, avait eu deux
frères : Jean Couderc, bourgeois et marchand, marié, le
5 avril 1711, avec D^lle Anne Biget ; l'autre, Abdon Couderc,
bourgeois et marchand, marié à D^lle Marie Rivière, vers
1719 (voir 19 janvier 1720, baptême de Pierre leur premier
né).

Ces deux alliances avec les Biget et les Rivière les rappro-
chaient sans doute des Farges, mais il faut supposer d'autres alliances plus directes pour expliquer que les Farges
figurent si souvent à leurs baptêmes et à leurs mariages, et
qu'ils soient parrains des enfants Couderc (voir 19 janvier
1715).

Du mariage du sieur Antoine Couderc, avocat en Parlement, avec D^lle Martialle Albert, naquirent sept enfants :

1° Le premier fut Pierre Couderc, né le 12 décembre 1756.
Il eut pour parrain, sieur Pierre Albert, bourgeois et marchand, et pour marraine, D^lle Toinette Combes, remplacée
par D^lle Toinette Couderc, fille à Jean Couderc et D^lle Anne
Biget ;

2° Le second s'appela Jean-Baptiste, et naquit le 5 décembre 1764. Il devint avocat en Parlement, comme son père,
et épousa le 21 août 1778 D^lle Marie-Anne de Sales, fille du
sieur Jean Sales et de D^lle Marguerite de Clare de Peyrissac.
Il fut le premier juge de paix de Beaulieu, nommé à l'élection, en 1790. C'est à lui que le sieur François Albert et sa
sœur D^lle Martiale donnèrent la procuration notariée dont
nous avons déjà parlé pour poursuivre, contre les de Bra-

conac, la revendication de la succession Lavialle (voir aux *pièces justificatives*, n° 14). Il mourut à 70 ans, le 20 octobre 1831 ;

3° Un troisième garçon naquit le 1ᵉʳ novembre 1759. Il reçut le nom de Jean-François ;

4° Un quatrième fut baptisé le 25 février 1761, où il reçut le nom de Pierre. Le sieur Pierre Albert, avocat en Parlement, son oncle fut son parrain ; et sa marraine fut sa tante Dˡˡᵉ Toinette Couderc ;

5° Un cinquième, reprit le nom de son père, Antoine, et fut baptisé le 23 septembre 1768 ;

6° Un sixième né le 26 février 1770, fut nommé Jean Louis. C'est maître Claude Brunie, notaire royal, qui fut son parrain et Dˡˡᵉ Louise Farges, sa marraine ;

7° Enfin un septième et dernier garçon, du nom de Jean, naquit un peu plus tard le 23 mai 1780. Il eut pour parrain son cousin germain, le sieur Jean Décoste qui lui donna son prénom.

*
* *

Ajoutons quelques notes détachées qui pourront servir de jalons à ceux qui voudraient faire une histoire plus complète de cette excellente famille Couderc et de ses alliances dans le pays.

Le 11 avril 1718, au baptême d'Antoine Couderc, fils du sieur Jean Couderc et de Dˡˡᵉ Toinette Combes, nous trouvons comme parrain le sieur Antoine Florentin, bourgeois et marchand : ce qui nous démontre une alliance déjà ancienne avec le groupe des Albert. La marraine fut Dˡˡᵉ Marie Couderc.

Le 30 juillet 1720, nouvelle preuve d'alliance avec les familles du sieur Pierre Rivière et de Dˡˡᵉ Catherine du Lac.

Le 28 janvier 1720, mariage du sieur Abdon Couderc, bourgeois et marchand, avec Dˡˡᵉ Marianne-Olivier de Couderc. Témoins : Pierre Albert père, Pierre Albert fils, Combes, Lacombe et Florentin. Parmi les enfants issus de ce mariage, nous trouvons un Antoine Couderc, docteur en médecine, qui mourut à 29 ans, le 12 mai 1723.

Le 7 février 1731, au baptême de Jean Florentin, fils d'Antoine bourgeois, et de D^lle Toinette Albert, le parrain est le sieur Jean Couderc, bourgeois et marchand, et la marraine D^lle Marie Leymarie.

Le 15 juillet 1731, au baptême de Marie-Ursule Albert, fille du sieur Pierre Albert et de D^lle Toinette Guittard, le parrain est le sieur Olivier Couderc, bourgeois et marchand, la marraine, D^lle Marie-Ursule Mondet.

Le 25 juin 1738, on peut voir la preuve d'une alliance de Jean Couderc avec les Lacoste et les Materre.

Le 17 février 1744, décès du sieur Jean Couderc, marchand, époux de feu D^lle Jeanne Chamet (?), âgé de cent ans et enterré dans l'église paroissiale.

Le 31 octobre 1772, maître Bernard Couderc, notaire royal est témoin avec les sieurs François Albert, bourgeois, François Décoste et Joseph Brel, au mariage de Marc Delvert, fils au sieur Marc Delvert et à D^lle Antoinette Chièze, avec D^lle Marie Gaillard, fille du notaire royal de ce nom.

Le 18 janvier 1755, au baptême de Toinette Brunie, fille à Claude, notaire royal et à D^lle Martiale Florentin, le parrain est maître Antoine Couderc, avocat en Parlement, et la marraine D^lle Toinette Guittard.

L'état de délabrement de nos anciens Actes de l'état civil ne nous a permis de pousser plus loin nos recherches.

NOTE VIIÍ

sur la famille FLORENTIN

Nous avons déjà vu certains membres de la famille des *Ghini Malpigli di Firenze*, vers le milieu du XIIIe siècle, émigrer de Florence avec les Alberti et la caravane de leurs clients, pour venir, par la voie romaine qui traversait Lyon et les bains du Mont-Dore, se fixer dans les plaines du Bas-Limousin, à Brivezac et aux environs de Brive.

Nous avons vu également que leur nom italien paraissant intraduisible en Français, le peuple se contenta de les appeler Florentin. Au témoignage de Baluze, c'est là un fait historique et incontestable.

Or, par une coïncidence pour le moins frappante de noms, de temps et de lieux, nos Florentins de Beaulieu, dont l'origine florentine était de notoriété publique, durent arriver à Brivezac, avec la caravane des Albert, peu de temps avant la ruine de cette ville, jadis si importante, c'est-à-dire vers le milieu du XIIIe siècle. Et lorsque Brivezac, ravagée de fond en comble par la guerre de cent ans, cessa d'être habitable pour des bourgeois fortunés ou habitués à l'aisance, et pour des négociants soucieux de la prospérité de leur commerce, ces mêmes Florentin se transportèrent dans le voisinage, dans la ville naissante et déjà prospère de Beaulieu, où nous les retrouvons jusqu'au début du XIXe siècle, époque où cette grande famille, après une existence séculaire si longue et si honorable, finit par s'éteindre.

Cette coïncidence si remarquable méritait d'être signalée. Sans être une preuve péremptoire de l'identité de nos Florentin avec les premiers, elle laisse la voie ouverte à des hypothèses vraisemblables. Aussi bien, la preuve de cette identité n'est-elle nullement nécessaire à la vérité de notre thèse sur l'origine italienne de nos Albert, comme de nos Florentin.

Nous allons maintenant — d'après les documents historiques qui nous restent — indiquer la grande situation de nos Florentin dans notre bonne ville de Beaulieu, au cours des siècles, ainsi que leurs alliances soit avec les Albert, soit avec les Farges.

Elles seront d'autant plus nombreuses que leur rang social paraît être à peu près le même. Les uns et les autres en effet sont notés, dans les Actes de l'état civil, comme dans les Actes notariés, par la qualification de bourgeois ou de bourgeois et marchand. Or, comme nous l'avons déjà expliqué, c'est, parmi les marchands notables que s'est recrutée la classe bourgeoise, pépinière des gens de lettres, des hommes de loi et partant des avocats, des notaires, des magistrats et des consuls de la ville.

Aussi voyons-nous de bonne heure le nom des Florentin parmi les consuls de Beaulieu, ou parmi les notables chargés de négocier avec eux. C'est à ce titre que dom Vaslet, l'historien de l'Abbaye de Beaulieu (p. 71), cite un sieur Florentin, à la date du 14 février 1587, dans une négociation importante. Il était, nous dit-il, accompagné de sieur Mailhot, l'aîné, qui lui aussi devint un personnage important dans les affaires de la ville.

Dès la première page des fragments des *Registres consulaires* qui restent dans nos archives, en 1609, nous trouvons le nom de Pierre Florentin au nombre des consuls de la ville, avec Jean Clare de Négrevergne, Antoine Dariex, bachelier ès-lois, et Etienne Villiers, orfèvre. Beaucoup plus tard, en 1731 et 1732, nous retrouvons au Consulat un de ses descendants : Raymond Florentin, et encore un autre Florentin au 22 août 1779 et au 20 septembre 1780. Et entre ces dates extrêmes, les signatures des Florentin abondent dans les procès-verbaux des assemblées consulaires ou ceux des prud'hommes qui jouaient un si grand rôle.

Aux approches de la Révolution. leur intervention va devenir de plus en plus fréquente et active, mais toujours dans un sens libéral et modéré, que leurs ancêtres, les Guelfes de Florence, n'auraient pas renié.

Par exemple, le 26 janvier 1788, au Conseil général de la commune de Beaulieu, parmi les officiers municipaux, on voit signer : Joseph Florentin, bourgeois, aux côtés de J.-B. Massoulie, écuyer, subdélégué de Mgr l'Intendant, — Pierre-Raymond Lafon, avocat, — J. Brel, docteur en médecine, — Pierre Brunie, bourgeois, — François Albert, bourgeois, — Gasquet, secrétaire, — Ducham, procureur du roy, etc. (C'est dans cette assemblée que l'on estimait officiellement la population de Beaulieu à 3.000 âmes !).

De même, pendant la Révolution, à la date du 9 prairial an II (29 mai 1794) nous voyons le sieur Joseph Florentin, signer comme maire de Beaulieu, les délibérations du conseil municipal, à côté du sieur Jean Farges, agent municipal. Jean Couderc, jeune, 2ᵉ officier municipal, et Joseph Gasquet, 3ᵉ officier. Dans cette séance, ils donnent un témoignage de civisme aux citoyens Duchamp, Braconac, et Courteau, destitués par arrêté de la Convention nationale.

Au lendemain de la Terreur, 24 messidor an III (12 juillet 1795) c'est encore en qualité de maire, soutenu par Jean Farges, agent national et Jean Couderc, officier municipal, qu'il fait bravement rouvrir les églises et sortir de leurs cachettes les prêtres insermentés.

Un peu plus tard, au conseil municipal du 25 thermidor an VIII, nous voyons signer parmi les conseillers municipaux Joseph Florentin, avec les citoyens Laplace, maire — J. Chièze aîné — J. Brel, docteur en médecine — Pierre Ducham — Jean Farges fils, etc.

Les mêmes registres municipaux nous ont révélé son adresse dans la bonne ville de Beaulieu.

La dernière maison habitée par ce Joseph Florentin était située dans le quartier, jadis aristocratique, de la Chapelle, non loin des Albert et des Massoulie. C'était la belle demeure achetée en 1768 à messire Joseph de Colomb, écuyer, seigneur de Saint-Thomas, et dont nous avons retrouvé l'acte d'acquisition dans les archives de la Corrèze (liasse B. nº 1056). C'est aujourd'hui la maison Puyjalon.

Ajoutons à ces détails que les belles signatures de presque tous les Florentin, telles qu'on les retrouve dans les Actes de l'état civil ou les minutes des notaires, sont le signe manifeste d'une culture bien au-dessus du vulgaire. Elles sont toujours très lisibles, et ça et là nous en rencontrons même tout a fait remarquables par leur fermeté, leur clarté et leur élégance : telle est, par exemple, la signature aux Actes de l'état civil en date du 11 janvier et du 20 septembre 1691, de Pierre Florentin, 2e du nom (1). En la voyant, on achève de se convaincre que cette famille a conservé, longtemps parmi nous, la distinction de son antique origine. Malheureusement, comme tant d'autres, elle s'est éteinte peu après la Révolution.

Arrivons au détail de ses alliances. Voici les principales :

La plus ancienne, d'après nos traditions de famille, aurait été avec les Albert, mais, en raison même de leur ancienneté, les documents en sont perdus.

Le 15 mai 1671, Louis Florentin, bourgeois et marchand, fait son testament dans sa maison du faubourg Mirabel, en présence de maître Soleilhet, notaire royal (voir ses minutes n° 69) et distribue sa fortune à ses enfants. Or il les déclare nés de Jeanne de Lavialle, sa légitime épouse. (Il signe : De Florenty, testateur).

Le 2 juin 1681, Pierre Florentin, clerc, signe comme témoin le testament de Jacques Martel, devant maître Decoste, notaire royal et consul : or celui-ci se dit parent.

Le 20 mars 1684, les Actes de l'état civil nous apprennent que Marie Florentin était la femme de maître Pierre Tronche, notaire royal.

Le 20 juillet 1685, Jeanne Florentin est marraine de Jeanne Beffare ; ce qui suppose une parenté prochaine avec cette vieille famille dont nous avons déjà parlé.

Le 31 juillet 1699, mariage de Raymond Florentin avec Dlle Martiale de Labarre. Témoins : Hugues La Barre, bourgeois de Beaulieu.

Le 7 décembre 1689, Dlle Raymonde Florentin, se marie avec sieur Martin Dupuy, bourgeois et consul, parent du notaire royal.

Le 20 septembre 1691, Pierre Florentin, épouse Dlle Toi-

---

(1) Le premier Pierre Florentin, était décédé le 13 avril 1685, d'après le registre des Pénitents.

nette Rivière, alliée aux Floret, aux Dupuy, aux Durand, aux Druilhols, etc.

Le 8 octobre 1702, Raymond Florentin, se marie à Catherine Brel, et les Massoulie en signent le contrat.

Marie Florentin était déjà mariée à maître Pierre Tronche, notaire royal, à la date de 1711.

Le 26 février 1718, Antoine Florentin, bourgeois, épouse D^lle Toinette Albert, sa cousine, (voir sa jolie signature). Et le 12 avril 1719, a lieu le baptême de leur premier enfant, Pierre, dont le parrain est Pierre Florentin, bourgeois et marchand, et la marraine, Marie Materre. Le second est une fille, Martiale, baptisée le 11 février 1720. L'acte est signé du sieur Lestourgie : ce qui indique l'ancienneté de notre parenté (Cf. 11 février 1720).

Le 29 décembre 1723, nous assistons encore au baptême de leur deuxième garçon, François Florentin, fils d'Antoine Florentin, bourgeois, et de D^lle Toinette Albert. Le parrain est François Combes, frère à la mère du baptisé ; la marraine, Raymonde Florentin.

Vers 1726, leur naquit une fille, Antoinette, qui devint veuve du sieur Antoine Broquerie, et mourut le 18 août 1806, a l'âge de 80 ans.

Leur troisième garçon fut Jean (7 décembre 1733) il eut pour parrain, Jean Dupuy, notaire et juge à Brivezac ; pour marraine, Françoise Coulon.

Le 11 juin 1728, Antoine Florentin, bourgeois, est dit oncle et parrain d'Anne Dupuy. fille à Jean Dupuy, notaire et juge de Brivezac et de Marie Leymarie.

Le 2 décembre 1728, Toinette Batut, fille à Guillaume Batut, bourgeois et armurier, et à Marie Florentin, est baptisée, ayant pour parrain, Jean Robiniot, bourgeois, et pour marraine, Toinette Albert, qui lui donne son prénom (Cf. 18 avril 1731).

Toinette Albert, mourut le 7 mars 1778, à l'âge de 79 ans, et son mari Antoine Florentin, le 12 janvier 1782, à 90 ans.

En 1730, Raymond Florentin, bourgeois et marchand, épouse D^lle Claire *de* Farges, en présence d'Antoine Florentin et du sieur Cruat, bourgeois. Le 14 octobre 1731, ils baptisent leur fils aîné Joseph, qui eut pour parrain et marraine, Jean Farges et Louise *de* Besse, oncle et tante. Et le 17 février 1733, ils font baptiser leur second fils Jean ; il y eut ainsi la même année deux Jean Florentin, l'un, fils d'Antoinette Albert ; l'autre, de Claire Farges, cousins germains.

Pierre Florentin mourut à l'âge de 75 ans, et fut enterré dans l'église Notre-Dame, où ils avaient sépulture, le 3 juin 1733.

Raymond, époux de Claire Farges, mourut à 30 ans, le 26 août 1736, et fut inhumé dans l'église paroissiale ; mais le prénom de Raymond se perpétue dans sa famille (9 avril 1745). Sa veuve lui survécut longtemps et nous voyons la dame Claire Farges de Florentin faire son testament en 1772 chez maître Terrier (n° 42).

Le 22 juillet 1773, Joseph Florentin, fils du précédent, épousait D^lle Catherine Ducham, fille de feu Jean Ducham, bourgeois et marchand, et de défunte Anne Terrier. Leur premier né, Catherine, était baptisée le 12 septembre 1775 et avait pour parrain, Pierre Ducham, notaire royal, son oncle et pour marainne, sa tante Catherine Florentin, femme de Jean Décoste.

Pendant la Révolution, Joseph devint un homme politique, à tendances modérées et religieuses, fut maire de Beaulieu au 20 germinal an III, assisté de Jean Farges, agent municipal, Jean Coudert, Pierre Brunie, Antoine Courteau, etc. Il mourut le 14 juin 1809, à l'âge de 77 ans. C'est la confrérie des Pénitents bleus, dont il était membre, qui l'accompagna à sa dernière demeure.

Nous dirons un peu plus loin les multiples alliances par les femmes des Florentin, avec les Ducham, les Décoste, les Brunie, les d'Anteroche, les Materre, les Lacoste. Il nous suffira de signaler ici celle avec les Métivier.

En 1746, le sieur Joseph Florentin, hérita de son cousin maître Antoine Métivier, curé de Reygades, dont le testament reçu en 1739 par maître Tronche, notaire royal, fut ouvert le 7 octobre 1746. Ce fut l'occasion d'un procès (pour un legs de 3.000 francs) avec la fabrique de Beaulieu, qui était encore pendant en 1810. (Cf. archives de la fabrique ;

délibération du 12 août 1810, signée : Lafon, Laval, Leymarie).

Nombreux furent les prêtres donnés à l'Eglise par la famille Florentin. Le dernier fut maître Arnaud Florentin, dont le testament, en date du 11 novembre 1759, figure dans les minutes de maître Oubrayrie. Il y est dit que son domicile à Beaulieu etait au faubourg de Mirabel. Cependant la tradition nous affirme qu'ils eurent aussi une autre maison, au faubourg de la Grave, au Rafachadour. Elle est contigüe à celle des Laserré de Bourrier (aujourd'hui habitée par M. Rigal Ducouderc) et fait l'angle de la rue Saint-Roch, en face du nouveau couvent des Ursulines, qui fut acheté par mère sainte Claire à M. de Peyrissac. Cette très grande maison, après la mort du dernier Florentin, servit de presbytère, depuis le rétablissement du culte après la Révolution, jusqu'au moment où il fut transféré dans la belle maison de notre grand' tante, Mme de Massoulie, presbytère actuel.

Ces détails généalogiques — que nous aurions pu encore multiplier — suffisent largement pour démontrer avec évidence que cette famille Florentin de Beaulieu, était une des plus distinguée de la bourgeoisie de notre ville, et qu'elle n'était pas indigne d'être l'héritière des Ghini Malpigli de Florence.

NOTE IX

sur la famille DUCHAMP de LA GENESTE

Cette famille — une des plus anciennes et des plus distin
guées de la région, — a eu de multiples alliances, soit avec
les Albert, par les Florentin, soit avec les Farges, et c'est
uniquement à ce point de vue que nous devons nous en
occuper ici.

Elle est originaire de la paroisse de Sioniac, d' après ce
que M. Ducham Lageneste de Crozefond rappelle dans son
testament, et du lieu de Rouzac, d'après le testament d'Antoine (2 octobre 1683) (1), mais elle s'est fixée à Beaulieu
depuis des siècles. Dire la date précise serait bien difficile,
cependant nous savons qu'il y avait des Ducham, à Beaulieu,
avant l'année 1575, puisqu'à cette époque, au dire de nos
grand' mère et grand' tante, l'un d'entre eux y fut alors
massacré par les Calvinistes, en défendant notre cité contre
leur armée d'invasion, au lieu dit du Barry du Cros, en face
de la maison de la Ton Pitchou.

Le souvenir glorieux de cet ancêtre, aussi vaillant catholique que bon patriote, ouvre fort bien l'histoire de cette
excellente famille, qui se continue aujourd'hui d'une manière
non moins glorieuse, par deux braves jeunes gens, dont
l'aîné, Roger, aide major, a été fait chevalier de la Légion
d'honneur, sur les champs de bataille, et l'autre, René,
brillant licencié ès lettres, a donné son sang à la Patrie
d'une manière vraiment héroïque, le 5 avril 1916, à l'âge
de 25 ans, comme son jeune cousin Maurice de Moras.

Elle a produit un grand nombre d'hommes de loi, avocats

---

(1) « Je donne à mes parents de Rouzac (paroisse de Sioniac)
les 200 livres qu'ils me doivent. » Cette propriété passa de Noël
de Crozefond à Joseph Ducham qui la vendit.

et notaires (1), quelques médecins, plusieurs officiers et des prêtres (2). Quant aux propriétaires ou agronomes, ils ne se comptent plus, et ce sont eux, sans doute, qui ont donné, dès l'origine, som nom à la famille Duchamp.

Ce nom, toutefois, s'écrivait *Ducham* dans les temps plus anciens ; la lettre *p* qui le termine aujourd'hui, est plutôt une orthographe moderne, datant à peu près de la Révolution. Par exception seulement, nous avons lu Duchamp avec un *p* aux Actes de l'état civil, en date du 9 juin 1751.

*
* *

Quant à l'addition du mot *Lageneste* ou *de Lageneste* ou *sieur de Lageneste* — trois formules équivalentes, employées indifféremment dans les anciens documents officiels (3) — elle est très authentique et très légitime comme il serait facile de le prouver.

Le domaine de Lageneste, de la paroisse d'Astaillac et de la mouvance (ou dépendance) du monastère de saint Pierre de Beaulieu, auquel il devait payer la rente et les autres droits féodaux, fut en effet acheté en 1660 (mois et quantième effacés dans l'acte) par Antoine Ducham, notaire royal et arrière grand-père, soit de messire Raymond de Crozefon, soit de Jean Ducham, bourgeois et marchand, époux d'Anne Terrier. Il fut acheté à Pierre Canthony, notaire

----

(1) Antoine Ducham, notaire royal à Beaulieu, vers 1660 ; Pierre, notaire à Mercœur en 1763, puis à Beaulieu de 1764 à 1774 ; Jean, notaire à Billac, où il prit la suite de François Farges (an V à 1831) ; son fils Jean, notaire à Beaulieu (1836-1855) ; Bertrand Joseph, notaire au Puy d'Arnac (1778).

(2) Marc Ducham, curé de Beaulieu, 1760 (Voir sa prise de possession, chez Mialet, 1760, n° 220) ; Pierre, curé de Brivezac. (*Id.* Mialet, 1766, n° 274) ; Marc, curé de saint Pierre de Neuville, (*Id.* Ducham, 1774, n° 317) ; enfin deux fils de Jean, notaire à Billac, Pierre et Jean, furent prêtres : ce dernier mort à 38 ans (1832) était un petit saint.

(3) Revoir nos *Préliminaires* sur le vrai sens des *particules* et du mot *sieur*, p. 159-164.

royal du village de Canthony à Liourdes, au prix de 985 livres qui furent partagées entre les créanciers du dit sieur Canthony. Puis après, vers la fin du XVIIIe siècle, le même domaine était agrandi par des acquisitions successives, soit sur la paroisse d'Astillac, soit sur celle de Liourdes.

Il resta toujours dans la branche aînée des Ducham de Crozefond. Aussi fut-il vendu comme bien d'émigré, le 29 nivôse an II (décembre 1793). La partie de Liourdes fut divisée en 51 lots, celle d'Astillac en 24 lots, et le tout adjugé pour la somme de 124.490 francs. Les biens de Beaulieu, divisés en 15 lots avaient été vendus deux mois plus tôt, le 28 brumaire. (Archives de la Corrèze, Q. 143, f. 56).

Or, d'après les usages du temps, — que la Révolution elle-même a respectés, lors de la destruction des titres de noblesse, — les riches bourgeois prenaient volontiers le nom de leurs domaines. C'est ce qui devait arriver pour les Ducham (1).

Les Actes de l'état civil mentionnent pour la première fois le qualificatif de La Geneste, à la date du 27 mai 1724. Il est vrai que c'est à l'aide d'une surcharge, indiquant comme une hésitation ou un manque d'habitude. Mais à partir du 21 mai 1727, jusqu'à la Révolution française, on le rencontre assez fréquemment dans les actes de naissances, de mariages ou de décès, pour faire foi, et le fait ne saurait être contesté.

Ainsi, par exemple, l'acte du 15 août 1735, mentionne expressément : « Jean Ducham, sieur de Lageneste, bourgeois et marchand » ; — celui du 26 novembre 1756 : « Antoine Ducham, fils à Jean Ducham Lageneste, bourgois et marchand » ; — celui du 7 juillet 1764 : « Jean Ducham, sieur de Lageneste, bourgeois et marchand ».

Les registres consulaires de notre ville, au 26 décembre 1719, annoncent l'élection comme premier consul de « Antoine Ducham, bourgeois, sieur Delageneste » (p. 267). Et le 26 décembre 1737, celle de « Jean Ducham, bourgeois et marchand » comme second consul (p. 533 et 513 bis).

---

(1) M. l'abbé POULBRIÈRE donne, sans hésiter, le même avis. *Histoire des paroisses* ; t. I, p. 59 (art. *Astaillac*).

De même, dans les actes notariés, qui écrivent à l'unisson : « Jean Ducham Lageneste, bourgeois et marchand » (chez maître Terrier, 1767, n° 83, n° 94, etc.) De même encore une multitude d'actes d'un caractère un peu moins officiels. Ainsi dans un procès-verbal de la visite de l'Evêque de Limoges à l'Hôtel-Dieu de Beaulieu, en date du 28 juin 1775, on trouve mentionné la présence de « M. Ducham Delageneste, notaire royal, » qui a signé : Ducham. Tous d'ailleurs signent habituellement, tout court : Ducham, sauf M. La Geneste de Crozefond, qui signe : de Crozefon.

L'un d'entre eux, en effet, né vers 1721, s'éleva de la bourgeoisie jusqu'aux rangs de la noblesse, ayant conquis au corps royal d'artillerie, le grade supérieur d'écuyer major ou de colonel, et plus tard celui de maréchal de camp. Aussitôt, les Actes de l'état civil, si scrupuleusement respectueux, jadis, de l'étiquette légale, changent de ton et de formules, et voyez en quels termes pompeux, ils enregistrent, au 24 décembre 1768, les titres et qualités du nouveau personnage.

Nous y lisons : « Messire noble Raymond Ducham de la Geneste, écuyer major au corps royal d'artillerie, chevalier de Saint-Louis, gouverneur de cette ville, et seigneur de Cantegril, Crozephon (sic), et autres lieux... » C'est la première fois que les Actes de l'état civil enregistrent ces titres pompeux dans la famille Ducham.

Ils permirent à celui qui en était honoré de faire un brillant mariage. Raymond Ducham-Lageneste, seigneur de Crozefon — comme il s'appelait lui-même de préférence — épousa le 3 mars 1767, à Villariey, près de Toulouse, dame Marie Charlotte de Sirieys, fille de messire Jean Sirieys, secrétaire du roi.

Il eut un fils aîné, et bientôt unique héritier (1) Jean Raymond Noël Ducham Lageneste, seigneur de Crozefon, baptisé à Beaulieu, le 24 décembre 1768, qui à l'âge de 36 ans, devenu capitaine d'artillerie, alla épouser à Bétaille, le 13 septembre 1804, D^lle Marie de Labrüe de Saint-Bazile, et

______

(1) Un autre fils, Jean Martial, né le 25 septembre 1772, ne survécut que peu de temps.

résider avec elle au château de Malmartel, voisin de la dite ville, en Quercy, tout en conservant sa maison natale de Beaulieu où il devait mourir.

Entre temps, son père était décédé, le 10 avril 1789, à la veille de la Révolution, qui devait si cruellement l'éprouver lui-même. Il fut en effet compris dans la liste des émigrés, ses biens mis sous séquestre, et sa maison, abandonnée à la garde de sa belle-mère Charlotte Sirieys. détenue elle-même comme mère d'émigré, fut inventoriée, le 16 octobre 1792 par les délégués du district de Brive.

On peut encore voir à cette date dans les archives de la mairie (I. 2.) ce bref inventaire des meubles, après la levée des scellés. Il est signé : Laplace, commissaire du district, Soulié et Daniel greffier.

Quant à l'inventaire des immeubles, il est déchiré et désormais perdu, au moins pour les archives de Beaulieu.

J'ai même sauvé de la dent des rats un fragment du tableau intitulé : Biens des émigrés, et portant la mention suivante : « *5° Maison, grange, jardin provenant de Du-* » *champ Lageneste émigré.* Observations : Cette maison » dans la ville (1) est considérable. Elle est composée de six » pièces en bas, autant en haut, de cave et pressoir. Tous » les appartements sont plafonnés. Le jardin est fort petit. » Lorsque l'on fit, en 1792, la promenade sur les fossés, on » en a emporté les trois quarts. Il ne touche point à la maison ; » il en est séparé par une petite place ».

Tout le reste de l'inventaire est détruit. S'il n'eut pas été rédigé par des barbares, il eut signalé des détails plus

---

(1) Située sur la rue qui va à la place du marché, et aujourd'hui occupée par M. Rêmes, négociant, après le docteur Veyssière, qui l'acquit des héritiers Crozefon, le 6 août 1842. — Quant à l'autre maison, place de la Bridole, elle fut achetée en trois fois : En 1746, par Jean Ducham. à Pierre Vayssière (maison et jardin) ; 2° le 5 septembrn 1757, par Pierre Ducham à Jacques de Braconnac ; 3° le 16 novembre 1789, *le pavillon de chasse* avec sa cheminée monumentale et ses sculptures, fut acheté par le même, au même, après son incendie, et fut reconstruit et surélevé au niveau du reste de la maison par Ant. Simont, architecte (traité du 5 avril 1806).

intéressants que les plafonds, notamment son escalier de pierre monumental (aujourd'hui démoli parce qu'il *tenait trop de place*), — ses belles portes et boiseries en noyer sculpté, et surtout les magnifiques panneaux de peinture — genre Watteau — qui décorent les murs du grand salon et dont on peut encore aujourd'hui admirer le beau coloris et les charmants dessins.

Grâce à je ne sais quelles influences politiques, notre noble émigré obtint enfin de revenir en France, — il était réfugié à Livourne (Italie) — et de rentrer en possession de cette maison, et d'une partie de ses biens que ses amis avaient réussi à faire louer pour en empêcher la vente.

L'arrêté du district de Brive qui l'y autorise, en le plaçant sous la surveillance de la police, est du 26 frimaire an X. L'exil avait duré neuf ans.

Peu après son retour le 13 septembre 1804, il se maria à Bétaille avec D^{lle} de Labrüe, dont, malheureusement, il n'eut qu'un héritier, mort à la fleur de l'âge. Après quelques années de résidence, il se fit nommer juge de paix de son canton de Vayrac, et il était encore en exercice lorsqu'il mourut du choléra, à Beaulieu, le 9 juin 1835. On l'enterra le même jour sur un ordre de police, consigné au registre des décès de la Paroisse.

Son testament ne faisait aucun légataire universel, mais seulement un exécuteur testamentaire, maître Batut, chargé de liquider sa succession, payer ses dettes considérables, et délivrer une multitude de legs.

Ainsi s'éteignit, après deux générations seulement, la branche noble des Ducham Lageneste de Crozefond.

*
* *

Le testament dont nous venons de parler fit assez de bruit dans la région pour mériter une plus longue mention.

Il était olographe et se composait de neuf testaments ou codiciles distincts, chacun daté et signé à part, écrit sur des carrés de papier libre de formats variés, ne portant que deux dates, celles du 15 et du 26 mars 1835, et se complétant ou se corrigeant l'un l'autre. Les neuf signatures sont ainsi libellées : « Jean-Raymond-Noël Ducham La Geneste de Crozefon, ancien capitaine d'artillerie et actuellement juge de paix du canton de Vayrac ».

Par ce chef d'œuvre de bizarrerie et de complications, M. de Crozefon venait, s'en s'en douter assurément, de construire un véritable nid à procès pour ses héritiers, qui s'empressèrent de tomber dans le piège involontairement tendu.

Dès que l'étrangeté du testament fut connue — après son dépot du 21 juin chez maître Mazeyrac, — toute une nuée de cousins, ou de parents surgit aussitôt plaidant pour ou contre sa validité. Nous en avons compté *vingt-cinq*, se disant tous également « habiles à succéder au défunt ou à prendre part à ses biens, sous toutes réserves de droit », — c'est-à-dire cousins au même degré, soit environ le onzième — et comparaissant devant le notaire requis par eux pour procéder à un inventaire, malgré la défense formelle du testateur qui a écrit : « Je proscris et défend tout espèce d'inventaire ». Ce nombre de 25 héritiers est d'ailleurs fort incomplet.

Les plus malins refusèrent de risquer les frais d'un procès, et préférèrent attendre jusqu'à l'annulation problématique du fameux testament, pour revendiquer leur part. Tel fut le cas, entr'autres, de Joseph Ducham, secrétaire de la mairie pendant plus de 20 ans, qui fit la déclaration de décès, en qualité de parent, le 9 juin 1835.

Ne pouvant citer les noms de tous ces plaideurs, notons seulement ceux du côté paternel, qui nous feront connaître la famille Ducham. Ont comparu devant maître Mazeyrac, notaire :

Jean Ducham, notaire à Beaulieu, — Pierre Ducham, son frère, représenté par J.-Baptiste Farges, son gendre, — Catherine Ducham, veuve Gauch, propriétaire au Batut, — Joseph Coste, docteur en chirurgie, — Antoinette Coste, veuve d'Huges Brousse — Marianne Coste, veuve Huet, — Catherine Florentin, épouse Roche, à Aujac (commune de la Chapelle-aux-Saints), — Catherine Debar, veuve Lacambre, à la Poujade (commune d'Altillac), — Lucie Debar, veuve de Cautines, à Saint-Privat, — Pierre-Georges Debar, à Argentat, — Charlotte Labrousse, épouse de Pierre Roudier, à Argentat, — Joseph-François de Peyrissac, au château du moulin d'Arnac, — Jeanne-Catherine Florentin, épouse de M. Moussours, avoué à Tulle, — et Jean Colomb, avocat.

A ces quatorze héritiers, réclamant leur part, nous devons ajouter l'exécuteur testamentaire, maître Batut, juge de paix à Beaulieu, et parent lui aussi du côté paternel.

Les héritiers du côté maternel, au nombre de neuf (non compris la veuve) vinrent compléter les deux douzaines : chiffre largement suffisant pour qu'il devint impossible de s'entendre. Le tribunal eût donc la parole. Et lorsque MM. les avocats eurent rivalisé tout à leur aise de subtilité et d'éloquence, — il maintient à peu près toutes les dispositions du testateur, après les avoir sagement interprêtées et tirées au clair.

Nous ne parlerons ni des legs pieux — notamment celui de 6.ooo fr. à l'hospice de Beaulieu, — ni des très nombreux legs aux parents maternels ou aux amis, mais uniquement de ceux qui intéressent la famille de Ducham, seul objet de notre étude :

1° Leur principal legs fut le domaine de Rozac ou Rouzac, berceau de la famille (voir testament d'Antoine, l'acquéreur du domaine de Lageneste, (2 octobre 1683) — qui revint à la veuve du cousin Jean Ducham (dame Colette Moussours) et après sa mort à ses deux enfants Joseph Ducham et Eugénie devenue plus tard Mme Mage. Ce domaine fut vendu une trentaine de mille francs seulement ;

2° Le domaine du Colombier, d'une valeur encore moindre, revint, pour une moitié, à J.-Baptiste Ducham, avocat, fils aîné de Jean Ducham, notaire (1) ;

3° Enfin une « *caisse des papiers de famille* » fut donnée à Joseph Ducham, suivant le désir formel du testateur ainsi conçu : « Il (l'exécuteur testamentaire) brulera toutes les

____

(1) La villa Miriam a été bâtie dans ce domaine aux portes de Beaulieu.

» lettres, papiers de compte, etc., ne conservant absolument
» que les papiers appelés papiers de famille ; — il les mettra
» dans une petite caisse bien ficelée et bien cachetée, qui
» sera remise au jeune Ducham de la Bridole (1), dont le
» père est mort à la fin d'août 1833 ; — et cette remise lui
» sera faite quand il aura l'âge de 21 ans accomplis (2) ».

Assurément, il fut regrettable pour le jeune Joseph de
n'avoir reçu qu'une « caisse de papiers de famille », alors que
son cousin aurait peut-être pu, par une adoption légale,
faire revivre en lui le nom de la noble lignée de Crozefon,
qui s'est éteinte, Les fornalités devant les tribunaux eussent
été longues et coûteuses sans doute, mais c'est plutôt la
crainte de deshériter tous ses autres parents les plus chers
qui a dû empêcher M. de Crozefon de concevoir un tel
dessein. En tous cas, il ne l'a point fait.

Quand au nom de La Geneste, tombé en désuétude
depuis la Révolution, ses héritiers ont parfaitement le droit
de le faire rétablir dans leur état civil, par un simple jugement devant les tribunaux ordinaires, compétents pour la
propriété des noms de terre, tandis que le Conseil du
sceau (3) est seul compétent pour celle des titres de noblesse.
Après avis favorable, le rétablissement de ces titres se fait
par un décret publié au Bulletin des lois et signé du Président de la République. Après le délai légal d'un an — s'il
n'y a pas d'opposition — ce décret a acquis force de loi.

---

(1) Remarquez cette appellation *de la Bridole* (nom de la
place où leur maison est située) au lieu de celle de la Geneste.
Depuis la Révolution elle était la seule usitée. On la retrouve
aussi dans nombre d'actes notariés, mais point dans les Actes
de l'état civil. L'autre branche se faisait appeler : Ducham *de la
Comtesse* (nom d'un autre domaine).

(2) S'inspirant de l'esprit plutôt que de la lettre de ce para-
graphe, l'exécuteur testamentaire, maître Batut, ajouta à la dite
« caisse » les tableaux de la famille de Crozefon.

(3 Depuis 1872, il a été remplacé par un Conseil d'administration établi au Ministère de la Justice et qui statue, sauf
recours au Conseil d'état.

*
* *

Hâtons-nous d'arriver à l'énumération promise des multiples alliances des Ducham soit avec la famille Albert par les Florentin, soit avec la famille Farges.

Voici d'abord les alliances avec les Florentin, que l'on peut vérifier dans les Actes de l'état civil, aux dates indiquées :

1° Le 26 novembre 1756, Antoine Ducham, fils à Jean Ducham Lageneste, bourgeois et marchand, et à Anne Terrier, se marie avec D^{lle} Catherine Florentin, fille de Raymond Florentin, bourgeois et marchand et de dame Claire Farges (1). Les témoins sont : Joseph Florentin, frère de l'épouse ; Pierre Ducham, frère de l'époux ; Joseph Farges, cousin germain de l'épouse, et Jean Massinguiral ;

2° Le 22 juillet 1773, Pierre Ducham, notaire royal, autre fils de feu Jean Ducham, bourgeois et marchand et de défunte Anne Terrier, épouse autre D^{lle} Catherine Florentin, fille de feu Raymond Florentin, bourgeois et marchand et de D^{lle} Claire Farges. Les témoins sont : Antoine Ducham, bourgeois et marchand, frère de l'époux ; Jean Terrier, notaire royal, juge de Puybrun, cousin germain de l'époux ; Jean Farges, cousin de l'épouse ; Louis-Joseph Huet, contrôleur des Actes ;

3° Ce même jour 22 juillet 1773, Joseph Florentin, bourgeois et marchand, fils de Raymond et de D^{lle} Claire Farges, épousait D^{lle} Catherine Ducham, fille de feu Jean Ducham, bourgeois et marchand et de défunte Anne Terrier. Les témoins étaient les mêmes : Antoine Ducham, frère de

---

(1) Ils eurent pour enfants : Pierre Ducham, propriétaire ; Jean Ducham, notaire public et Jeanne Ducham, mariée à maître Galichet Beaupré, vérificateur de l'enregistrement à Beaulieu, le 12 thermidor, an XIII (31 juillet 1805). (Voir, à cette date, le registre des mariages de la paroisse de Marcillac-la-Croze). Ainsi qu'une autre fille Catherine, veuve Gauch, décédée en 1848, à 79 ans.

l'épouse ; Jean Terrier, son cousin germain ; Jean Farges, cousin de l'époux ; et Louis-Joseph Huet. Ces échanges réciproques entre les familles Ducham et Florentin, cimentèrent pour longtemps une vieille amitié qui dataient de bien des générations.

Voici maintenant les alliances encore plus nombreuses des deux familles Ducham et Farges, toujours d'après les Actes de l'état civil :

1° Par les trois alliances que nous venons de décrire, dame Claire Farges (2) est devenue la belle-mère de trois des enfants du sieur Jean Ducham de La Geneste : Antoine, Pierre, le notaire royal, et Catherine. Aussi est-elle souvent marraine de ses nombreux petits enfants. Le 1er octobre 1757, elle est mentionnée comme marraine et grand'mère de Jean Ducham, fils d'Antoine ; le 11 mai 1763, comme marraine et grand'mère de Pierre Ducham, autre fils d'Antoine, etc ;

2° Quant au quatrième enfant de sieur Jean Ducham de Lageneste, D^{lle} Anne, elle va encore s'unir à un Farges. En effet, nous voyons le sieur Joseph Farges, né le 14 avril 1738, de l'union du sieur Jean Farges, bourgeois et marchand avec D^{lle} Catherine Rivière, contracter mariage, le 18 avril 1768, avec D^{lle} Anne Ducham, fille « de M. Ducham, bourgeois et négociant, sieur de Lageneste », et de feu D^{lle} Anne Terrier. (Voir le contrat chez maître Mialet, n° 219). L'acte de décès de Joseph Farges est du 2 juin 1785. Il mourut à 47 ans ;

3° Le 17 novembre 1792, le sieur Pierre Ducham, fils d'Antoine et de D^{lle} Catherine Florentin, et petit fils de dame Claire Farges, épouse D^{lle} Bernarde Farges, fille du Jean Farges et de D^{lle} Catherine Fombazou — avec une dispense de Rome pour leur parenté au 4e degré. Les témoins furent : Pierre Farges, bourgeois ; Jean Ducham, greffier du juge de paix de Beaulieu ; Jean Farges, fils. Ce mariage

---

(2) Voir son testament qui rappelle ces alliances, le 20 juillet 1779, chez maître Terrier n° 62. Témoins : Noble de Massoulie et Audubert.

fut bénit par messire Etienne Farges, prêtre et prieur de Montcalm, frère de la mariée.

C'est cette dame Bernarde Farges qui fut la grand'mère et aussi la marraine de Guillaume-Joseph Ducham de Lageneste (fils à Jean Ducham et à D^lle Marie-Anne-Françoise-Colette Moussours) baptisé le 30 mai 1827, (voir à cette date le registre de la Paroisse). En sorte que MM. Joseph Ducham et Louis Farges étaient cousins issus de germains et que leurs enfants ne pouvaient se marier ensemble sans une dispense de consanguinité au 4e degré ;

4° Le 6 janvier 1818, nouvel échange entre les familles Ducham et Farges. M. Jean-Baptiste Farges, bourgeois, fils de Jean, bourgeois et marchand, et de D^lle Madeleine Biget, épousait une cousine germaine, D^lle Marie-Madeleine Ducham, fille de Pierre et de D^lle Bernarde Farges, avec une dispense de consanguinité du 2e degré. C'est de ce mariage que naquirent : Hippolyte Farges, bourgeois, époux de D^lle Irma de La Garde, et Marie-Madeleine épouse de M. Victor Borie, notaire à Altillac. Par cette union, MM. Joseph Ducham et Hippolyte Farges se trouvaient cousins germains.

Notons encore un détail qui nous fera toucher du doigt la facilité avec laquelle on ajoutait un surnom de terre au nom patronynique de ses enfants. D^lle Marie-Madeleine épouse de J.-B. Farges, avait été surnommée dès le berceau demoiselle Ducham *de l'Isle* ou plus familièrement *l'Ilôte*, parceque son père lui destinait, en dot ou en partage, la fameuse île acquise des Bénédictins. Or, nous retrouvons ce surnom, non seulement dans nos registres de famille, mais jusque dans les Actes publics, tels que le contrat de mariage de J.-B. Farges (chez maître Mialet, 6 janvier 1818) et celui d'Hippolyte Farges (reçu par maître Born, à Saint-Céré, 13 janvier 1845).

Le surnom lui est resté, alors même que la fameuse île lui eut échappé. En effet, des projets faits si longtemps à l'avance, ont grande chance de ne point se réaliser. C'est ce qui arriva. Au moment du partage, Marie-Madeleine était décédée et ses enfants étaient mineurs ; de même, son frère Jean, pareillement décédé, avait laissé des enfants mineurs.

Le partage fut donc judiciaire, et le sort légal divisa autrement la fortune paternelle. Nous conservons encore le dossier monumental de cette affaire, qui a des parties curieuses, notamment les inventaires et les lettres échangées par divers membres de la famille.

Le lieu de sépulture des Ducham était dans l'église abbatiale « près du degré de la nef ». (Voir le cahier du sacristain de l'Abbaye, à la date du 4 juin 1682).

D'après le testament de Antoine Ducham, 2e du nom, notaire royal. fils de Jean et d'Antoinette de Vialle, en date du 2 octobre 1683, ses « prédécesseurs » en avaient déjà fait l'acquisition.

*
* *

Voici l'arbre généalogique des trois branches de la famille Duchamp de La Geneste : la première dite de Crozefon, la 2e dite de La Bridole ; la 3e dite de La Comtesse.

Leur souche commune fut *Antoine*, 2e du nom, notaire royal, qui acquit en 1660 la propriété de La Geneste ; marié à Antoinette de Vialle, il testa le 2 octobre 1683 et mourut le 10 février 1687. Il eut trois fils : *Antoine, Jean* et *Simon*. Le premier, Antoine, seul enfant majeur à la mort de son père et déjà avocat, fonda la lignée des Crozefon ; le second, Jean, celles de La Bridole et de la Comtesse. Quant à Simon, on a perdu ses traces. Ne serait-il pas l'ancêtre du Simon architecte, que l'on retrouve, à la Révolution, si intimement associé à certaines affaires des Ducham, et qui en 1806. se charge de reconstruire leurs maison et granges, soit de la Bridole, soit de Sioniac ?? On sait en effet que les cadets étaient souvent désignés par leur prénom — qui seul les distinguait — et qui leur restait seul, à la longue.

1re *Branche, de Crozefon*

I. — Antoine II, né vers 1660 ? fils aîné d'Antoine I et d'Antoinette de Vialle.

II. — Antoine III, né vers 1690 ? avocat au Parlement, époux de Jeanne Clare de Négrevergne (1691-1763) il était déjà mort en 1763. Il était premier consul de la ville de Beaulieu, le 26 décembre 1719. Il fut le père de :

III. — Messire Jean-Raymond Lageneste de Crozefond (1721-1789) *équier*, marié le 3 mars 1767 avec Chalotte de Sirieys, maréchal de Camp en 1780. Il n'eut qu'un fils :

IV. — Messire Raymond-Noël Lageneste de Crozefon (1768-1835) émigrè à Livourne (Italie). A son retour, marié le 18 septembre 1804 à Marie de Labrüe de Saint-Basile, au château de Malmartel près Vayrac (Lot). Il fut juge de paix de Vayrac. Mort sans enfants.

2ᵐᵉ *Branche, de La Bridole*

I. — Jean, né vers 1677 ? fils cadet d'Antoine et d'Antoinette de Vialle.

II. — Antoine, avocat, né vers 1699 ? marié à Catherine Floret de Cantigril.

III. — Jean, né vers 1721 ? marié à Anne Terrier, le 4 juillet 1726. Il eut 9 enfants : 1. Antoine, l'aîné dont nous allons parler ; 2 Anne, mariée à Joseph Farges (1737-85) fils à Jean et à Catherine Rivière ; 3. Françoise, mariée à Jacques Coste, marchand apothicaire ; 4. Jean, qui eut un fils du même nom ; 5. Jeanneton, mariée à Pierre Coulon, maître teinturier ; 6. Marianne, célibataire ; 7. Marc, prêtre, curé de Saint-Pierre de Neuville ; 8. Pierre, notaire, de 1764 à 1774, il fut l'époux de Catherine Florentin (fille de Raymond et de Claire Farges) ; 9. Catherine, épouse de Joseph Florentin.

IV. — Antoine, né vers 1743 ? aîné du précédent, fut l'époux d'une autre Catherine Florentin (1729-1813) aussi fille de Raymond et de Claire Farges Il eut quatre enfants : 1. Pierre, propriétaire, dont nous allons parler ; 2. Jean, notaire à Billac, de l'an V (1796) à 1833. Il fut l'époux d'Anne Decoste et la souche de branche suivante ; 3. Jeanne, épouse de Galichet-Beaupré ; 4. Catherine (1769-1848), veuve Gauch.

V. — Pierre, fils du précédent (1769-1838) fut le mari de Bernarde Farges († 1846) et eut trois enfants : 1. Marie-Madeleine, qui à son berceau fut appelée *de l'Isle* (ou l'Ilotte). Elle épousa (6 juin 1818) Jean-Baptiste Farges, fils à Jean et à Madeleine Biget, et mourut en 1824 ; 2. Madeleine († 1876) épouse d'Auguste Brel, juge de paix de Beaulieu, dont la fille unique épousa M. de Salvagnac ; 3. Jean, dont nous allons parler.

VI. — Marie-Madeleine, fille aînée du précédent et épouse de J.-B. Farges, morte à 27 ans (1824), eut deux enfants : 1. Hippolyte (1818-1902), époux de Claire Irma de La Garde (1815-1880) et père de deux filles Louise et Marie, célibataires ; 2. Marie, qui fut l'épouse de Victor Boric, notaire, le 15 avril 1844.

VI bis. — Jean, fils de Pierre et de Bernarde Farges, décédé en 1833, avait épousé Colette Moussours († 1868)

dont il eut deux enfants : 1. Joseph, dont nous allons parler ;
2. Eugénie, devenue Mme Mage.

VII. — Joseph, fils aîné du précédent, décédé en 1886,
épousa Fany Blanchard († 1891) dont il eut deux enfants :
Maurice et Marguerite. Marguerite, mariée à Albert de
Moras, eut six enfants : 1. Georges ; 2. Raoul; 3. Guy ; 4. Maurice, tombé au champ d'honneur, le 22 novembre 1916 ;
5. Géva ; 6. Germaine.

VIII. — Maurice, fils du précédent, a épousé Noémie
Sazerat, dont il a eu deux fils : 1. Roger, dont nous allons
parler ; 2. René, licencié ès-lettres, tombé au champ d'honneur, le 5 avril 1916.

IX. — Roger, fils aîné du précédent, aide-major, croix de
guerre et Chevalier de la Légion d'honneur, marié à D^lle
M.-Lydie Boudet (24 février 1919), continue seul la lignée.

3me Branche, de La Comtesse

V. — Jean, notaire de 1796 à 1836, frère cadet de Pierre
et fils d'Antoine et de Catherine Florentin. De son mariage
avec Anne Decoste, il eut six enfants : 1. Jean, notaire, dont
nous allons parler ; 2. Pauline, mariée à Louis Bénéchie et
puis à Jean-Pierre Brouquil ; 3. Pierre, prêtre ; 4. Jean,
aussi prêtre († 1832) ; 5. Joseph-Jules, marié à Jeanne
Saffré, dont il a eu une fille, Anna, devenue Mme Bourdet ;
6. Joseph, praticien, secrétaire de la mairie, marié à Pétrouille Audinet.

VI. — Jean, notaire à Beaulieu de 1836 à 1855, fils du précédent, a épousé Adèle de Meynard, dont il a eu une fille.

VII. — Gabrielle, mariée à M. Lafon de La Geneste, dont
est née une fille.

VIII. — Anne-Marie, épouse de M. le comte de La Tour
d'Auvergne.

NOTE X

sur la famille de JOANNIE ou de LAJOANNIE

Ce nom, primitivement latin et italien, qui signifie *Jean*
ou *fils à Jean*, s'est fort bien acclimaté dans notre langue
où nous le trouvons très gracieux. Il s'écrivait d'abord en
français *Joannie*, puis *Lajoannie* (ou *Lajohannie*) par l'addition si fréquente, comme nous le constaterons plus loin
(note 13), de l'article *le, la*.

Quant à la particule *de*, notre grand'mère et notre grand'
tante Albert l'employaient toujours, et les pièces que nous
avons retrouvées dans les Archives de la Corrèze (E. 307,
liasse) sur les Lajoannie de notre canton la leur attribue
couramment, au moins jusqu'à la Révolution française qui
déclassa tant de nobles en les ruinant.

Leur résidence était alors au château de Curemonte. Ils
étaient seigneurs de Curemonte et de Sérilhac (Moustier-
Ventadour), et alliés à de nobles maisons, notamment à
l'illustre famille des marquis de Cosnac (1).

D'après Baluze (2), les membres de cette famille étaient
très connus, dès le XIIIe siècle, sur les confins du Bas-Limousin et du Quercy, où ils avaient de belles alliances,
notamment avec les marquis de la Tourette d'Ambert de
Bétaille (Lot) et dans la région de Cahors.

Il nous apprend que l'un d'eux, Bertrand, fut évêque de
cette ville, et qu'un autre, dont le prénom était Gaucelme,
ayant été créé cardinal, en 1316, par son compatriote Jean
XXII (3) fut cardinal-évêque d'Albano en Italie, — et détail

---

(1) PoulbrÈre rapporte que la belle gentilhommière de Li-
noire (à Turenne) fut vendue par une Cosnac, veuve Lajoinie de
Curemonte, à la famille de Fieux. (*Diction. des Paroisses*, t. III.
p. 500).

(2) Baluze, *Ibid.* p. 720, 749.

(3) Baluze, *Ibid*, p. 153.

non moins curieux, c'est lui qui voulut, en 1337, consacrer le 17ᵉ abbé de Florence qui portait son nom, était son compatriote, et probablement son parent. Cet abbé de Joannie, moine bénédictin, cadurcien de naissance, comme le cardinal, avait été prieur du monastère de Saint-Paul-Cap-de-Joux (Caiadonis) au diocèse de Lavaur (Vauriensis).

L'auteur qui nous donne ces derniers renseignements, le savant moine bénédictin du Mont-Cassin, archiviste de l'abbaye de Florence, dom Puccinelli, dans son catalogue des abbés de Florence (4), ajoute les noms de trois autres abbés, auxquels il assigne nettement une origine florentine, *florentinus,*, savoir : André de Joannie (1437), Marin de Joannie (1504), et Sylvestre Bruni (1550).

S'il ne donne pas expressément la même épithète de Florentin aux deux premiers de Joannis, le cardinal et l'abbé, il nous permet du moins de conclure que les titulaires d'un évêché italien et d'une abbaye italienne si importante, ne pouvaient être d'origine totalement étrangère à l'Italie.

Baluze ajoute que Philippe le Bel anoblit le neveu du cardinal, Jacques de Johannie, après le décès de son pére, par lettres patentes datées de Compiègne, le 7 juin 1310.

Quelque vraisemblable que nous paraisse l'identité d'origine de ces divers personnages, la difficulté des recherches nous force à nous restreindre aux Lajoannie demeurés en Bas-Limousin. D'après les Actes de l'état civil, les uns habitaient Curemonte, les autres Beaulieu, tandis que d'autres habitaient encore Brivezac. Tout porte à croire, en effet, que lorsque le groupe des Albert s'éloigna de Brivezac après la déchéance de cette ville, ils ne partirent pas tous à la fois, et que plusieurs y laissèrent des parents obstinés à vouloir mourir dans leurs maisons natales. Ce fut le cas, sans doute, des Lajoannie, comme celui des Guittard.

A Beaulieu, la famille Lajoannie habitait une maison, au quartier de la Chapelle, contiguë à celle de notre tante Françoise Albert, du côté nord-ouest. Etant enfant, nous y

---

(4) Puccinelli, *De illustribus abbatiæ Florentinæ Viris* (Milan, 1645, in-4°) p. 7, 44, 60 (Ouvrage rarissisme, à Paris bibliothèque, Sainte Geneviève, 4° H. 1703,.

passions par la porte de derrière de notre grande cuisine, qui donnait accès à une cour, au milieu de laquelle se trouvait un grand puits mitoyen, recouvert d'une toiture en tuiles rouges. La porte de la cuisine des Lajoanie donnait pareillement entrée dans cette cour où les uns et les autres allaient pour puiser de l'eau, et prendre leur bois de chauffage.

Pour passer d'une maison à l'autre, il suffisait donc de quelques enjambées, que nous nous permettions, volontiers, car nous avions d'excellentes voisines : une veuve très distinguées dont le nom de famille était Constance-Léontine Clédat de la Vigerie (1) et deux grandes jeunes filles, blondes et maladives. On les sentait dans la gêne et le malheur, et de fait, j'appris plus tard, que cette noble famille ruinée par la Révolution, était tombée dans une détresse voisine de la misère, vivant surtout des libéralités de Mademoiselle Françoise Albert qui leur envoyait, chaque jour, par la porte de derrière, dérobée aux regards du public, les vivres indispensables, souvent augmentés de leur part aux gâteaux et friandises dont cette bonne tante se plaisait à régaler fréquemment ses neveux et nièces.

Les jeunes filles moururent poitrinaires ; leur mère les suivit de près dans la tombe, et, pendant leur dernière maladie, je fus très touché de voir notre tante, la vieille demoiselle Albert, les entourer de mille soins, aidée de sa vieille servante, Trézou, qui quittait le comptoir du bureau de tabac pour leur rendre les plus humbles services. C'était là des « parents pauvres » dont Mademoiselle Françoise, était plutôt fière, bien loin d'en rougir jamais ; elle ne me parlait qu'avec respect de leur vieille noblesse et de leurs malheurs.

Nous avons dit plus haut que les Lajoannie étaient alliés aux Massoulie, aux Brunie, aux Guittard (1), en un mot à

---

(1) Famille noble, dont on trouve le nom dans la liste des *capilations nobles* de l'élection de Brive en 1788.

(1) Le 26 septembre 1758, mariage à Brivezac, entre le sieur Jean Guittard (fils à feu Jean et à D^{lle} Françoise de Bourgès) et D^{lle} Marie Lajoannie (fille à feu François et à D^{lle} Marie Brunie). Témoins : noble Jean-Louis de Sainte-Marie, seigneur de La-

tout le groupe des Albert de Brivezac. Il était aussi allié aux meilleures familles de Beaulieu.

Le 25 mai 1681, nous lisons que sieur Jean Lajoannie, avocat et procureur au Parlement de Guienne était marié à D^lle Delommet, et que son fils à son baptême eut pour marraine dame Irlande de Veilhers, veuve à feu Jean Dufaure, avocat.

A la date du 25 janvier 1683, nous lisons que Catherine de Lajoannie était épouse de Jean Besse de la Latour, frère d'Etienne Besse, avocat, une des meilleures familles bourgeoises de Beaulieu, qui a donné des consuls à notre ville (en 1696, 1705, 1717, etc).

Le 25 juillet 1692, nous trouvons le baptême d'Aymard Besse, fils de Jean Besse, bourgeois et de Catherine de Lajoannie. Parrain, Aymard Besse, bourgeois ; marraine, Françoise de Faugeron.

Au baptême de François Albert, nous retrouvons encore parmi les signatures le groupe de Brivezac : en tête Lajoannie, Combes, Leymarie, Florentin et aussi Dupuy, notaire royal et juge à Brivezac.

Le 4 septembre 1741, au baptême de Marie Brunie, fille à Claude Brunie, notaire royal et à D^lle Martiale Florentin, nous voyons D^lle Marie Brunie, veuve du sieur Lajoannie. lui servir de marraine et lui donner son nom.

En fouillant d'avantage dans les Archives, nous trouverrons sans doute bien d'autres mentions des Lajoannie, Celles-ci croyons-nous, suffisent pour rendre hommage à une excellente famille trop tôt disparue, victime de la grande Révolution qui les ruina.

combe, et son fils messire Etienne de Sainte-Marie. Signé : Albert, Contrastin, Brunie, Coste, Gauch, Toulzac, docteur Couderc, Daniel, etc.

NOTE XI

sur la famille MASSALVE

La famille des Massalve, au dire de notre grand'mère, a été très nombreuse. Aussi lorsqu'ils ont quitté Brivezac, en même temp que le groupe des Albert, se sont-ils dispersés dans tous les environs, surtout à Nonards et à Beaulieu, voire même à la Grèze, car nous avons rencontré la signature d'une dame Massalve *de* Grèze (6 septembre 1674).

Plusieurs durent toutefois rester à Brivezac ou tout au moins y exercer encore des fonctions publiques. Ainsi, le 31 mai 1676, Pierre Massalve, avocat, était lieutenant de la juridiction de Brivezac, tandis que Jean Massalve est signalé comme bourgeois de la ville de Beaulieu, (2 février 1671) aux Actes de l'état civil.

Les registres consulaires nous fournissent des renseignements biographiques encore plus précieux. Dès 1630 (page 65 bis du tome 1er) nous y rencontrons fréquemment les signatures de Jean ou de Pierre Massalve, membres du conseil des prud'hommes qui assistaient les consuls de la ville dans leurs délibérations. Ils étaient donc, dès cette époque, du nombre des notables et plusieurs sont qualifiés de bourgeois ou d'avocats en la Cour.

En 1735, le sieur Jean-Pierre Massalve fut élu consul, et cette élection donna lieu a un curieux incident. Ayant estimé blessante l'opposition faite par le candidat rival, qui était un *noble*, et dont la concurrence, sans doute peu scrupuleuse, l'avait fait élire en dernier rang, il refusa obstinément d'accepter le Consulat, sous le prétexte ironique qu'élire un bourgeois, comme lui, au lieu et place d'un homme de naissance, était un acte contraire aux lois du royaume et radicalement nul.

Pour le faire revenir sur son énergique refus, les deux premiers consuls : noble Clare de Négrevergne et noble

Lagarneuve de Meynard, durent faire quelque chose comme une amende honorable, en déclarant, à deux reprises, que le sieur Massalve était d'une excellente famille bourgeoise, que son père avait été avocat, et un de ses ancêtres déjà second consul. Il finit donc par accepter, d'ailleurs de fort mauvaise grâce, en continuant à faire des réserves sur la nullité de ses élections et à signer : *Consul, malgré mes protestations*, (voir à cette date, page 342 et suivante).

Quelques années plus tard (1731), il était élu 1er consul, et il le fut encore, à diverses reprises, notamment en 1749 ; et le nom de sa famille ne cessa guère de figurer parmi les syndics ou au moins parmi les conseillers du Consulat.

Voici, brièvement résumées, quelques unes de leurs alliances :

D^{lle} Jeanne Massalve était l'épouse du sieur François de Civrac, procureur d'office à la Majorie (1er février 1684). Sieur Pierre Massalve, avocat en Parlement (11 avril 1684) avait épousé D^{lle} Marguerite de Courson qui était alliée aux Graffeuil (2 mars 1691). Et le 2 janvier 1694, leur naissait une fille Anne Massalve, dont le sieur Pierre Graffeuil était parrain.

Sieur Jean-Pierre Massalve, avocat et frère du précédent, avait épousé, vers 1692 D^{lle} Marguerite de Gimel, qui mourut le 26 décembre 1749, âgée de 77 ans, et par ce mariage s'alliait indirectement aux Massoulie. Aussi voyons-nous ce J.-Pierre Massalve signer le contrat de mariage du Capitoul avec autre D^{lle} Marguerite de Gimel.

D^{le} Anne Massalve était mariée au sieur Ignace Beffare (8 novembre 1696). Elle fut enterrée dans l'église paroissiale le 26 mars 1731. Une autre alliance avec les Beffare est signalée au 14 avril 1705.

Le 7 mai 1722, le sieur Pierre Massalve se marie avec D^{lle} Mathurine Rivière, et cette union est bénite par un cousin, maître Martial Clare (de Peyrissac). Mais voici une alliance encore plus remarquable.

Le 1er juillet 1750, maître Jean Pierre Massalve, bourgeois et premier consul de la ville de Beaulieu, âgé de 58 ans, fils à maître Pierre Massalve, avocat en la Cour, et à D^{lle} Marguerite de Courson d'Alvignac, se marie avec

D^lle Pétronille de Veilhers, âgée de 37 ans, et fille à feu Antoine Veilhers, bourgeois et à D^lle Jeanne de Salles. Témoins au contrat : Messire Jacques de Vayrac, écuyer, — Messire Jean-Joseph de Labrüe de Saint-Bazile, — Maître Jean-Baptiste Cances, avocat en Parlement, — Maître François Decosta, sieur Dugua, — qui ont signé avec maître Lacombe de Sainte-Marie, dame Marie Pétronille Veilhers, etc.

Un peu plus tard, Claude Massalve, épousait D^lle Marguerite Oubrayrie, fille du notaire royal de ce nom, et le 4 février 1788, leur naissait un fils Jean Massalve.

Tous ces détails sont tirés des débris qui nous restent de l'état civil. Ils ne contredisent en rien la tradition de notre famille que les plus anciennes alliances des Massalve furent nouées avec les Albert. Nos grand'mère et grand'tante, nées Albert, nous parlaient toujours avec complaisance de ces « vieux cousins », en nous rappelant que D^lle Martiale Albert, fille de Pierre Albert et de D^lle Antoinette Guittard, et épouse d'Antoine Couderc, avocat, avait été tenue sur les fonds baptismaux, le 16 février 1735, par son oncle Jean Pierre Massalve, bourgeois et 1er consul de la ville de Beaulieu, et sa tante Martiale Florentin qui lui donna son nom.

Malheureusement, dès les temps de la Révolution, cette famille Massalve s'est éclipsée de Beaulieu, pour se concentrer sans doute à Nonards où habite en ce moment notre ancien conseiller général M Victor Massalve. Notre grand'mère cousinait avec ses vénérables aïeux.

NOTE XII

sur la famille BRUNIE

Comme les Massalve dont nous venons de parler, les
Brunie, en émigrant de Brivezac avec le groupe des Albert,
s'installèrent dans les environs, notamment à Nonards (La
Garnie) et à Beaulieu où ils eurent de belles alliances.

Nous avons déjà vu — dans la note sur les Massoulie, —
Jean-Baptiste Brunie, de Nonards, fils à Etienne Brunie,
bourgeois de la même commune, et à D^lle Catherine de
Bétaillon, épouser, le 17 octobre 1757, D^lle Charlotte de
Massoulie sa cousine, fille du capitoul et de D^lle Marguerite
de Gimel.

Ce Jean-Baptiste Brunie ne doit pas être confondu avec
un frère aîné du même nom, que nous voyons nommé par
les consuls de Beaulieu, trésorier de la communauté, les
3 et 27 mars 1737, avec la caution de son « père Etienne,
bourgeois de la Garnie ». (Voir *Registres consulaires*, p. 513
et 515).

A l'époque de son mariage. notre Jean-Baptiste, deuxième
du nom, était en résidence au quartier Saint-Etienne de la
ville de Toulouse, où il venait d'achever ses études de droit,
et où il exerçait sans doute la profession d'avocat. Il
devait être un des protégés du Capitoul et compter sur les
immenses relations à Toulouse de son illustre beau-père
pour s'attirer une belle clientèle.

Il semble bien qu'il y fit une honorable fortune, puisque
nous le voyons, peu après, acheter le beau château d'Aillès
près de Grenade, et se faire appeler « seigneur » d'Aillès.
Nous avons dit aussi que ce fut sa fille, Marie-Paschale-
Julie. qui devint l'héritière de la fortune des Massoulie.

Toutefois, les deux époux étant cousins, l'alliance des
Brunie aux Massoulie doit remonter beaucoup plus haut,
mais nous n'avons pu en retrouver les traces.

Ils étaient aussi alliés aux de Peyrissac. Le 28 juillet 1681, le sieur Pierre Brunie avait épousé D^lle Marthe de Peyrissac.

Le 30 novembre 1726, nous voyons un sieur Brunie signer, avec les sieurs Meynard et Mailhot, l'acte de baptême de D^lle Marguerite Soissons : Parrain, noble Louis Dupuy de Dierme, écuyer ; marraine, Marguerite de Veilhers : ce qui serait au moins une forte présomption en faveur de l'alliance de ces familles.

Nous constatons les mêmes relations avec les de Costa, en voyant le sieur Gabriel Brunie, parrain de François de Costa, le 24 août 1719.

De même encore avec les Veilhers : Maître Brunie, notaire royal, fut parrain de Pierre Veilhers, le 4 décembre 1736.

Mais c'est surtout l'alliance avec les Albert et les Florentin qui nous intéresse. Or, le 12 janvier 1739, nous lisons le mariage de Claude Brunie, notaire royal à Beaulieu (1), fils d'Etienne Brunie, bourgeois et de Catherine Bétaillon, avec D^lle Martiale Florentin (2), fille de Antoine Florentin, bourgeois et marchand, et de D^lle Toinette Albert. Témoins : Jean-Baptiste Brunie, procureur en la juridiction ; maître Guillaume Batut, sieur François Combes, et Antoine Couderc, bachelier en droit civil.

De cette union, naquit une fille, Toinette Brunie, le 3 décembre 1739 ; le parrain fut Etienne Brunie, bourgeois au bourg de Nonards ; la marraine, qui lui donna son nom, Toinette Albert, épouse du sieur Florentin.

Une deuxième fille naquit bientôt après, le 4 septembre 1741. et fut nommée Marie. Parrain, Antoine Florentin, bourgeois, bisaïeul ; la marraine, Marie Brunie, veuve du sieur Lajoannie de Brivezac.

Le troisième enfant fut un garçon, nommé Claude comme son père. Baptisé le 11 novembre 1743, son parrain fut le sieur Claude Brunie, bourgeois, et sa marraine, dame Marie Florentin. Il mourut à 38 ans, le 9 juillet 1782.

---

(1) Il mourut à 69 ans, le 26 octobre 1777 et fut enseveli dans l'église paroissiale.

(2) Martiale mourut à 92 ans, le 4 décembre 1811.

Le quatrième fut Pierre, baptisé le 27 janvier 1753. Le sieur Pierre Batut, praticien et procureur, fut son parrain, et dame Toinette Brunie, sa marraine. Il devait succéder à son père comme notaire royal.

Le cinquième, une fille, fut nommée Françoise (ou Toinette 1re du nom). Baptisée le 16 mars 1759, son parrain fut François Albert, bourgeois ; sa marraine, dame Françoise de Massoulie.

Vinrent ensuite : Marie, autre Pierre et autre Toinette, dont nous avons pas les actes de naissance : soit en tout huit enfants.

Maître Claude Brunie avait deux frères : Jean-Baptiste Brunie, qualifié de patricien au palais de Toulouse, (8 octobre 1745) et maître Claude Brunie, géographe féudiste.

On appelait ainsi les juriconsultes et hommes de loi qui avaient la spécialité des recherches dans les chartres féodales et autres titres de la féodalité. Ils levaient les plans des terres et domaines des seigneurs féodaux et composaient leurs « livres terriers ». Nous avons sous les yeux le *livre terrier* de la vicomté de Turenne, ouvrage composite de notaires féudistes ; et aussi la *lière* du prieuré de Montcalm. C'est un extrait d'un papier terrier contenant la désignation de chaque héritage, et la quotité de redevance à laquelle il était obligé. Les savants juriconsultes qui ont cultivé la science féudiste ont une place à part dans l'histoire du droit français.

Cela suffit pour montrer que les trois frères Brunie avaient des professions distinguées. Claude, le notaire royal, fut parrain de son neveu Jean-Louis-Albert ; et Claude, le féudiste, parrain de sa nièce Marie-Françoise Albert.

Quant au troisième frère, Jean-Baptiste, parti pour un voyage « d'outre-mer », on ne le revit jamais plus. C'est Claude, le notaire, qui nous l'apprend dans son testament mystique, scellé de quatre cachets de cire rouge, et déposé chez son collègue maître Rivière, notaire royal à Beaulieu, le 16 avril 1756, en présence des témoins soussignés : Jean Farges aîné, bourgeois et marchand ; Antoine Chièze, maître chirurgien juré ; maître Pierre Lacoste, procureur d'office de la prévôté de Brivezac ; François Blanc, maître perruquier; Pierre Verséjoux fils à Raymond, marchand ; Jean Terrier, second du nom, fils à autre marchand ; et Antoine-Henri Rivière, praticien, tous habitants de la présente ville. (Dans nos archives de famille).

Ce fut Pierre Brunie, avons-nous dit, qui succéda à son père Claude. Voici son acte de mariage en date du 29 avril 1778 : Maître Pierre Brunie, notaire royal, juge de l'abbaye de Saint-Pierre de Beaulieu et de la Majorie, fils de maître Claude Brunie, notaire royal, et de D^{lle} Martiale Florentin, se marie avec D^{lle} Marie Rougier de Duclaux, fille de Jean Rougier sieur de Lagarouste, bourgeois, et de feu D^{lle} Jean Testut de Dupré. Témoin : Simon Valrivière, beau-frère de l'époux ; François Albert, bourgeois ; Pierre Batut, procureur d'office ; Pierre Ducham, notaire royal.

Issus de cette union : Augustin Brunie (10 mai 1780) ; — Pierre Brunie (17 septembre 1783) ; — Jean-Félix Brunie, qui eut pour parrain le docteur Jean Brel (19 novembre 1786) (1).

L'autre Pierre Brunie, fils et frère de notaire, demeura bourgeois et marchand, comme on le voit dans son acte de mariage avec D^{lle} Jeanne Certain, fille de Pierre Certain, maître chirurgien. Il leur naquit d'abord une fille, Martiale Brunie (16 avril 1782) ; puis un fils, Pierre Brunie, né le 6 juillet 1783, dont nous parlerons un peu plus loin ; enfin une autre fille, Ursule, née en 1785.

Parmi les alliances des Brunie, citons encore celle avec la famille Valrivière de Beaulieu (2). Le 10 septembre 1771, nous lisons l'acte suivant : sieur Simon Valrivière, bourgeois, fils de sieur Jean Rivière, bourgeois, et de défunte Jeanne Bordarie, épouse D^{lle} Antoinette Brunie, fille à Claude Brunie, notaire royal, et de D^{lle} Marie Florentin.

---

(1) L'un d'eux, dont nous ignorons le prénom fut juge de paix de Beaulieu au 1er pluviôse an II. (Voir les registres de la municipalité).

(2) Les Valrivière étaient originaires de Carennac (Lot) où ils occupèrent un rang important dans la bourgeoisie. Leur belle maison natale (aujourd'hui maison Charlot) a une cheminée de pierre sculptée fort curieuse.

Témoins: Pierre Brunie, frère de l'épouse ; Jean Valrivière, frère de l'époux ; François Albert, bourgeois ; sieur Pierre Batut, greffier à Beaulieu.

De cette union naissait un fils Antoine Valrivière, baptisé le 18 octobre 1774, dont le parrain fut Antoine Florentin son bisaïeul, et la marraine, Marie Valrivière sa grand'-tante.

Par les Florentin, les Brunie devenaient aussi les alliés des Batut, des Terrier et des Duport.

Maître Pierre Batut, procureur d'office, fils de Guillaume Batut et de D^lle Marie Florentin, épousait le 24 février 1767, D^lle Anne Terrier, fille à feu Jean Terrier, marchand, et à défunte Jeanne Duport. Il prenait pour témoins : Sieur Claude Brunie, Jean Terrier, notaire royal, Jean Terrier son frère et Jean Batut son propre frère.

Encore, par les Florentin, ils s'allièrent aux Broquerie.

Le 17 mars 1767, Marie Broquerie, fille à Antoine Broquerie, bourgeois et marchand, et à D^lle Antoinette Florentin était tenue sur les fonds baptismaux par son oncle François Albert, bourgeois et marchand, et par sa tante Marie Brunie. Ont signé : Albert, Bertrand Brunie, Antoinette Brunie, etc.

Enfin, c'est par les Valrivière qu'il s'allièrent aux vicomtes d'Anteroche, originaires comme eux des environs de Nonards (L'audubertie, paroisse du Puy d'Arnac). En effet, le 8 janvier 1846, D^lle Joséphine Valrivière (fille de Jean, huissier royal et de D^lle Antoinette Champ) épousait Jean-Joseph d'Anteroche (fils de Joseph Paul, marié à sa cousine germaine D^lle Marie-Judite-Joséphine d'Anteroche, troisième fille du vicomte Jean Blaise, mort pendant l'émigration (1798).

En terminant cette nomenclature un peu aride mais indispensable à la précision de l'histoire, qu'on nous permette un souvenir personnel.

Notre vénérée grand'tante Françoise Albert, aimait beaucoup la famille Brunie, surtout son digne parrain Claude, le féudiste, dont elle avait gardé un si bon souvenir ; mais elle professait un véritable culte pour son cher cousin Pierre Brunie, le fils d'autre Pierre bourgeois et marchand et de D^{lle} Jeanne Certain, dont nous avons parlé un peu plus haut.

Françoise et Pierre étaient à peu près du même âge, — et l'on sait le grand rôle que l'âge a toujours joué dans les affections familiales, — mais Pierre était un esprit si distingué, d'un caractère si séduisant, qu'il avait facilement charmé sa cousine. De fortes études et quelques hautes influences l'élevèrent en peu d'années jusqu'aux fonctions de directeur des Contributions indirectes dans le département de la Corrèze, et lui firent décerner la croix de la Légion d'honneur.

Son mariage avec une riche héritière, D^{lle} Louise Sarteton, veuve de Chamard, qui lui apportait la magnifique propriété de La Gente près de Tulle, sembla l'éloigner quelque temps de Beaulieu et de ses anciens amis. Mais l'amitié, loin d'en souffrir, ne fit que s'attiser davantage.

Nous conservons sa volumineuse correspondance avec ses amis de Beaulieu, surtout avec sa chère cousine Françoise, dont la lecture est vraiment touchante, tant elle révèle d'élévation et de simplicité, surtout de bonté d'âme. Après avoir été maire de sa commune de Laguenne et lui avoir fait tout le bien dont il était capable, il vit approcher — ou plutôt il hâta — l'heure du retour dans sa ville natale, et la fin de son exil.

Vers 1855, par ses ordres, sa maison de Beaulieu, voisine de celle de Françoise Albert, est restaurée et mise en état de recevoir leurs anciens hôtes. Tout est prévu dans les moindres détails, jusqu'à cette *fenêtre postiche*, exécutée par le peintre Malaurie, sur une façade de derrière, devenue façade principale par le percement de la nouvelle route. Preuve que le maître tenait au coup d'œil extérieur, non moins qu'à l'aisance et au confort intérieur.

L'arrivée des Brunie fut un jour de fête pour D^{lle} Françoise, et l'on peut dire qu'il se perpétua sans nuage jusqu'au jour des séparations éternelles.

Cependant il y aurait eu de graves sujets de tristesse dans le ménage Brunie : point d'enfants, et une épouse atteinte d'une maladie nerveuse pire que la mort, et que le bon M. Brunie avait un merveilleux talent de calmer par tous les artifices de sa délicatesse et de son bon cœur (1). Lui-même, atteint d'une hydropisie menaçante, souffrait sans se plaindre, sans vouloir être plaint, et accueillant toujours ses voisins et voisines avec un sourire aux lèvres.

La source de cette grandeur d'âme, nous étions alors trop enfant pour la deviner, mais la lecture que nous avons faite naguère de sa correspondance avec Mademoiselle Françoise, nous la montre avec évidence dans la force et la délicatesse de sa foi chrétiecne. Il était chrétien pratiquant et d'une vie si exemplaire qu'il fut élu *vice-prieur* de la célèbre confrérie des Pénitents bleus de Beaulieu, fonctions qu'il exerça, croyons-nous, jusqu'à sa mort.

Le 18 novembre 1858 fut le dernier jour pour M. Pierre Brunie : il rendit sa belle âme à Dieu avec tous les sentiments de résignation et de confiance, dignes d'un vrai chrétien. Il avait 75 ans d'âge et une douzaine de sa retraite à Beaulieu. Tout le quartier de la Chapelle fut en deuil, et sa bonne voisine, mademoiselle Françoise Albert le pleura comme un frère.

Ses funérailles furent magnifiques : les honneurs militaires lui furent rendus ; et c'est la première fois que je vis des soldats décharger leurs mousquets sur une tombe en signe d'adieu éternel !

En mourant, il laissait une sœur cadette, la vénérable mademoiselle Ursule Brunie, bien connue pour sa piété et sa bonté d'âme, qui ne mourut qu'à 90 ans, le 28 février 1876.

Il laissait aussi un neveu Henri Brunie, et une nièce Pauline Brunie (2) Celle-ci fut mariée à M. Eugène Floucaud, percepteur de Beaulieu (1853). Celui-là, qui aurait dû perpétuer le nom, mourut dans la force de l'âge et bien tristement. Entré dans la carrière de son oncle, elle fut brusquement interrompue par une maladie cérébrale pire que la mort.

---

(1) Cependant elle survécut à son mari et ne mourut qu'à 80 ans, le 29 juillet 1861.

(2) Ils étaient fils de Jean Brunie, ancien employé des contributions indirecte et de D^{lle} Catherine Colin.

Ce fut M. Louis Farges qui se dévoua pour aller le chercher à Nimes, espérant que l'air natal pourrait peut-être le calmer ou le rétablir : c'était une illusion. Il fallut bientôt le changer de résidence, et il mourut rapidement.

Ainsi s'éteignait tristement à Beaulieu le nom, respecté de tous, des Brunie ; mais il continue à survivre dans ce bourg de Nonards qui fut, après Brivezac, leur berceau natal.

Les plus connus furent : Antoine-Armand Brunie, avocat, maire de la Marboutie, qui acheta à mademoiselle Aline de Teyssieu, heritière des Peyrissac, le château du moulin d'Arnac, de moitié avec son frère Mgr Pierre Guy Brunie, ancien préfet apostolique de l'Inde française, chanoine honoraire de Saint-Denis à la Réunion et de Tulle, président d'honneur de l'Institut d'Afrique, chevalier de la Légion d'honneur. Ce prélat mourut le 12 juin 1888, et son éloge funèbre fut fait par M. Pallier, curé-doyen de Beaulieu.

NOTE XIII

sur la famille GUITTARD

Ayant déjà eu l'occasion de parler de cette très ancienne famille de Brivezac, nous n'aurons que peu de choses à y ajouter (p. 107, etc.).

Tout d'abord, nous remarquons avec un certain étonnement, que dans le groupe des familles alliées aux Albert, c'est la seule qui n'ait point voulu quitter sa bonne ville de Brivezac, même après sa dévastation et sa ruine à peu près complète par la guerre de Cent ans. Toutes les autres se sont dispersées dans les environs; et la plupart ont été séduites et attirées par le site enchanteur et la facilité du négoce de la ville naissante de Beaulieu. Pourquoi cette obstination ou cet attachement des Guittard pour une antique cité devenue un simple village ?

La raison assurément nous en est inconnue. Cependant nous pouvons nous permettre une hypothèse qui ne sera pas sans vraisemblance.

Nous avons vu que le 22 décembre 1444, le sieur Jean Guittard était bailli ou gouverneur de la ville de Brivezac, et qu'en cette qualité qui lui donnait, d'après les coutumes du temps, droit de police et même de « pendaison » contre les malfaiteurs, il eut à réprimer la tentative d'escalade à main armée du fort de Brivezac, commise par un groupe de jeunes écervelés à la tête desquels se trouvait un petit neveu d'Innocent VI, Antoine de Livrono.

Nous avons vu aussi la manière peu sévère dont il usa envers une famille si honorable avec laquelle il se trouvait uni par les origines, l'amitié et peut-être aussi des alliances.

Or, on conçoit facilement que le premier magistrat d'une grande cité — surtout si cette magistrature est depuis longtemps dans sa famille — bien loin d'être tenté d'abandonner ses concitoyens dans le malheur, ait bien voulu leur demeurer fidèle, en restant à son poste, avec d'autant plus de dévoûment que leur malheur était plus grand.

Tel fut probablement le cas des Guittard, et leur persistant attachement à leur bonne ville de Brivezac paraîtrait ainsi expliqué.

Du reste, il ne semble pas que cette famille ait exercé un grand négoce, exigeant le milieu de la grand' ville.

Si nous en jugeons par les très nombreuses minutes notariées antérieures à la Révolution française que nous avons pu parcourir en entier, grâce à la complaisance de leur détenteur actuel, maître Granailles, la plupart des Guittard, dont on admire la grande et belle signature au bas d'une multitude d'actes(1), de toutes les époques, étaient des bourgeois lettrés, des hommes de loi, des avocats, des juges ou procureurs (avoués), etc. Ainsi au xviii° siècle, Adrien-Maurice Guittard, était avocat du roy au baillage d'Aurillac.

C'était encore des médecins, et nous avons vu que le grand-père d'Apollonie Albert, notre grand' mère, avait épousé, le 20 août 1721, Toinette Guittard, fille et petite-fille de docteurs en médecine, dont les vastes domaines ruraux, (voir inventaire du 4 mai 1738) montrent en même temps la grande aisance à cette époque.

L'un d'eux, de docteur Jean Guittard, eut même propriétés et résidence à Beaulieu : ce qui lui permit d'être consul de cette ville en 1694, (registres consulaires, an 1694, folio 17 et 77 bis) et d'y marier sa fille Toinette, qui fut notre trisaïeule, épouse de Pierre Albert.

Un vénérable parchemin des archives de la Corrèze (E, 297) nous montre un autre Jean Guittard, probablement le fils du gouverneur de 1444 à Brivezac, occupé à arrondir ses propriétés de famille, dès l'an de grâce 1477.

Le déclin de cette très vieille famille semble avoir coïncidé avec la Révolution qui ruina matériellement tant de gens, et, en fermant les écoles, priva leurs enfants de l'instruc-

____

(1). Voir, par exemple, la très belle signature de Pierre Guittard, procureur (avoué), en date du 14 mai 1658 (minutes Debourdet, n° 69).

tion qui aurait pu les maintenir à leur rang ou leur permettre de se relever.

Les Guittard de Brivezac ont donné à Beaulieu un échantillon de ces enfants de bonne famille déchue, sans lettres et sans instruction mondaine, mais cachant encore sous des dehors et des habitudes rurales, la volonté, l'énergie, la maîtrise d'une vieille race, ajoutons aussi la foi profondément enracinée d'une vieille race chrétienne.

Nous voulons parler de la religieuse fondatrice de nos sœurs garde-malades de la Miséricorde de Beaulieu, institution aujourd'hui si prospère.

Mère Guittard était née à Brivezac en 1818. A l'âge de trois ans, elle perdit sa mère, et son père peu de temps après. Aussi l'instruction de cette pauvre orpheline fut-elle complètement négligée par les parents ruraux qui la recueillirent.

En revanche, son éducation fut très chrétienne et développa en elle, parmi bien des vertus, une humilité profonde et une force d'âme remarquable, qui lui permettront de surmonter les obstacles innombrables et les railleries presque universelles que sa fondation religieuse allait bientôt rencontrer.

Jeune fille, elle avait désiré ardemment d'être religieuse, et avait déjà vainement frappé à la porte de plusieurs couvents, qui hésitèrent à recevoir une personne si peu instruite et d'apparence si vulgaire. C'est alors qu'elle eut l'idée audacieuse de fonder elle-même une association de pieuses compagnes se trouvant dans le même cas : toutes animées d'une vocation religieuse, et ne découvrant de refuge dans aucun couvent.

C'est d'elle-même que nous tenons ces aveux, modestement répétés bien des fois, notamment en la présence de notre vénéré pasteur de la paroisse, M. le chanoine Pallier. Celui-ci lui demanda, un jour, devant nous : « Alors, qu'allez-vous faire avec vos compagnes ? » — « Donner le bon exemple à vos fidèles, répondit-elle humblement, en attendant que la Providence nous indique notre voie ».

Cette réponse était très vague, assurément, aussi souleva-t-elle non seulement de sages critiques, mais des rires et quolibets quasi universels. Au fond cependant, elle était pleine de bon sens, pleine surtout de cet esprit surnaturel, la confiance en Dieu, qui est le cachet des œuvres divines. Tôt ou tard, en effet, Dieu indique leur voie à des âmes qui se donnent à lui et n'aspirent qu'à le servir ingénument.

Arrivée à Beaulieu avec plusieurs compagnes, sans aucune ressource, sans autre trésor que leur foi robuste en la divine Providence, Mère Guittard s'adressa d'abord à notre grand' mère qui cousinait encore vaguement avec elle. Mais celle-ci, mère d'une nombreuse famille et ne pouvant se permettre trop de largesses, eut l'idée de l'adresser à une amie intime, célibataire et riche, mademoiselle Victorine Dufaure du Bessol, tante du général de ce nom, qui elle aussi avait rêvé d'une vocation religieuse.

L'entrevue des deux aspirantes fut pour elles un trait de lumière. Et si mademoiselle du Bessol fut empêchée par la noblesse de sa famille et l'opposition de l'opinion publique de devenir Supérieure d'un groupe de filles d'aspect si modeste, sa protection cordiale et généreuse n'en fut pas moins assurée à l'œuvre nouvelle.

On l'installa tant bien que mal, plutôt mal que bien, dans quelques pièces délabrées de l'ancienne maison des Pères Jésuites, rue de la Chapelle, et c'est là dans de bien pauvres cellules que la vénérable Mère Guittard, pendant onze années consécutives et jusqu'à sa mort, (1861-1872), forma et dirigea sa petite communauté, avec un grand zèle et une constante fermeté, malgré les moqueries de la foule, malgré les hésitations et les doutes du clergé lui-même, et avec un succès toujours croissant, — grâce à l'appui de notre grand' mère, de mademoiselle du Bessol, qui en fut toujours la dévouée tutrice, et de leurs nombreux amis ; — grâce aussi aux sages conseils du pieux abbé Billière, ancien aumônier des Ursulines de Beaulieu, qui leur resta fidèle et vint mourir chez elles.

Aujourd'hui le nouvel ordre a enfin trouvé sa voie dans l'assistance aux malades, en même temps que les promesses de la prospérité.

Ainsi, pour les vieilles familles, comme dans la nature, les couchers du soleil ressemblent parfois à des aurores naissantes...

NOTE XIV

sur les familles COSTE, DECOSTE, LACOSTE, COSTA, de COSTA

Tous ces noms : Coste, Decoste, Lacoste, Costa, de Costa,
nous paraissent désigner divers rameaux d'une seule et
même famille de Beaulieu, au moins à l'origine.

Pour s'en convaincre, il suffirait de parcourir, comme
nous l'avons fait, les Actes de l'état civil, depuis des siècles,
et de constater le peu d'importance que l'on attachait
autrefois aux particules *de, du, de la, la*.

D'abord, nous l'avons déjà observé, ces particules sont,
pour ainsi dire, *de droit* pour les femmes qui indiquent
ainsi qu'elles sont *nées de* telle famille, ou bien qu'elles sont
femmes de tel mari.

Les hommes, qui ne croyaient pas avoir moins de droits
que les femmes, s'en emparèrent aussi parfois, pour arrondir leur nom ou le rendre plus sonore, surtout en y ajoutant
le nom d'une terre, et cela se pratiquait alors, très ouverte-
ment sans aucune prétention nobiliaire, puisqu'on peut
avoir la particule sans être noble, ou être noble sans particule, — comme nous l'avons déjà expliqué (p. 159.)

De leur côté, les officiers de l'état civil — alors curés et
vicaires — n'y voyaient aucun mal, et s'y prétèrent avec
empressement.

Exemples. — L'acte du 5 janvier 1729 (mariage de Jean
Lacoste) qui annonce comme témoins Jean Coste et Antoine
Coste, est signé : Coste et Décoste. Celui du 21 septembre
1738 qui annonce le même Jean Coste est signé Decoste (en
un seul mot). De même, le 13 avril 1749 et le 17 mai 1876.

Celui du 9 novembre 1731, annonce pareillement un Jean
Coste, et il est signé : De Coste (en deux mots). De même,
le 1ᵉʳ juin 1787.

L'acte de décès de Guillaume Coste, notaire royal, (12 septembre 1692) enregistre la mort de Guillaume de Coste.

Au baptême de Jean Coste (11 juin 1766) le sieur Lacoste se déclara grand-père paternel et signé : Lacoste.

Le baptême du 9 août 1711, annonçant comme marraine D^lle Jeanne de Coste, est signé La Coste. Et tantôt on écrit La Coste, en deux mots, tantôt Lacoste en un seul mot. De même que Decoste, alterne avec Décoste et de Coste.

Bien loin d'être spéciale à la famille Coste, cette anomalie se retrouve dans presque tout les autres noms commençant de la même manière : les exemples suraboudent. Ainsi maître Aimar Martinie, prêtre, signe Lamartinie (16 mai 1730) ; Jean Vialle, signe Lavialle et même Delavialle (voir *note* xix) etc.

Preuve manifeste que ces particules étaient alors considérées comme de peu d'importance ou d'une importance nulle. On n'y voyait qu'une question d'orthographe, dont la solution arbitraire et variable pour les noms propres ne fut définitivement fixée qu'après plusieurs siècles d'usage.

Du reste, les noms de pays ou de ville furent sujets aux mêmes variantes, ainsi Vaurs (Vauriensis) et devenu Lavaur, etc.

Au xviie siècle, et peut-être longtemps avant — mais les documents nous font défaut — ces familles Coste, Decoste, Lacoste, étaient bourgeoises et d'un rang distingué, nous allons en faire la preuve.

Maître Guillaume Coste ou Decoste (1642-1692) était notaire royal ; le 6 juin 1674, il signe en cette qualité, jusqu'en 1684, tandis que maître Jean Lacoste, signe comme procureur fiscal, le 7 février 1675 et le 13 juin 1683. Son fils François Lacoste succéda à son père comme procureur fiscal de la juridiction de Beaulieu, et en exerça les fonctions jusqu'au 4 août 1735, où il fut remplacé par sieur Pierre Lafon.

Maître Jean Coste, fils de Guillaume, était aussi notaire royal ; il se maria avec D^lle de Besses, dont il eut un fils : Pierre Coste, baptisé le 30 juillet 1675. Parrain : sieur Pierre Oubrayrie, notaire royal, et marraine : D^lle Marguerite Materre alliée des Albert.

Antoine Coste était pareillement notaire royal (20 janvier

1682), Antoine Lacoste est dit bourgeois (7 janvier 1683).
Autre Guillaume, notaire royal, le 11 juillet 1690. Il mourut
le 26 février 1692, âgé de 52 ans seulement : on le suppose
allié aux Salles.

François Coste (signé Lacoste) est qualifié de praticien, le
10 avril 1699 ; après avoir été longtemps secrétaire des
assemblées consulaires, il devint consul, en 1701. (Voir
Registres cousulaires de cette époque).

Autre François Coste est qualifié bourgeois, le 27 juillet
1701.

Vers la même époque, D^lle Jeanne Lacoste épousait le
sieur Ignace Chazal, dont la famille a donné à la ville de
Beaulieu nombre de notaires royaux et de consuls. Elle
mourut veuve, à 80 ans, le 22 novembre 1760.

Le sieur Jean-Coste, bourgeois, est marié à D^lle Josephe
Materre, qui devait être une ds ses cousines, le 29 octobre
1703. Il mourut le 7 novembre 1739, à l'âge de 60 ans, et fut
enterré dans l'église paroissiale.

Pierre Lacoste, greffier, est dit fils de François Lacoste,
procureur d'office et allié aux Ducham (27 mai 1727). En
effet, le 27 juin 1726, Pierre Lacoste, bourgeois, avait épousé
D^lle Catherine Ducham ; témoins : Pierre Albert, bourgeois
et marchand, maître Pierre Lafon, etc. Il fut consul en 1716
et 1734.

En 1709, nous trouvons un autre Guillaume Coste, notaire
royal, marié à D^lle Antoinette de Serre (27 novembre 1709).

Le 26 octobre 1714, dame Suzanne Decoste, est dite épouse
du sieur Jean-Louis Mailhot, sieur du Peyriget ; et dame
Françoise Coste, femme du sieur Joseph Audubert (12 novembre 1716).

En 1726, maître Jean Coste est qualifié de praticien.

Le 11 août 1715, un sieur Coste est dit l'époux de D^lle Josephe Materre, sœur de Louis Materre, docteur en médecine
et consul. L'acte du 21 avril nous apprend qu'un sieur Pierre
Lacoste, bourgeois, était marié à D^lle Catherine de Salles et
allié aux Ducham de Lageneste.

Le 15 mai 1735, décès de maître François La Coste, procureur d'office en la présente juridiction, âgé de 60 ans environ.

Le 20 septembre 1736, mariage de maître Jean Coste ou Decoste, procureur, fils de Jean Decoste et de Josephe Materre, avec D^lle Marie-Anne Couderc, fille à Jean Couderc et à D^lle Toinette Combes. On remarque la belle signature de Décoste, procureur, et aussi celle du sieur *Broucairie,* qui signera *Broquerie,* le 12 septembre 1737.

L'acte du 17 juillet 1738, laisse supposer que le sieur Pierre Coste, bourgeois, marié à D^lle Catherine Ducham de la Geneste, était aussi allié à Pierre Rivière, bourgeois et consul.

Le sieur Pierre Coste, bourgeois, se marie avec D^lle Pétronne (?) Ducham (1er novembre 1740).

Le 30 mai 1744, nous constatons que dame Jeanne Lacoste était mariée au sieur Chazal, bourgeois, dont elle eut un fils, Antoine Chazal, plus tard marié avec D^lle Suzanne de Costa, alliée aux d'Estresse.

Le 13 avril 1749, le sieur Jean Coste (signé : Decoste) est témoin au mariage de noble Jean Simphorien de Turenne, écuyer, chevalier de l'ordre de Saint-Louis, capitaine dans le régiment de Bourbonnais, — avec D^lle Marguerite Mailhot.

Il signe l'acte avec son cousin Decosta. Preuve manifeste que les Coste étaient alors d'une assez haute bourgeoisie pour frayer avec la noblesse telle que les seigneurs de Turenne de Beaulieu.

Nous trouvons même leur nom parmi les émigrés.

Le 10 novembre 1755, le sieur Jacques Coste, bourgeois, maître apothicaire, épouse D^lle Françoise Ducham, fille au sieur Jean Ducham, bourgeois et marchand. Or, leur fils Jean Coste, volontaire au 1er bataillon de la Corrèze, partit pour l'émigration, et fut porté sur la liste des émigrés (18 frimaire an V), à côté de noble Raymond Noël Ducham Lageneste, dit Crozefon ; le premier y figure sous le n° 12, et le second sous le n° 13.

Voici d'autres alliances très honorables avec des familles consulaires.

Un autre Jean Decoste, aussi maître apothicaire, avait épousé D^lle Catherine Florentin, fille à Joseph Florentin, bourgeois et marchand (29 juillet 1768) et sa femme Catherine, qui est dite veuve, au 7 mai 1778, mourut à 89 ans, le 27 janvier 1827.

Maître Jean-Pierre Lacoste, huissier royal, était marié à D^lle Marie Rivière, au 3 décembre 1750.

Maître Joseph Coste est qualifié de maître chirurgien, au 10 janvier 1810. Il était fils de feu Jacques Coste, maître apothicaire et de Catherine Ducham, et neveu de maître Pierre Colomb, avocat, (voir l'acte de décès de celui-ci, au 29 fructidor an XI). Il se maria avec D^lle Adélaïde Bareau de Bretenoux, fille à Pierre Bareau et D^lle Adélaïde Gindre (29 pluviose, an II).

Le 26 messidor an III, D^le Catherine Coste, fille de feu Jean Decoste et de D^lle Catherine Florentin, épouse M. Mathurin Moulin, propriétaire. Témoins : Massoulie, Albert, Couderc, Ducham, Brunie, Mialet de Brunie, etc.

Au 17 nivôse an VII, il est dit que D^lle Catherine Decoste avait épousé maître Jean Ducham, notaire.

La même année, au 12 messidor, Joseph Coste est dit officier de santé. Son parent Coste était juge de paix à Beaulieu, en 1812, etc., etc.

Inutile de multiplier davantage des citations toujours arides et laborieuses, pour bien montrer que la famille dont nous nous occupons a tenu un rang très distingué dans notre bonne ville de Beaulieu : le fait est hors de doute.

Abordons la question autrement délicate de son origine italienne. Pouvons-nous en fournir quelque preuve ou tout au moins quelque forte présomption ?

Tout d'abord, nos traditions de famille sont pour nous incontestables. Les Coste et Décoste font sûrement partie du groupe émigré des Albert et des Florentin, venus de Brivezac à Beaulieu. Vingt fois j'en ai entendu l'affirmation sur les lèvres de ma grand'mère ou de mes grand'tantes qui traitaient ces chers parents et aussi voisins — car ils habitaient en face des Albert et causaient souvent de fenêtre à fenêtre, — avec une particulière amitié, cimentée par de longues générations.

De plus, ces Coste et Décoste, on les appelait autrefois, avec leur désinence nettement italienne : Costa et Decosta, soit dans notre vieille langue patoise, soit dans les plus anciens registres de nos confréries.

Enfin, ils cousinaient avec nos barons de Costa, longtemps

avant que ceux-ci fussent devenus barons du premier empire (1). Et pour preuve authentique de notre affirmation, qu'il nous suffise de souligner ce fait déjà cité en passant. Le 13 avril 1749, au mariage de noble Jean Symphorien de Turenne, écuyer, chevalier de Saint-Louis, capitaine au régiment de Bourbonnais, avec D^{lle} Marguerite Mailhot, fille d'un consul de la ville de Beaulieu, nous voyons figurer côte à côte les signatures de deux témoins du contrat, celle du futur baron de Costa et celle du sieur Jean Coste (signé *Decoste*). Or, ce rapprochement des deux signatures dans une même fête de famille nous impressionne et nous laisse rêveur... Est-il bien sûr qu'il n'y ait là qu'un rapprochement fortuit ? Non, assurément, cela est impossible. Les témoins d'un mariage distingué ne sont pas choisis au hasard, mais parmi les parents ou les alliés.

D'autre part, le seul nom de Costa, avec sa terminaison nettement italienne et qui s'obstine encore à demeurer réfractaire à toute francisation, n'est-elle pas une preuve suffisante d'origine ? Frappé par cette désinence étrangère, un de nos plus érudits compatriotes, J.-B. Champeval, y a vu une « *forme latine qui s'est fixée à l'ablatif* » (Diction. des familles nobles et notables, t, I. p. 368). Cela est vrai sans doute, mais ce fait est contraire au génie de la langue française qui n'a point d'ablatif, même dans le plus vieux français (2), tandis qu'il est fréquent et même normal dans la langue italienne. La preuve d'origine italienne est donc faite. A cet argument linguistique s'ajoute la tradition de la famille De Costa, qui s'est toujours dite sûrement étrangère et sans doute italienne.

Notre thèse de l'existence à Beaulieu d'un groupe de familles italiennes émigrées avec les Albert et les Florentin, dès les âges les plus lointains que nous avons réussi à préci-

---

(1) Les Costa ou De Costa, sieurs de Nallé (Liourdres), de la Bétalie (le Batut) et du Gua, furent anoblis par Napoléon 1er, avec le titre de baron.

(2) La langue d'oïl, même à sa naissance, n'eût qu'une déclinaison à deux cas : sujet et régime, sans génitif, ni datif, ni ablatif, qui disparut dès le xive siècle.

ser, nous paraît désormais une thèse hors de doute, aussi bien prouvé que des origines si lointaines peuvent le permettre. Et dans ce groupe nous n'hésitons plus à placer avec certitude les Coste et Decoste, et aussi fort probablement les Costa devenus Decosta et puis de Costa.

Ajoutons que parmi les Decosta, plusieurs essaimèrent vers le midi. M. Champeval en a rencontré, dès 1500, à Miers (Lot) instrumentant en qualité de notaires royaux, et une autre branche se fixa à Toulouse, où elle donna des Capitouls à cette ville, à l'exemple des Massoulie de Beaulieu, après avoir étudié au Collège Saint-Martial d'Innocent VI, et pris leurs grades en droit, *in utroque*, dans la célèbre Université.

Malheureusement ces familles, jadis si brillantes, n'ont pu échapper aux visciscitudes de la fortune. Les Coste et Decoste, depuis des années, se sont éclipsés du rang de la bourgeoisie, quoique plusieurs d'entre eux portent encore sur leurs traits et dans leurs manières la distinction d'un noble sang. Et les de Costa « tombés en quenouille », viennent de disparaître du pays.

Dans son testament, M. Louis Albert, laissait un legs de 2.000 fr. à son cousin Coste, qu'il savaient être dans la gêne, et ce n'est pas la seule libéralité faite par la famille Albert à ces excellents cousins.

Les Décoste, habitèrent longtemps au quartier de la Chapelle la maison en face de la leur, où mourut le vénérable abbé Décoste, curé retraité de Pazaillac, et ce bon voisinage ne contribua pas peu à maintenir l'union des deux familles.

C'est le bon curé Décoste que notre père Louis Farges choisit pour bénir son mariage, et pour baptiser l'un de ses enfants, Eugène, futur colonel.

Celle qui fut, croyons-nous, la dernière survivante de ce nom, D^lle Aimée Décoste, nièce et héritière du bon curé, avait épousé l'intelligent et très aimable M. Courteau, maître taillander depuis de nombreuses générations, dont le grand-père Etienne, allié aux Farges par les Fombazou — comme nous l'avons déjà expliqué — avait été parrain de messire Etienne Farges, le célèbre prieur de Montcalm, auquel il donna son prénom.

Le vénérable et excellent curé Décoste fut le dernier
garçon de cette bonne famille, et l'on peut visiter au cimetière
sa tombe originale, qu'il s'était préparée longtemps à l'a-
vance, et où il avait fait sculpter aux quatre coins, le
bonnet carret à quatre cornes, un des insignes des prêtres
dans leurs fonctions sacerdotales. Loyal et franc, il était
aimé de tous, à Pazaillac comme à Beaulieu. — *Requiescat
in pace!*

NOTE XV

sur la famille BIGET

La famille Biget a été une des bonnes familles bourgeoises
de Beaulieu. Il suffit pour le montrer d'énumérer sans com-
mentaire leurs principales alliances.

Aymard Biget était fils de Pierre Biget et de D^{lle} Françoise Mondet, famille bien connue d'avocats, de chirurgiens,
de consuls, etc. (30 mai 1691).

Ils étaient alliés aux Cabrol (7 décembre 1691) et aux
Veilhers. Ainsi Jean Veilhers était fils de Jean Veilhers
bourgeois, et de D^{lle} Marie Biget. Il eut pour parrain, Jean
Cayssac, bourgeois ; pour marraine, D^{lle} Madeleine de
Biget (16 juillet 1689).

Or, Jean Veilhers, le père, qui fut greffier (3 janvier 1694)
était allié aux Salles et aux Reymondie (5 janvier 1694). Il
devait être aussi allié aux Métivier, car nous voyons son
frère Antoine Veilhers, avoir pour parrain, messire Antoine
Métivier, docteur en théologie, et pour marraine, Jaquette
de Veilhers, épouse du sieur Cayssac, bourgeois. Le parrain
absent fut remplacé par maître François Métivier, avocat
en Parlement (21 septembre 1690).

Une autre demoiselle Marie Biget, avait épousé sieur
Jean Coulon, bourgeois, (22 mars 1681), allié aux Albert et
aux Duchamp.

Le 20 mai 1790, le sieur Jean Farges, bourgeois, (le frère
de messire Etienne, prieur de Montcalm) épousait D^{lle} Madeleine Biget, fille à Jean Biget aîné, et à D^{lle} Catherine
Arfeuil.

Le 1er décembre 1791, le sieur Pierre Glanadel, marchand,
épousait D^{lle} Madeleine Biget, et parmi les témoins du
contrat, on remarque messire François des Lasserre, seigneur de Puyservier.

D^{lle} Madeleine Biget, veuve du sieur Jacques Fabre, fut marraine du sieur Jacques de Braconat (19 avril 1703), et du sieur Pierre Cabrol (12 mai 1703).

Sieur Jean Couderc, bourgeois et marchand, avait épousé D^lle Marianne Biget (28 juin 1724), et Aymard Biget fut fut parrain d'Antoine Couderc, le futur 1er consul (22 mai 1707).

Jean-Jacques Biget était fils d'Aymard Biget et de D^lle Antoinette Dufaure (Dubessol). Son parrain fut messire Jean-Jacques d'Estresse, seigneur de la Majorie, de Presque et autres lieux ; sa marraine D^lle Madeleine Fabre (4 avril 1709).

Le 3 décembre 1705, Piérre Biget et son fils Aymard, sont qualifiés « hôstes de la ville », c'est-à-dire maîtres d'hôtel. Aymard mourut à 40 ans, le 26 mai 1716, et son père à 75 ans, le 12 février 1722. Les deux actes de décès portent le même qualificatif.

Cette profession indique encore une certaine aisance, et ce n'est que plus tard que la fortune cessa de sourire à cette famille et de lui permettre de maintenir son rang social. Cependant elle fut toujours honorable.

Et lorsque, en 1858, le vénérable curé Vieillefond eut besoin d'un sacristin pour remplacer le vieux père Beaufort, il jeta les yeux sur Jean-Baptiste Biget dont le père avait été le trésorier bien dévoué de l'hospice de Beaulieu, et membre très actif des Pénitents bleus.

Ce père Beaufort auquel il succédait, était un de ces vieux types de patriarches dont le moule est brisé. Sa mémoire, longtemps vivante à Beaulieu, excusera une petite digression de notre sujet (1).

Je crois encore le revoir assis dans une des stalles du milieu du chœur, à proximité des cordes de ces cloches qu'il allait mettre en branle, la tête coiffée de ce casque-à-mèche ou bonnet de coton bleu, qui a tant amusé notre enfance, peu accoutumée à un genre de coiffure si peu liturgique.

Mais nos rires d'enfants le laissaient impassible, et il continuait impertubable à sonner *ses* cloches, à ranger *ses*

---

(1) Pierre Beaufort, fils de Pierre et de D^lle Antoinette Laurié, veuf de Jeanne Garigue, décédé le 27 août 1858 à 89 ans.

chaises, à commander à *ses* enfants de chœur, et même un peu à tout le monde, car il était le maître dans *son* église.

Profitant de cette autorité indiscutée, et sans doute avec la permission de son curé, M. Joseph Laplace, c'est lui qui se chargea, après Waterloo (1815), de cacher dans le dôme de l'église, le maréchal Ney, prince de la Moskova, errant et fugitif, qui était venu demander un asile chez son beau-père M. Augueir, propriétaire du château du Moulin d'Arnac, puis dans le voisinage, au pays du général Marbot. Chaque jour, matin et soir, le vieux sacristain lui portait à manger dans sa cachette et veillait à tous ses besoins.

Mais le maréchal n'eut pas la patience d'y rester longtemps enfermé ; il s'échappa bientôt en traversant la Dordogne dans une barque, et se dirigeait sans doute vers le château de Bras où les Marbot habitaient, lorsqu'il fut arrêté le 3 août 1815, par ordre du préfet du Cantal, et conduit, sous bonne escorte, à Vincennes où l'on sait le triste sort qui l'attendait.

Jean-Baptiste Biget fut donc le successeur du vieux père Beaufort, en 1858. Très digne et très zélé dans ses fonctions, il s'en acquitta fort longtemps († 1873).

Il eut deux fils : l'aîné, Pierre, qui fut prêtre et curé de Thonac-sur-Vézère en Périgord, mort à Beaulieu le 8 novembre 1911 ; et le cadet, Jean-Léger-Henri qui lui succéda dans sa charge, jusqu'à sa mort (13 août 1905). Ils étaient cousins du sénateur Bussière, dont le grand-père, le sieur Jean Bussière (de Tulle) s'était marié à D^{lle} Marie Biget, le 4 juillet 1826.

NOTE XVI

sur la famille PONCHIE

Cette famille très ancienne, alliée aux Albert, a habité Beaulieu moins longtemps que dans la paroisse voisine d'Altillac, au village du Mas de Vaur : aussi avons-nous sur elle un peu moins de documents, mais ils sont largement suffisants pour prouver son rang social.

Les registres consulaires nous montrent que le sieur Bertrand Ponchie était consul de Beaulieu, au 24 décembre 1490. Plus tard, ils citent le sieur Léonard Ponchie parmi les consuls qui intentèrent un procès au vicomte de Turenne pour la défense des franchises de notre ville. (Voir le jugement prononcé le 1er avril 1521).

Maître Pierre Ponchie est signalée comme notaire royal à Beaulieu, dans nos Actes de l'état-civil, le 27 août 1683, et dès avant cette date, en 1671.

Une de ses sœurs, D^{lle} Suzanne Ponchie, le 5 février 1674, se fit enterrer solennellement dans l'église abbatiale, et c'est le Chapitre qui officia. L'acte de décès la dit fille de Jean et de Péronne Ponchie.

D^{lle} Pétronille (ou Perrette) Ponchie est marié au sieur Joseph Salles, bourgeois, greffier de la présente ville, allié aux Veillers, vers 1710. Il leur naquit d'abord une fille, Jeanne, baptisée le 25 septembre 1712, qui eut pour marraine Jeanne de Clare, veuve du sieur Pierre Salles, bourgeois.

Puis vint un fils, Antoine, baptisé le 26 mai 1719, et dont le parrain fut sieur Antoine Veilhers.

Un autre de leurs fils, François Salles, baptisé le 4 janvier 1731, eut pour parrain sieur François Veilhers, remplacé par sieur Pierre Cayssac, bourgeois, et Marianne Veilhers pour marraine.

La même année, 20 avril 1731, on enterrait un oncle

maître Ponchie, prêtre, docteur en théologie, chanoine de Castelnau.

Vers 1750, D^lle Suzanne Ponchie épousait sieur Raymond Verséjoux, bourgeois, dont le fils Pierre Verséjoux, maître en chirurgie se mariait à D^lle de Braconac de Lacombe, fille de feu noble Raymond de Braconac, sieur de Ceppes, et de défunte D^lle Hélène de Paly. Témoins : noble Jacques de Braconac, sieur de Ceppes, conseiller au présidial de Tulle (le frère à Raymond de Braconac) ; sieur Simon Valriviére, bourgeois ; sieur Nicolas-Ignace La Brunie, ancien officier au régiment de Bourgeois ; et sieur Pierre-Raymond Mondet ; (29 mai 1775).

Les Pouchie paraissent aussi être alliés aux Challong de Bretenoux, car dans l'acte du 20 juillet 1775, nous voyons figurer un Jean-Louis Challong, étudiant en droit, habitant la ville de Bretenoux. (L'épouse de M. Mazeyrac père, notaire à Beaulieu, que nous appelions « tata » Challong, était une cousine germaine de notre grand' mère madame Daval).

Notons aussi que D^lle Pétronille Ponchie épousa à Altillac, vers 1775, noble Jean Dauvis, seigneur de Lacroze, ancien officier au corps royal d'artillerie ; et que leur fille, D^lle Antoinette de Dauvis, se maria avec noble Jean-Baptiste Arondeaux, seigneur de Monèze et Larégaudie, lequel était fils de noble Jean Arondeaux, ancien officier au régiment du Périgord, à Marsillac (29 mars 1780).

Notons enfin que Ponchie « cadet » fut élu député à l'Assemblée des Etats Généraux, le 24 mai 1789, à Mercœur.

Après la Révolution, le capitaine Léon Ponchie, vint prendre sa retraite à Altillac, au vieux château de Vaurs. C'est là qu'il épousa la sœur de notre grand'mère, Marie Albert, veuve du sieur Chaumont de Saint-Genès (1). (Contrat chez Jean Ducham, n° 3, le 17 janvier 1816). Elle y mourut le 17 août 1832 et son mari le 16 mars 1841.

Ce n'est qu'à la mort de leur oncle, Antoine Cosnac, décédé sans enfants, à 83 ans, le 15 août 1872, que les demoiselles

---

(1) Guillaume Chaumont était notaire royal à Beaulieu, en 1619 (minutes de Grenaille).

Ponchie, héritèrent du château de Sugarde, qui avait appartenu à la puissante famille des Saint-Chamant de Longueval (xve siècle), ensuite aux d'Aubery de Saint-Julien, et enfin aux de Lasteyrie, avant de passer aux Ponchie. On y voyait encore, au début du xixe siècle les *fourches patibulaires* ou potences, signe de ces droits de « haute justice », que la Révolution avait abolis.

Nous avons connu les deux dernières descendantes de cette excellente famille Ponchie : Une vieille fille du nom de Marie, et sa sœur Catherine — plus connue sous le surnom de *Ratou* — († 26 mai 1898) et veuve de M. Meignac. Leur fille unique, Thérèse Meignac, se maria avec M. Jules Argueyrolles de Miegemont, et mourut peu après, le 15 octobre 1898.

Ces deux dames Ponchie avaient la réputation d'être fort riches, surtout après l'héritage de l'oncle Cosnac, et peu dépensières. Elles firent rebâtir leur vieux château tombant en ruines au bord d'un étang, en le transportant un peu plus loin, au pied du côteau de Sugarde. La belle demeure, flanquée de deux tourelles, avait grand air, mais elle resta de longues années sans meubles et sans habitants. Le nouveau ménage Argueyrolles s'y installa, mais ne fit qu'y passer par suite du décès prématuré de la jeune épouse.

Elle est ensuite tombée aux mains d'héritiers étrangers au pays. Aujourd'hui elle est aux Poujade de Beaulieu.

La famille Ponchie ayant été très nombreuse, d'autres branches portant le même nom, habitent encore Altillac et les campagnes voisines.

Nota. — Notre maison vieille (place du Collège) fut longtemps appelée maison Ponchie, parce qu'elle avait été louée à « tante Ponchie », comme elle le fut aussi à la comtesse d'Arzac du château d'Estresse : ces châtelaines voulaient sans doute avoir un pied-à-terre à la « ville ».

NOTE XVIII

sur la famille CHIÈZE

La très ancienne famille des Chièze ou Chiéza, — comme on lit encore dans nos plus vieux registres — était alliée aux Albert et aux Farges.

Les alliances avec les Albert, comme avec les Florentin, remontent très haut, et c'est peut-être pour cela que nous n'en avons plus trouvé de trace avant 1680, dans les débrits d'actes civils qui nous restent. Mais le fait n'en est pas moins prouvé par nos traditions de famille.

Tous les Chièze que j'ai connus cousinaient avec les Albert, notamment la vénérable Mère du Cœur de Marie (D^{lle} Cécile Chièze) avec Mère Sainte Claire (D^{lle} Marguerite Albert). Malgré les années, les liens de famille étaient demeurés toujours solides.

Les alliances avec les Farges étant au contraire plus récentes, quoique moins nombreuses, nous pourrons en fournir les témoignages. En même temps, nous indiquerons d'autres alliances qui fixeront la position sociale de cette vieille famille de Beaulieu.

Elle était alliée avec les sieurs Huet qui donnèrent un consul à notre ville en 1633, et dont les signatures se retrouvent dans nos Assemblées municipales jusqu'en 1790.

Le 19 septembre 1680, nous trouvons le mariage de D^{lle} Anne Chièze avec le sieur Antoine Graffoullouze. Ce nom est manifestement dérivé de celui des Agrifolio dont nous avons déjà parlé plusieurs fois et qui eut tant de mal à se franciser correctement.

Des Agrifolio à leurs compatriotes et amis les Florentin, la transition toute naturelle n'en est pas moins remarquable.

Or, le 2 juin 1738, sieur Antoine Chièze, épousait D^{lle} Martiale Tronche, fille du notaire royal, et de D^{lle} Marie Florentin. Parmi les témoins : maître Pierre Lafon, chirurgien et Jean Cruat, marguiller. Le célébrant fut maître Tronche, curé d'Albignac.

Par ce mariage, il s'alliait aussi à la famille de maître Pierre Certain, chirurgien à Beaulieu, mais originaire de la Val-de-Cère d'où sont sortis les Certain de Canrobert et de la Méchaussée.

Sieur Antoine Chièze le père mourait en 1732 et était enterré dans la chapelle des Pénitents.

Il était aussi allié à maître Jacques de Braconac, avocat, et à D^{lle} Hélène de Paly (13 février 1735).

Le 1er juillet 1745, nous voyons le mariage d'un autre sieur Antoine Chièze, bourgeois, maître chirurgien, fils d'Antoine Chièze, et de D^{lle} Marie Escurotte, avec D^{lle} Mathurine Chassaing, fille à Jean Chassaing, bourgeois, et à D^{lle} Madeleine Combes. Le jeune chirurgien n'avait que 25 ans. Il mourut le 21 septembre 1781, à 62 ans.

Une de ses sœurs, Françoise Chièze, née vers 1725, épousa un sieur Jean Farges dont elle devint veuve et mourut à 85 ans, le 25 mars 1810. Nous avons retrouvé plusieurs actes, tel que celui du 15 avril 1790, où elle a signé : Françoise Chièze *de* Farges. Celui du 24 février 1772, nous confirme que le sieur Jean Farges était bien le beau-frère d'Antoine Chièze, maître chirurgien.

Le 1er février 1762, nous constatons une alliance avec Antoine Rivière, bourgeois, sieur de la Papetie et consul de Beaulieu.

Autre alliance avec le sieur Jean Farges, bourgeois et marchand, le 2 novembre 1764.

Le 3 septembre 1770, baptême de Marie Chièze, fille à Antoine, maître chirurgien, et à D^{lle} Madeleine Chassaing. Le parrain, Jean Farges, bourgeois et marchand, est dit oncle par alliance de la baptisée ; la marraine, D^{lle} Marie Escurotte, dite sa grand' mère paternelle.

Le 7 juin 1771, nous trouvons au bas de l'acte de l'état civil, une belle signature du sieur Jean Chièze, procureur d'office, qui dénote un homme distingué.

Quelques années après, le 25 novembre 1778, le même Jean Chièze, fils de maître Antoine, chirurgien, et de D^{lle} Madeleine Chassaing, contracte mariage avec D^{lle} Jeanne

Delaune, fille de Joseph Delaune, maître scellier, et de feu Françoise Batut. Il fut le père d'Etienne dont nous parlerons bientôt.

Le procureur d'office devenait greffier d'office en 1781, puis secrétaire-greffier du juge de paix de Beaulieu, et au baptème de sa fille Claire Chièze, le 7 juin 1791, il est inscrit en cette nouvelle qualité. Le parrain de Claire fut Pierre Brunie, notaire royal et juge de paix, et la marraine, D^{lle} Claire Farges.

A la veille de la Révolution, dès la première assemblée du Conseil général de la commune de Beaulieu, le 17 février 1790, présidée par messire Jean-Blaise, vicomte d'Anteroche, et où étaient représentés les Albert, les Farges, les Brel, les Brunie, les Ducham, les Tronche, etc., fut élu le sieur Jean Chièze, procureur de la ville, comme secrétaire-greffier de la mairie. (Le procureur de la commune était alors le sieur Raymond Lafon, lequel bientôt nommé administrateur du district de Brive, démissionna (séance du 24 août 1790) et fut remplacé par le sieur Oubrayrie, notaire royal).

Est-ce le même Jean Chièze — ou quelque frère ou neveu du même nom — qui complota, avec le jeune Joseph Albert, ce magnifique soulèvement religieux des populations de Beaulieu et des environs, lesquelles réclamèrent, d'abord par la voie légale, puis par la force, leurs prêtres expulsés et leurs cérémonies religieuses proscrites, et qui, dans la journée du 14 décembre 1795, après avoir enfoncé les portes de leur église, firent chanter la grand'messe et les vêpres, au son des cloches trop longtemps muettes, et au milieu des cris de joie et de l'exulation générale ?

Nous ne savons ; mais ce trait de bravoure chrétienne — raconté plus haut — est bien à l'actif de la famille Chièze, comme à celui des Albert.

L'un des prêtres insermentés et prescrits qui dut, en cette mémorable circonstance, paraître en public pour célébrer les saints mystères, fut Jean-Baptiste Chièze, vicaire de Beaulieu, qui se trouvait caché, avec son curé M. de Braconac, dans la maison Albert, au quartier de la Chapelle. Les trois familles étant non seulement amies, mais alliées,

ils usèrent largement et pendant plusieurs années de l'hos-
pitalité si généreusement offerte. J.-B. Chièze ne fut remis
en liberté que le 15 prairial an VIII (5 juin 1800). Quant au
vieux curé Braconac, à cette date, il était déjà mort (voir,
à ces dates, les registres de la commune de Beaulieu).

Après la pacification religieuse, dès la date du 1er janvier
1806, nous retrouvons la signature de Jean Chièze parmi les
administrateurs de l'Hôtel-Dieu de Beaulieu, aux côtés du
docteur Jean Brel et de Laplace, maire.

Nous avons connu la dernière génération de cette famille
vraiment patriarcale à bien des titres, où les cas de longé-
vité remarquable n'étaient pas rares. La vieille tante Cécile
Chièze, vécut jusqu'à l'âge de 103 ans. et nous nous souvenons d'elle parfaitement.

Le père, le vénéré M. Etienne Chièze — mort le 17 novembre 1864, à 78 ans — était maître chirurgien, comme ses
aïeux, car cette vocation semblait héréditaire dans sa
maison. Sa femme Dll. Louise Bouquié, qui était une pari-
sienne fort capable, lui aidait à tenir une petite pharmacie,
dans la rue qui conduit à la grand'place des halles. A cette
époque-là, le cumul des deux professions n'était point
interdit. Sa clientèle était nombreuse, parce qu'on appré-
ciait son talent et surtout son caractère jovial et sympathique. Il était vraiment populaire.

Le ciel lui accorda huit enfants :

1e Cécile, connue au couvent de Sainte-Ursule, sous le
nom de mère du Cœur de Marie, née vers 1821, et morte
le 1er mai 1911, à l'âge de 90 ans ;

2o Adolphe, fut l'aîné des garçons et peut-être le mieux
doué de tous. Il achevait de brillantes études de droit et
terminait son stage dans une étude d'avoué, à Paris, lorsqu'il fut enlevé par un mal inexorable, à l'âge de 23 ans
(22 juillet 1848) La catastrophe, pour être prévue, n'en
fut pas moins cruelle ;

3o, 4o Eugène et Rémi, enfants de chœur au couvent des
Ursulines, nous édifiaient par leur piété et leur zèle dans
leurs fonctions, où ils paraissaient fort distingués malgré
leur petite taille. Tous les deux devinrent de bons prêtres.

Eugène alla dans la mission de Madagascar où il mourut des fièvres. Rémi, resté en Limousin, est mort curé de Cosnac, après avoir fermé les yeux à sa vénérable tante Cécile, centenaire, qui vivait avec lui. C'était la marraine de sa nièce Cécile, mère du Cœur de Marie ;

5° Honorine mourut très jeune, à 10 ou 11 ans ;

6° Alphonse, soldat pendant la guerre de 1870, fut tué sur le champ de bataille près du Mont-Valérien ;

7° Delphine, morte récemment dans une maison de retraite de Limoges, après avoir eu la joie de voir Benoit XV sur le trône pontifical, car — au témoignage de Mlle d'Anteroches — elle aimait à rappeler que sa famille aussi avait jadis été appelée *Della Chiesa*;

8° Enfin Joseph, officier, mort en 1884, du cancer des fumeurs. Il était retraité et 1er adjoint de la ville de Beaulieu.

Telle est la belle famille dont il ne reste plus aujourd'hui qu'un souvenir très honorable. Mon père les a connus dans une très belle aisance, alors qu'il fréquentaient les de Verrières, les de Cottines, les Planchard de la Grèze et les meilleures familles du pays ; mais après la mort du père et de la mère, après la disparition prématurée de l'aîné sur lequel se fondaient tant d'espoirs légitimes, cette aisance baissa rapidement et fit place à une gêne d'autant plus pénible qu'elle ressemblait à une déchéance imméritée.

NOTE XVIII

sur les familles GASQUET, SIBILLAT, MONBRIAL
et BROQUERIE

Nous avons vu que le sieur Pierre Albert, capitaine d'infanterie réformé, né le 1er décembre 1770 et décédé le 23 avril 1839, avait épousé, le 13 brumaire an XII, (5 avril 1803), D^lle Jeanne Gasquet, fille aînée de Joseph Gasquet, notaire royal à Beaulieu et de D^lle Catherine Chapoulard d'Altillac.

Nous avons même noté la présence à ce mariage du docteur Jean Brel, cousin de l'époux, du sieur Joseph Albert son frère, de maître J.-Baptiste Couderc, avocat, juge de paix du canton de Beaulieu, et de maître Jean Colomb, avocat, qui signèrent comme témoins avec mesdames Salles de Couderc, Mialet de Brunie, MM. Gasquet, Sibillat, Colomb, Chazal, etc.

Il nous reste à parler, sinon des enfants issus de cette union puisqu'elle en fut malheureusement privée, du moins des autres membres de cette honorable famille.

Maître Joseph Gasquet, notaire royal, était né en 1742 et il mourut à Beaulieu, le 8 novembre 1814, à l'âge de 72 ans. Originaire, croyons-nous, de la paroisse d'Altillac, c'est une des raisons qui ont rendu infructueuses nos recherches dans les archives de Beaulieu sur l'histoire des Gasquet, avant leur venue dans notre ville. Cependant nous savons que c'était une famille de bourgeois propriétaires, où les hommes de loi n'étaient pas rares.

Il nous souvient même d'avoir rencontré dans les vieux manuscrits d'autres notaires ou des greffiers de ce nom. Ainsi Pierre Gasquet figure comme greffier dans le *Second Mémoire* aux consuls de Beaulieu, au sujet de la propriété du clocher de cette ville, objet d'un litige avec les Pères Bénédictins.

Un autre Gasquet du nom d'Antoine, probablement un frère, avait épousé D^lle Françoise Guittard de Brivezac et s'était déjà ainsi allié indirectement à la famille Albert.

La première femme de maître Joseph Gasquet — car il fut marié deux fois — était D^lle Catherine Chapoulard (1); la seconde, D^lle Catherine Allègre.

Du premier lit, il eut deux filles : Jeanne et Anne Gasquet. C'est D^lle Jeanne (qu'on appelait aussi Rose) qui devint notre grand'tante par son mariage avec le sieur Pierre Albert, le 5 novembre 1803. Elle mourut le 18 juin 1851, après douze années de veuvage, son mari étant décédé le 25 avril 1839.

Sa sœur D^lle Anne, qui était fort belle et très distinguée — du reste, toute les filles de cette remarquable famille avaient la même réputation — fut mariée à 23 ans, le 14 octobre 1807, avec un jeune lieutenant au 44e d'infanterie, du nom de Louis Sibillat. Il était né à Vienne, dans l'Isère, et de passage à Beaulieu pour le service de la remonte, il fut épris de la beauté et des manières charmantes de cette jeune fille qu'il épousa. Devenu plus tard capitaine en retraite, il se retira dans le gracieux pays de sa femme, où il maria trois de ses enfants.

La première, Marie-Josephe Sibillat, née le 2 novembre 1812, accepta la main d'un jeune ingénieur, venu à Beaulieu pour la construction du célèbre pont suspendu. Il s'appelait Pellerin-Louis-Charles Adal de Pujol, natif de Castres (Tarn).

De ce mariage, qui eût lieu vers 1838, naquirent deux enfants : D^lle Aimée-Alice-Félicité de Pujol, décédée octogénaire à Beaulieu, dans la gracieuse villa des Roses, en 1920, et son frère Adal-Louis de Pujol, longtemps négociant

---

(1) Voir le beau mariage de Jean Chapoulard (fils à Pierre et à Jeanne Vidalie du Dounyou) avec D^lle Antoinette Dausset (fille à Georges et à Jeanne Rieuzal) 25 mai 1649, célébré à Saint-Mathurin de Léobazel (Sexcles) en présence de noble Gaspard de Villars, noble François de Veilhau, Lestourgie, Audubert, etc. (Delavidalie et Vaysset, notaires royaux) minutes de Grenaille. — Belles signatures de Chapoulard, 1642 (n°s 90-91).

de draps en gros, à Paris, place des Victoires, qui est revenu mourir à Beaulieu le 21 mai 1895. Sa mère Marie-Josephe, ne lui survécut que de quelques jours seulement : elle mourut dans le veuvage, le 28 mai de la même année.

La seconde fille, Marie-Joséphine Sibillat, eut un sort analogue à sa sœur aînée. Elle fut épousée, le 22 mars 1838, par un autre jeune ingénieur venu à Beaulieu, pour construire le même pont. C'était M. Léonce de Rivière, fils de Louis de Rivière, conseiller de légation de Sa Majesté le roi de Saxe et de dame Caroline Vigée : il était né à Paris, d'origine Saxonne, mais naturalisé français.

Cette union fut longue et heureuse, quoique attristée par le regret de ne pas avoir d'enfants. Ils moururent l'un et l'autre, paisiblement, dans la belle *villa Pax* qu'ils avaient fait construire à grands frais, sur l'avenue des Mûriers. M. de Rivière s'éteignit à 83 ans, le 23 février 1895 ; et son épouse deux jours après, le 25 février, âgée de 75 ans. Leur mémoire vénérée laisse un doux souvenir à ceux qui les ont connus.

Le troisième enfant fut un garçon du nom de Joseph Sibillat. Nous trouvons son acte de mariage avec D^lle Marie Deyma, fille de Joseph et de Françoise Larive, en date du 13 octobre 1852.

Une autre fille du nom d'Anna Sibillat demeura célibataire, et s'éteignit à Beaulieu à l'âge vénérable de 91 ans.

De son second mariage, avec D^lle Catherine Allègre, maître Joseph Gasquet, notaire royal, n'eut qu'une seule fille Jeanne-Henriette, qui devint l'épouse de M. Emile-Raymond Monbrial, veuf de D^lle Christine Bétaillou, fils de de Jean-Baptiste et de D^lle Antoinette Vaissière, originaires de Queyssac (Corrèze). Le mariage se célébra à Beaulieu, le 24 août 1822, en présence de MM. Pierre, Albert et Louis Sibillat, beaux-frères de l'épouse, qui ont signé comme témoins.

M. Emile-Raymond Montbrial, devint juge de paix, maire de Beaulieu, et membre du conseil général. Il mourut dans cette ville le 27 septembre 1852, à l'âge de 57 ans.

Un fils, né de ce mariage, M. Silvère Monbrial qui fut percepteur, se maria le 9 mai 1848 avec D^lle Emilie Bro-

querie (alliée aux Albert) et fut le père de MM. Emile
Monbrial, banquier, ancien maire de Beaulieu, et Eugène
Monbrial, ainsi que de mesdemoiselles Thérèze, Henriette
et Azélie, devenue madame Galvain.

Nous venons de rappeler que la famille Broquerie était
alliée aux Albert. En effet, comme nous l'avons déjà noté,
au passage, la troisième fille du sieur Pierre Albert, époux
de D^lle Marie Materre, qui s'appelait Toinette Albert,
devenue la femme du sieur Antoine Florentin, eût une fille
D^lle Toinette Florentin, mariée le 10 octobre 1756, avec le
sieur Antoine Broquerie, bourgeois et marchand, fils à feu
Louis Broquerie et à D^lle Marie Besses.

Or un de leurs enfants (1), Simon-Jude Broquerie, petit-
fils de dame Toinette Albert, fut à son tour, par son mariage
avec D^lle Claire Tronche (fille du juge et petite-fille du
notaire royal de ce nom) le père du vénérable M. Jean-An-
toine Broquerie, dernier du nom, né le 5 germinal an XI, et
marié à D^lle Marie-Thérèse Verséjoux, le 17 février 1824.

Ce digne patriarche, que nous avons beaucoup connu,
mérite de notre part un mot de respectueuse sympathie.
C'était un beau vieillard dont la grande taille était encore
rehaussée par un embonpoint largement suffisant. Ses
manières étaient courtoises, distinguées, souvent aimables
et parfois autoritaires. Son savoir et sa compétence étaient
universelles, aussi l'avait-on surnommé dans sa famille
papa-sait-tout.

De fait, tous les bourgeois de Beaulieu, se succédaient
tour à tour dans sa modeste boutique transformée en salon.
Dans cette boutique, occupée aujourd'hui par son petit-fils
le banquier (2), il tenait un dépôt de poudre et d'articles de

---

(1) Le premier enfant avait été Antoine Broquerie, né le
3 octobre 1757 et tenu sur les fonds baptismaux par sa grand'-
mère, dame Toinette Albert. Il devint religieux cordelier, prêtre
insermenté et confesseur de la foi sous la Révolution, et enfin
curé de Reygades. C'est lui qui bénit le mariage de son neveu
Antoine avec D^lle Thérèze Verséjoux. Il mourut à Beaulieu,
à 83 ans, le 16 août 1846. (Voir le tableau des prêtres insermentés du 6 frimaire an VI).

(2) Décédé en 1920.

chasse ; il y vendait aussi aux amis cette délicieuse mou-
tarde violette des gourmets qu'il avait le talent de fabriquer
lui-même et dont il a emporté le secret dans sa tombe.

La clientèle était plutôt rare, et laissait aux Messieurs
de la ville porteurs de nouvelles de longues heures de con-
versations. On y discutait gravement toutes les questions
politiques du jour, et même d'autres moins passionnantes,
telles que les pronostics de pluie et de beau temps, car
M. Broquerie avait un baromètre à mercure, — un des premiers parus dans notre contrée — qui le renseignait sûrement ; il avait aussi un grand cadran solaire, sur la façade
de sa maison, et connaissait mieux que personne à Beaulieu, quelle était l'heure moyenne et l'heure vraie.

Après les longues et charmantes causeries, venait le temps
du silence et de la méditation — suivant la règle du bon
vieux Lhomond qu'il aimait à rappeler : *tempus loquendi et
tempus tacendi.* Ces heures de silence obligatoire étaient
consacrées au grave jeu des échecs.

Les enfants turbulents — nous en étions — étaient exclus
impitoyablement, ou si l'on tolérait leur présence excep-
tionnelle, c'était à des conditions qui nous paraissaient dra-
conniennes.

A la table de jeu, l'on voyait se succéder toujours les
mêmes partenaires — puisque ce prétendu jeu n'est acces-
sible qu'à un petit nombre de spécialistes. C'était surtout
MM. Colomb, avocat, de Costa, ancien maire de Beaulieu,
et le docteur Brel.

Nous nous souvenons que celui-ci était en train de faire sa
partie habituelle, lorsqu'on vint lui annoncer, le 22 août
1867, vers 5 heures du soir, que son fils aîné, Pierre, venait
de se noyer en se baignant près du pont, et nous voyons
encore la figure atterrée et silencieuse de ce malheureux
père.

Ces quelques traits suffisent à laisser deviner la grande
place que tenait ce vénérable patriarche dans la vie de
notre cité. Il était membre du conseil municipal ainsi que
de la fabrique et de l'Hôtel-Dieu, et il se prodiguait sans
compter pour toutes les bonnes œuvres.

N'ayant jamais fait d'excès, il connut une longue et belle

vieillesse. Sa santé de fer lui permit de conserver jusqu'à la fin — non seulement toutes ses dents : ce dont il aimer à se vanter -- mais surtout toute sa lucidité d'esprit. Il s'éteignit doucement, à un âge très avancé, le 1er octobre 1879, entouré de l'affection des siens et de l'estime universelle.

NOTE XIX

sur la famille de LAVIALLE du LANDA

Les Albert ayant revendiqué la succession des Lavialle pendant un siècle, sans pouvoir obtenir aucun jugement du procès, — il paraîtra instructif, ou pour le moins curieux, de donner ici un aperçu de l'état civil de ces « hauts et puissants seigneurs de Beaulieu ».

Leur nom primitif était Viale. Ils ajoutèrent la particule *la*, sans doute, pour rendre leur nom plus harmonieux, à l'exemple de tant d'autres personnages qui en firent autant. Nous l'avons déjà fait remarquer pour les Coste, qui s'habituèrent à signer Lacoste ; pour les Martinie, qui devinrent Lamartinie, etc.

Mais la Révolution survint et fit des retranchements impitoyables. On peut voir dans le tableau des émigrés et de leurs biens inventoriés, le nom de Lavialle réduit à sa plus simple expression : Viale.

Cette famille revenait ainsi à son nom primitif, car on peut voir dans les Actes de l'état civil, au 1er mai 1694, le baptême de Jean-Eutrope *Viale (sic)* fils du sieur Antoine *La Viale (sic)* et de D^lle Anne de Costa.

De même, dans les actes notariés par maître Ducham (n° 125) : le 2 septembre 1651, on retrouve le sieur Jean Viale, bourgeois et marchand (signé : Delavialle). De même encore, dans l'exploit déjà cité de maître Jean Farges, sergent royal, au 24 août 1651, nous avons lu : Jean Vialle, bourgeois et marchand (signé : Delavialle).

Quoiqu'il en soit, voici l'état civil que nous avons annoncé. Nous sommes forcé de l'abréger un peu, mais sans rien retrancher à sa pompe solennelle.

« Noble Jacques Raymond de Lavialle d'Altillac, avocat en Parlement, seigneur de la présente ville et châtellenie, d'Altillac, Sioniac, Liourdres, le Landa, et autres places, (fils de feu noble Jean-Louis Lavialle de Beaulieu, aussi avocat en l'arlement, conseiller, procureur du roy en l'élection de Tulle, seigneur de la présente ville et paroisse, — et de dame Jeanne de Braconac),... se marie avec D^{lle} Geneviève de Comarque, D^{lle} de Ventas, (fille de feu messire Armand de Comarque, chevalier, seigneur de l'Eveillaires, Casergues, Lascazes, et autres places, — et de défunte dame Marie-Anne de Triniac de Lablanche, habitant du bourg de Goules) — en présence de noble Viallettes de Gréti, y habitant, cousin germain de l'épouse, — de noble Jacques de Braconac, conseiller au siège présidial de la ville de Tulle, y habitant, cousin germain de l'époux, — de noble François Décosta, sieur du Ver, ancien officier au régiment de la Roche-Aymon, cousin de l'épouse, habitant de cette ville, — de noble Gaspard d'Audubert, seigneur de Miegemont, gendarme de la garde du roy, habitant à Miegemont, paroisse d'Altillac. - Signé : De Comarque de Beaulieu, — de Lavialle d'Altillac, — de Braconac de Lavialle, — Comarque de Massoulie, — Palémon de Miègemont, — Vialette de Grélip (?), — Demiègemon, — de Braconac, — Laqueilhe de Lapeyre, — Decosta, · Dauvis, — et Massoulie, curé de Beaulieu (11 janvier 1774) ».

Les armes du seigneur de Lavialle, écuyer, portent : *de sable à un chevron d'argen*t.

Notons, parmi les prêtres sortis de la noble famille, messire Jean-Martial de Lavialle sieur du Landa, docteur en théologie, vicaire du Puy-d'Arnac, au 2 octobre 1719, et plus tard doyen de la communauté des prêtres de Saint-Sulpice de Paris.

Il mourut à Beaulieu, âgé de 82 ans, le 11 mai 1774, et fut inhumé dans le sanctuaire de l'église paroissiale. Le sanctuaire de cette église était en effet réservé aux prêtres et aux seigneurs de Beaulieu. Aussi y voyons-nous enterrés messires Jacques-Raymond de Lavialle, avocat en Parlement (41 ans) le 26 septembre 1774, et peu après sa veuve D^{lle} Geneviève de Comarque, morte à 32 ans des suites de couches où elle avait mis au monde deux jumeaux, le 29 novembre de la même année.

Nous rappelons qu'en 1749, les consuls de Beaulieu, au nombre desquels se trouvait le sieur Pierre Albert, avaient soutenu contre ces seigneurs de Beaulieu un procès retentissant, revendiquant pour la commune le droit de pêche et de barque sur la rivière de Dordogne. Malheureusement, les registres consulaires de cette époque nous manquent, et nous ne possédons que des pièces détachées de ce curieux procès. Mais nous savons que cette seigneurie récemment achetée à son Altesse le duc de Bouillon par les Lavialle, leur causa quelques déboires et beaucoup d'ennuis.

NOTE XX

sur M. l'abbé XAVIER CANCES

M. l'abbé Pierre-François-Xavier Cances, docteur en droit
et en théologie, était né à Beaulieu vers 1740. Fils et petit-fils
d'avocats, il fut envoyé à Paris par sa famille dont il était le
seul représentant, pour y faire ses études de droit. Mais
notre jeune homme, après avoir pris ses grades, se sentit
plus d'attrait pour une autre carrière.

Il entrait au séminaire Saint-Sulpice, et ne revint au pays
que revêtu de cette soutane noire, qu'il avait préféré aux
livrées du siècle. Les regrets de ses parents, qui comptaient
sur lui pour perpétuer leur nom, ne parvinrent pas à
ébranler sa généreuse vocation.

Sa famille occupait dans la bourgeoisie de notre ville un
rang distingué. Son père Jean-Baptiste Cances était avocat
à la cour et juge du marquisat de Dampniat (?). Nous le
trouvons consul de Beaulieu au 10 octobre 1738, et l'on nous
assure que lui et son père furent plusieurs fois 1er consuls.

Il se maria à D^{lle} Marguerite de Veilhers, de noble lignée
(voir 25 mai 1736 et 21 juillet 1737) et cousinait ainsi avec
les Salles et les Albert alliés des Veilhers.

Son grand-père, pareillement avocat, fut intendant de la
vicomté de Turenne et sans doute fermier, car il en perce-
vait les impôts pour son propre compte.

Une sœur de l'abbé avait épousé messire d'Auberry, Sgr
de Saint-Julien, capitaine au régiment de Champagne, au
château de Saint-Julien près de Maumont, où l'on voit
encore gravé sur une pierre le nom de Rose de Cances.

Devenue veuve sans enfants, elle épousa en secondes
noces M. Duclaux de Bichiran, dont la résidence à Beaulieu au quartier de la Chapelle, était autrefois la maison
dite Duclaux ou d'Auberry, et plus tard maison Brel,
occupée aujourd'hui par M. Chambon.

Ordonné prêtre, l'abbé Cances devint titulaire de la cure à bénéfice de Billac — poste important à cette époque.

La mairie de cette ville conserve dans ses archives des pièces intéressantes, d'où il résulterait que M. le curé Cances était apparenté à la famille Clare de Peyrissac et à celle des Gontaut (même famille que les Gontaut-Biron).

Quoiqu'il en soit, c'est dans ce poste de curé de Bilhac que le trouva la Révolution. Emigré en 1792, il séjourna longtemps en Espagne, à Lagrono et surtout à Séville. Il s'y trouvait en compagnie de plusieurs amis du pays, émigrés comme lui : M. de Sainte-Marie de la Grèze et M. de Plas de Curemonte, dont on conserve des lettres assez curieuses.

Rentré en France, au commencement de l'Empire, il vint habiter à Beaulieu sa maison de famille, sise au quartier de la Chapelle, presque en face de celle des Albert.

Le 5 juillet 1809, il acheta notre ancienne église paroissiale, vendue « nationalement », au prix de 5.500 francs, la rendit au culte, et un peu plus tard, le 25 juin 1822, en fit rétrocession sous forme de vente à la confrérie des Pénitents bleus, moyennant 1.500 francs et un service solennel à perpétuité, qui fut ponctuellement célébré, jusqu'à la mort de son dernier et bien regretté prieur M. Gaspard Farges (1866).

C'est à cette époque (1822) que fut faite la tribune des Pénitents dans cette église, et au dehors, la cloture du terrain qui l'entoure au midi et au couchant (ancien cimetière).

A la Restauration, le Gouvernement offrit à l'abbé de reprendre sa cure de Bilhac, mais il était déjà vieux et préféra rester auprès de sa chère église des Pénitents qu'il avait sauvée de la destruction, dans sa maison natale, et c'est là qu'il rendit son âme à Dieu le 28 janvier 1828, à l'âge de 86 ans.

Comme marque de confiance et d'estime, il avait été décoré de l'ordre du Lys, le 25 juillet 1814, et honoré d'une lettre personnelle du roi Louis XVIII.

PIÈCES JUSTIFICATIVES

PIÈCE N° 1

*Copie de l'ordonnance épiscopale, en faveur
de sept membres de la famille Albert*

— Place des Armoiries Episcopales —

MARIE-JEAN-PHILIPPE DU BOURG, par la miséricorde divine et la grâce du Saint-Siège Apostolique, Evêque de Limoges.

A nos chères filles en J.-C. Marie Brel, veuve Albert, — Marguerite et Antoinette Albert, religieuses, novices de Sainte-Ursule, — Marie, — Marie-Françoise, — Marguerite-Apollonie Albert, — et Joseph Albert, salut et bénédiction en Notre-Seigneur.

Suffisamment instruit que, pendant les derniers troubles de l'église de France, vous avez veillé et contribué efficacement à la conservation des reliques de Saint Prime et Saint-Félicien, de Sainte Félicité et Sainte Perpétue de Sainte-Catherine, de Saint Eutrope, et de plusieurs autres Saints,

Nous jugeons convenable de vous rendre participants de la faveur que N. S. Père le Pape Pie VII, vient d'accorder, par son bref du 14 juillet 1803, donné à Paris, et signé *Sala*, secrétaire de la légation apostolique, en présence de M. le Cardinal Légat.

En conséquence, vous pourrez jouir, à l'heure de votre mort, de l'indulgence plénière de tous vos péchés, pourvu que vraiment pénitents, confessés et communiés, ou, si vous ne pouvez faire alors l'un et l'autre, qu'étant sincèrement contrits, vous invoquiez de bouche, si vous le pouvez, ou au moins de cœur, et dévotement, le saint nom de Jésus.

Donné à Limoges, en notre Palais Episcopal, le douze avril 1906.

> Signé, † *M. J. Ph. Ev. de Lim.*

Par mandement, etc.

Signé, BROUSSEAUX.

> (Place du sceau épiscopal).

PIÈCE N° 2

Extrait des Annales de l'Ordre de Sainte Ursule, imprimées à Clermont-Ferrand en 1857, avec une Préface de M. de Sainte-Foi et les approbations des Evêques. — Tome I. p. 247-270.

« Parmi les novices de cette ancienne maison de Sainte-Ursule (fondée par l'illustre mère Miolon, en 1633) se trouvaient deux sœurs, Mlles Marguerite et Antoinette Albert, connues, la première, sous le nom de sœur Sainte Claire, la seconde, sous celui de sœur Saint-Michel. Ces deux dignes filles déployèrent une noble fermeté au jour de l'épreuve. Arrachées violemment de l'asile béni où elles espéraient couler d'heureux jours, elles revinrent sous le toit paternel, où les attendait un nouvel exercice de charité, de dévoûment et de sacrifice. Qui pourrait dire le nombre des ministres fidèles qui trouvèrent un refuge contre la persécution au sein de cette pieuse famille, et, dans les soins assidus et touchants de sœur Sainte-Claire et de sœur Saint-Michel, un adoucissement à leurs peines !

« Dans la chambre où se célébrait, presque chaque nuit, la Sainte Messe, il y avait un tableau représentant le Sacré-Cœur de Jésus, que les impies respectèrent toujours. Mme Sainte-Claire avait même remarqué qu'à la vue de cette sainte image, ils étaient frappés d'une terreur soudaine, qui les obligeait à se retirer aussitôt.

« Anges de paix, les deux sœurs se trouvent partout où il y a des douleurs à guérir, des larmes à essuyer : ici, auprès du chevet des mourants, pour leur procurer les derniers secours de la religion ; là, auprès du berceau de l'enfant nouveau-né, pour le faire baptiser. Ailleurs, ce sont des époux à qui elles procurent le bienfait de la bénédiction nuptiale.

« Sur le front de ces vierges sages, de ces vierges apôtres, doit briller l'auréole du martyre. Formées à l'école du sauveur Jésus, elles se montrent constantes, inébranlables, et, plus d'une fois, leur porole et leur courage énergique font trembler et pâlir les ennemis de Dieu. Aussi le moment arrive où le Seigneur semble exiger de ces humbles servantes le sacrifice de leur liberté, peut-être même de leur vie. Les satellites se présentent pour les conduire en prison, mais ils comprennent sans doute l'odieux d'une telle mission, car l'ordre est donné de suivre des rues détournées, afin d'éviter les regards du public. Mme Sainte-Claire s'est aperçue de leur embarras, et avec la dignité, le calme que lui inspire la justice de la cause qu'elle défend, elle dit :

« Nous voulons traverser toute la ville : ce qui vous couvre de honte, fait notre bonheur et notre gloire ! ».

» La captivité de ces vénérables religieuses n'était point oisive. De ce triste séjour, s'élevaient sans cesse vers le ciel, des actes sublimes de vertus, de ferventes prières, comme un encens d'agréable odeur, comme un sacrifice d'expiation pour la France coupable. Ce fut alors que la divine Providence leur ménagea une grande consolation, celle de conserver à leur ville les corps des Saints Patrons : Prime et Félicien, encore en vénération à Beaulieu.

» Elles apprennent, un jour, que les saintes reliques doivent être le lendemain profanées et brûlées publiquement. L'âme brisée à cette nouvelle, elles se jettent à genoux, et conjurent le Seigneur avec larmes de déjouer ce projet sacrilège. Des vœux si ardents sont entendus et exaucés.

» Le gardien de la prison était un honnête homme, mais retenu par la crainte de son emploi. Elles s'adressent à lui avec confiance, et sollicitent la permission de sortir seulement une heure pendant la nuit. « J'expose ma vie, répond le géôlier, cependant, sur la foi de votre promesse, je consens à ce que vous désirez ».

» A minuit, les deux sœurs quittent furtivement la prison, et se dirigent vers le lieu [ordinaire] où sont déposées les saintes reliques. La foi redouble leurs forces. Aussitôt, l'une s'empare de la grande châsse qui contient les corps des saints martyrs, ainsi que des petites châsses qui renferment les reliques de Saint Eutrope, de Sainte Agathe, etc. ; l'autre saisit la statue de la Sainte-Vierge, et, chargées de ces précieux fardeaux, elles traversent promptement la ville, après avoir quitté leurs chaussures, malgré les rigueurs du froid et le verglas, pour ne point éveiller les soupçons. Elles parviennent enfin dans leur famille qui, prévenue à temps, avait laissé les portes entr'ouvertes, et mettent en assurance ce trésor sacré. Après avoir entendu la sainte messe, participé au pain des forts, elles regagnent joyeusement leur cachot, une heure après en être sorties, selon la parole qu'elles en avaient donnée à leur généreux gardien.

» La statue et la châsse, sauvées par ces dignes mères, sont d'un poids si lourd, que deux hommes ont bien de la peine à porter l'une ou l'autre en procession,

» Rendues à la liberté, Mmes Albert continuèrent leurs travaux apostoliques et leur charitable assistance aux prêtres et aux fidèles persécutés, jusqu'au moment où il fut permis à l'Eglise d'ouvrir ses temples, et aux ministres du Seigneur de reprendre leurs saintes fonctions. Elles songèrent alors à rétablir leur monastère. Rien ne fut omis pour l'exécution de ce noble dessein : parents, amis, étrangers même, tous s'y sont intéressés. Enfin, après de longues années d'épreuves, d'attente et de sainte persévérance, elles obtinrent de la communanté de Clermont trois religieuses pour cette œuvre si ardemment désirée. . . . . . .

» Le 14 septembre 1827....... la joie des dames Albert fut

à son comble, lorsqu'elles virent s'ouvrir devant elles, une seconde fois, l'arche sacrée de la religion. Trente années de séjour au milieu du monde n'avaient fait qu'affermir et assurer leur vocation. Aussi, malgré leurs soixante ans, elles revêtent avec un bonheur inexprimable l'habit religieux, se soumettent avec une docilité d'enfant aux règles et aux constitutions, et consomment enfin leur sacrifice par l'émission de leurs vœux, avec une ferveur admirable. . . . .

. . . .

» La mère Saint-Michel Albert, sœur et digne coopératrice de la mère Sainte-Claire, avait embrassé avec une égale ardeur les pieuses pratiques de la vie régulière. Formée depuis longtemps aux sacrifices et aux privations, ses progrès dans la haute science de la sainteté avaient été rapides. Douée d'une âme sensible et généreuse, son zèle et sa charité avaient surtout pour objet les enfants, les malades et les pauvres. Une douce et gracieuse simplicité, une piété éclairée, une assiduité extraordinaire au travail, la rendaient un des plus beaux ornements et l'un des plus parfaits modèles de ce monastère († 1839). . . . .

» La longue et laborieuse carrière (90 ans) de la vénérable mère Sainte Claire résume toutes les vertus religieuses. Une foi vive et ardente formait cependant son caractère particulier. La prière était l'aliment de son âme. On peut dire que son esprit n'avait qu'une seule pensée, un seul élan : que son cœur n'avait qu'une seule affection, l'amour, mais un amour généreux, souverain, pour son Bien Aimé. Rien n'était capable d'interrompre ses rapports avec le Seigneur. Aussi était-ce un spectacle touchant de voir ses lèvres mourantes s'agiter encore pour prier, et sa main défaillante essayer de former le signe de la Croix.

» Modèle d'obéissance aveugle, d'humilité profonde, il suffisait de lui dire :... « Ma mère par obéissance », et on lui faisait accepter les remèdes et tout ce qui lui était offert..... Presque aveugle, incapable d'autre travail, elle tricota soixante paires de jarretières, qui furent envoyées à ses sœurs de Clermont et acceptées par elles avec un sentiment de gaité, de surprise et d'admiration... avec autant de respect que si c'eût été des reliques. . . . .

» Au premier bruit de sa mort, la consternation fut générale dans la ville. Partout on entendait répéter :

« La Sainte est morte, la Sainte est morte ». Il semblait que chacun eût perdu une mère, une protectrice, son ange gardien. Nulle part, cependant l'affliction ne fut plus grande qu'au monastère de Sainte-Ursule. Cette communauté, son œuvre, le fruit de ses labeurs, le fruit de ses prières et de ses sacrifices, comptait ce jour-là, 14 septembre 1855, vingt-huit ans d'existence, depuis son rétablissement par cette respectable mère. Cette coïncidence rendait, en quelque sorte, la séparation plus douloureuse et plus sensible.

» La mort, en frappant sa victime, n'avait point laissé de traces de son passage. Son corps conserva toujours sa souplesse, son visage, sa douce sérénité, présage heureux d'un bonheur infini. » . . . .

(Les mêmes *Annales de l'Ordre de Sainte-Ursule*, p. 258-262 reproduisent un manuscrit signé de mère Sainte-Claire, où cette sainte religieuse, sur l'ordre exprès de son confesseur, avait décrit la vision qu'elle crut avoir, le 5 septembre 1847, pendant le passage de la procession des Corps-Saints, le long de la chapelle de Sainte-Ursule où elle se trouvait en oraison. Il lui sembla voir dans les airs le grand crucifix que les Pénitents bleus portaient en procession, dont le visage s'animait pour lui annoncer que le calvaire douloureux que sa communauté commençait à gravir, serait bientôt suivi d'une résurrection. D'où la confiance invincible qui anima cette sainte religieuse à travers tous les événements qui aboutirent, après le départ de ses sœurs pour l'Amérique à Cincinnati (15 avril 1845), à la ruine passagère de son couvent et à sa résurrection providentielle par le dévoûment infatiguable et les labeurs opiniatres de sa nièce Antoinette Farges, en religion Mère Sainte-Ursule. Accompagnée de sa mère Appollonie, c'est à cheval qu'elles firent le voyage de Beaulieu à Clermont, et à force d'instances, elles obtinrent enfin de cette communauté le secours de trois religieuses qui vinrent rétablir le fonctionnement interrompu de leur école).

PIÈCE N° 3

Déposition des deux plus anciennes Ursulines : Mère Sainte-Thérèse (Léonie Mazeyrac) et Mère Sainte-Claire (Marie Marmande).

Nous soussignées,

Léonie Mazeyrac, en religion Mère Marie-Thérèse, née à Beaulieu en 1837, et religieuse du couvent de Sainte-Ursule depuis 1856 ;

Et Marie Marmande, en religion Mère Sainte-Claire, née en 1839 et religieuse du même monastère depuis 1860 ;

Ayant entendu bien des fois la narration du sauvetage des reliques des Saints Prime et Félicien, faite devant nous par les contemporains de ce fait héroïque, ou par les sœurs Ursulines qui vécurent intimément avec les acteurs de ce drame — telle que Mère du Cœur de Marie (Cécile Chièze) morte en 1910 à l'âge de 89 ans ;

— Reconnaissons et déclarons que le récit fait par Mgr Farges dans les n^{os} de septembre et novembre 1913 de la « Semaine Religieuse » de Tulle, [et reproduit dans cet ouvrage,] est entièrement conforme à nos traditions et à la vérité.

Notamment en ce qui concerne le *lieu* où les reliques furent prises et sauvées par Mères Sainte-Claire et Saint-Michel, aidées de plusieurs membres de leur famille, nous déclarons n'avoir jamais ouï dire que ce lieu fut la maison Brunie, mais bien le lieu ordinaire où l'on avait coutume de les conserver, — c'est-à-dire à la sacristie ancienne de l'église abbatiale — comme le supposent d'ailleurs expressément les Annales de l'Ordre de Sainte-Ursule, rédigées du vivant de Mère Sainte-Claire et imprimées quelques mois après sa mort.

En effet, il s'agissait d'un vrai sauvetage des reliques de la main des impies qui devaient, le lendemain, les faire brûler sur la place publique, — et nullement d'un simple transfert d'une maison amie, telle que la maison Brunie, dans celle des Albert.

Le personnel des deux maisons eût largement suffi à ce transfert, et le dangereux complot de deux religieuses qui sortent de leur prison, au risque de faire rouler huit têtes sur l'échafaud, eût été inutile et même nuisible à l'exécution d'un simple transfert entre deux familles amies et consines germaines.

Du reste, en publiant à l'avance leur criminel projet, les

révolutionnaires témoignaient clairement que le précieux trésor était déjà sous leur main, dans cette église fermée par eux et dont ils avaient la clef.

Si le trésor eût été alors mis à l'abri, dans les cachettes d'une maison privée, cette publication au son du tambour de ville ne se comprendrait plus. Comme dit le proverbe : on ne vend pas la peau de l'ours avant de l'avoir tué, et l'on ne brûle pas un trésor avant de l'avoir pris.

Que s'ils l'avaient déjà pris, ils eussent été vraiment bien naïfs de le laisser dans la cachette de la maison Brunie, sans aucune garde pour le protéger. Et après sa disparition, ils eussent été bien indulgents de ne pas sévir contre les Brunie, complices ou responsables de cette disparition. Or aucun Brunie ne fut même inquiété !...

Tout cela est d'une invraisemblance qui ne se discute pas.

Loin de nous cependant la pensée de nier que dans le cours des 8 années qui suivirent le sauvetage des reliques, elles n'aient pu être transférées, pour raisons de sûreté, de maison en maison, comme dans celle des Brunie. Mais on ne saurait confondre le premier sauvetage par les Mères Sainte-Claire et Saint-Michel avec ces transferts postérieurs. Ils n'ont ni la même date, ni la même marque d'héroïsme.

En foi de quoi, nous avons signé, comme sincère et véridique, la présente déclaration.

Fait à Beaulieu (Corrèze), au monastère des Ursulines, le 8 septembre 1914, en la fête de la Nativité de la T. S. V.

Signé : Léonie Mazeyrac,
dite Sœur Marie de Sainte-Thérèse.

Signé : Marie Marmande,
dite Sœur Marie de Sainte-Claire.

PIÈCE N° 4

Déposition de Sœur Marie Félix (Hélène Rigaud)

Aux dépositions ci-dessus de Mère Marie-Thérèse et de Mère Sainte-Claire est intervenue Anna-Hélène Rigaud, en religion, Sœur Marie-Félix, née à Beaulieu en 1863 et religieuse de Sainte Ursule depuis 1885 ;

Laquelle a déclarée avoir entendu bien souvent la narration du dit sauvetage, soit de la bouche de Mère Sainte-Ursule et de Mère du Cœur-de-Marie, soit des autres Mères contemporaines de Mère Sainte-Claire, et la reconnait entièrement conforme au récit fait par Monseigneur Farges dans la « Semaine Religieuse ». Notamment, en ce qui concerne le *lieu* ou les reliques ont été prises. C'est bien au lieu où ces reliques étaient habituellement conservées, c'est-à-dire à l'ancienne sacristie de l'église abbatiale et nullement dans la maison Brunie. C'est là une version nouvelle contre laquelle protestent tous les témoignages de nos sœurs. Et cela ne fait pour nous aucun doute.

En foi de quoi j'ai signé la présente délibération.

Fait à Beaulieu, le 8 septembre 1914.

Signé : A.-Hélène RIGAUD,
dite Sœur Marie-Félix,

PIÈCE N° 5

Déposition de M. l'aumônier de Sainte-Ursule
(Chan. Beaudenom)

Je soussigné, aumônier de Sainte-Ursule de Beaulieu (de 1865 à 1881) après avoir lu les articles de Mgr A. Farges... reconnait bien volontiers que la narration qui y est faite du sauvetage des reliques des Saints Prime et Félicien ainsi que de la Vierge d'Argent, par les Mères Sainte-Claire et Saint-Michel, en 1793, est entièrement conforme à la version faite plusieurs fois en ma présence par les Ursulines contemporaines de cet acte héroïque (en particulier par Mère du Cœur-de-Marie, Chièze, et Mère Sainte-Ursule, Farges) — version d'ailleurs conforme à celle qui fut écrite du vivant de Mère Sainte-Claire et officiellement publiée dans les *Annales de l'Ordre de Sainte-Ursule* (tome I, pages 247 et suivantes).

Ainsi que l'établit lumineusement Mgr Farges, il s'agissait de *sauver* les reliques. Si ces reliques se fussent trouvées *alors* dans la maison Brunie, et qu'on eut voulu les transporter dans la maison Albert, que penser d'un dangereux complot formé pour accomplir un *transfert* si aisé ?.

Deux religieuses s'évadant de leur prison et compromettant avec elles six personnes parentes ou amies, appelées pour leur prêter main forte ! Huit têtes pouvant rouler sur l'échafaud !... Tout cela s'explique, au contraire, si ces saintes reliques doivent être enlevées d'une sacristie dont il faut faire sauter la serrure et qu'on doit transporter, à travers les rues de la ville, en un lieu éloigné d'un demi-kilomètre.

Or le fait du sauvetage lui-même, opéré par huit personnes, dont les noms sont connus, n'est pas contesté par ceux-là même qui placent dans la maison Brunie, et non pas à la sacristie de l'église, les reliques que l'on voulait sauver à tout prix. Il y avait urgence à le faire, car le Comité révolutionnaire, par une proclamation publique, avait annoncé qu'elles seraient brûlées le lendemain. Comment supposer qu'elles fussent dans une maison étrangère et non pas sous sa main ?

Fait à Paris, 24 juin 1914.

Signé : L. Beaudenom, Ch. H.

PIÈCE N° 6

Lettre du Curé-intrus après sa rétractation. (Réponse à une missive de Beaulieu, lui annonçant la mort du Parent X auquel il attribuait sa dénonciation au Comité révolutionnaire, et la mort de l'huissier en présence duquel il avait été arrêté).

Escrennes (Loiret), le 20 janvier 1832.

Cher et aimable Cousin (?),

Je suis un peu retardataire ; j'aurais dû répondre après la réception de votre lettre et de votre précieux envoi, qui m'a été porté à mon réveil par M. Joseph Bouchet, fermier de la Cour du Château. Votre panier était bien en règle, et jai reconnu là, la main ingénieuse et précautionnée de votre respectable père, que j'ai toujours aimé et que j'ai toujours estimé, ainsi que son père de qui je n'ai éprouvé que de bonnes manières. Remerciez-le de ma part, avec la même affection avec laquelle je vous remercie infiniment vous-même. Mais je suis au désespoir de ne pouvoir vous donner aucun gage de retour, à cause de l'éloignement ; et mon cœur ne laisse pas d'en être bien pénétré. Si vos affaires auxquelles je ne veux pas nuire vous permettaient de venir ici, dans les beaux jours, vous verriez combien j'aurais plaisir de vous voir après vous avoir vu enfant d'un âge bien tendre. Il peut se faire que les onctions saintes que j'ai faites sur votre poitrine et sur votre front et l'eau baptismale que j'ai versée sur votre tête, dans un temps de malheureuse dissension politique et religieuse, ont influé sur le développement de vos bonnes qualités. J'étais de bonne foi, mais j'étais trompé par les conseils et les sollicitations de bien des gens que je croyais aller bonnement et pour le bien commun à tous égards ; voilà comme on est souvent exposé à être dupe. J'en ai porté la peine, mais avec cette fermeté d'âme et cette résignation qui m'est particulière, et qui m'a fait triompher de tous les événements.

Dans ces temps malheureux, conservant toujours dans sa pureté ma foi primitive, au milieu des discordes, lorsque sacrifié par un de mes parents que vous m'avez annoncé mort depuis en qualité de juge de paix, marié à une fille de Sale près Barbone, calomnieusement accusé par lui d'être l'auteur d'une sotte lettre que moi, le plus indigne écrivain, n'aurais jamais conçue et à laquelle ma plume n'aurait jamais prêté son service, comme indigne de l'élévation de mon âme, et dans laquelle le notaire son cousin, ou un autre de la même clique, était parvenu à imiter les caractères de mon écriture, comme *un fac simile*. Je fus, comme tous les honnêtes gens de ce temps-là, conduit dans la maison d'arrêt de Tulle, pour être, disait-on, guillotiné dans trois jours. Ou mauvais calcul humain, ou présence de la protection divine qui conduit si bien toute chose ! me voilà encore, la tête droite et ferme sur mon cou, et mes calomniateurs ont paru devant le tribunal suprême !

Transporté de Tulle à Brive, je fis l'acquisition d'un trésor précieux que j'arrachai des mains d'un reclus comme moi, sans aucune violence, et qu'il me céda par respect, au moment où il en faisait la découverte. Je le cachai précieusement, et si je n'en fus pas riche humainement, j'ai toujours cru devoir à ce trésor, précieux à mes yeux, la conservation de mes longs jours.

C'était la boëte des reliques de Sainte-Ursule et ses compagnes, scellée sur la table en pierre de l'autel des Ursulines, car l'église avait été sacrée avec l'autel entier, en 1620 ou 1630, par l'Evêque de Limoges M. de la Martonie. Son authentique est dans le reliquaire. C'est en 1794 que je m'en saisis ; je ne l'ai jamais montré à personne ; je ne l'ai examiné qu'une fois ; je l'ai toujours conservé dans une moyenne boëte de carton qui me venait des Ursulines de Beaulieu.

Me voyant dans un âge avancé, je n'ai pas voulu laisser ce précieux dépôt entre des mains profanes ou indifférentes. Lorsque j'ai appris que la Communauté des dames Ursulines était rétablie à Brive, j'ai envoyé, par Lacoste, le reliquaire à la Supérieure, avec l'avis d'en référer à Mgr l'Evêque de Tulle, ce qui a été exécuté. Ces dames ont été ravies et ont demandé à Mgr l'Evêque la permission d'exposer ces reliques à la vénération des fidèles.

En conséquence, M. des Bruli, vicaire général, m'a écrit pour que Monseigneur fut sûr que ma lettre à la Supérieure était de moi. J'ai répondu de manière à ne laisser aucun doute. J'imagine que, d'après ma réponse, ces dames ont obtenu satisfaction. La Supérieure qui m'a écrit et qui m'a envoyé une boëte à contenir près de deux livres de belles pastilles à la fleur d'orange, est morte dans l'intervalle. C'était une sœur de M. de Jugeal, homme respectable, noble et d'un grand mérite, mon ami. J'ai répondu à ces dames pour les remercier et leur annoncer qu'elles obtiendraient ce qu'elles désiraient ; et je leur dis : *je vous demandais des prières et vous m'avez envoyé des douceurs.*

J'aurais volontiers envoyé ce précieux reliquaire aux Dames Ursulines de Beaulieu, mais il convenait que je le restituasse à celles de Brive, comme propriétaires. Mon cœur est toujours pour le pays qui m'a vu naître. Témoignez-leur mon regret et ma vénération pour elles ; qu'elles s'unissent à celles de Brive pour honorer les reliques de leur patronne.

Quant à votre fils, je ne doute pas du zèle de son maître pour son instruction, mais quand vous irez à Brive, assurez-vous-en par vous-même, si vous êtes initié dans le latin, car vous me paraissez instruit comme si vous aviez fait vos classes en règle. Les instituteurs de pension donnent volontiers des certificats de progrès et de bonne conduite, pour conserver la confiance. Il est bon d'y voir toujours plus clairement.

Bien des choses honorables et flatteuses à tous vos parents sans oublier votre frère que je ne connais pas et à qui je m'intéresse par rapport à vous, et veuillez bien me croire votre bon ami.

Farges,
Curé d'Escrennes par Pithiviers.

P.-S. — L'huissier dont vous m'avez annoncé la mort foudroyante, c'est sans doute Terrier, du Champ-de-Bourrier ; je le regrette de tout mon cœur ; c'était un honnête homme. Il m'a sauvé ma montre d'or, en avertissant Léonarde (ma servante) de l'enlever quand le Regourdon vint pour me mener dans la maison d'arrêt. Son père a été mon maître pour m'apprendre à lire tant bien que mal.

(Cette lettre porte son adresse : à Monsieur, Monsieur Farges (Jean-Baptiste) propriétaire à Sainte-Catherine, à Beaulieu (Corrèze).

Procès-verbal contre les Ursulines

Extrait des Archives de Beaulieu (Liasse Pᵗ M — Pᵗ)

Aujourd'hui premier juin mil-sept-cent-quatre-vingt-onze, Nous Pierre Colomb et Félicien Mastral, officiers municipaux de la ville de Beaulieu, district de Brive, département de la Corrèze, Nous sommes transportés en l'église paroissiale de la présente ville, ci-devant ablatiale, pour y assister aux offices et à la procession qui devait être faite par le Sieur Curé, et devait porter la procession dans la chapelle des Religieuses de cette ville, suivant l'usage des ci-devant Bénédictins (*) d'après la demande qui en avait été faite à mon dit Sieur Curé de la part du Sieur Mastral l'un de nous ; et étant partis devant l'église à la suite de la procession à la place et rang que nous avons accoutumé de tenir, étant parvenus auprès de la chapelle des religieuses, nous aurions envoyé un de nos valets, sergent de ville, au parloir, des religieuses pour les requérir d'ouvrir les portes de leur chapelle aux fins que la procession pût y entrer et que le Sieur Curé pût y célébrer la Sᵗᵉ Messe, lequel valet de ville nommé Pierre-François, avec lequel s'est trouvé Jean Audinet, a fait part des ordres qu'il avait reçus de nous à une des religieuses Sʳ Sᵗ Basile, nommée Despages, laquelle lui aurait fait réponse qu'il n'y avait rien de préparé pour recevoir la procession et la célébration de la messe ; à quoi le Sʳ Audinet ayant répondu que tout étant disposé dans leur chapelle pour y faire célébrer la messe par leur aumônier et autres prêtres qui s'y rendent, il y avait de la mauvaise volonté de leur part ; sur quoi la religieuse aurait traité le Sʳ Audinet de fou et se serait retirée, ce qui nous ayant été rapporté par le Sʳ Audinet, nous aurions ordonné de faire l'ouverture des portes de la chapelle, et la procession y étant entrée, M. le curé, revêtu de ses habits sacerdotaux et de l'étole, serait monté au maître-autel et après avoir fait certaines prières, il serait entré dans la sacristie où se seraient rendues, sur le son de la clochette, deux religieuses l'une appelée Sʳ de St Louis et l'autre Sʳ Victoire, qui auraient dit au Sieur Curé, en affectant de l'appeler M. l'abbé, que leur conscience leur empêchait de lui donner des ornements, qu'elles avaient fait vœu et serment au pied des autels de ne reconnaître d'autres supérieurs que le Sieur d'Argentré évêque de Limoges et le

Sieur Braconac Curé de Beaulieu, et qu'elles ne reconnaissaient point le Sieur Farges pour curé, ni l'évêque de la Corrèze pour évêque. Ce qu'elles auraient répété plusieurs fois, ce qui nous ayant été rapporté et le bruit qui se faisait dans la sacristie nous ayant portés à y entrer, et y étant parvenus, les deux religieuses se seraient adressées au Sieur Colomb, l'un de nous, revêtu de son écharpe, et nous auraient dit qu'elles le reconnaissaient pour un honnête homme, mais que le Sieur Farges était un intrus, qu'elles ne le reconnaissaient pas pour curé, quoiqu'elles sussent qu'il avait été nommé Curé de Beaulieu. Qu'alors M. le curé leur avait dit qu'elles étaient dans l'erreur, qu'elles ne pouvaient pas lui refuser des ornements, étant d'ailleurs muni de vin, pain, luminaire et de son calice ; et l'un de nous, dit Colomb, ayant représenté aux dites religieuses qu'elles s'élevaient contre la loi, et les ayant requises de donner des ornements, elles ont répondu qu'elle ne pouvaient pas en conscience et se sont obstinément refusées à nos représentations et réquisitions. Sur quoi, nous dits officiers municipaux, indignés d'une telle conduite, nous nous sommes retirés de la dite sacristie, les dites religieuses nous ayant répété qu'elles ne pouvaient pas donner d'ornements au dit Sʳ Curé, que leur conscience le leur défendait, ce qu'elles ont répété plusieurs fois, et avant notre sortie de la dite chapelle, mon dit Sʳ Curé, après avoir donné des ordres pour aller prendre des ornements à la paroisse pour la célébration de la messe, nous aurait requis d'ordonner qu'il n'y eût pas de ce jourd'hui d'autres messes dans la dite chapelle que la sienne ; sur quoi les religieuses auraient dit qu'elles aimaient mieux s'en passer et qu'elles n'en entendraient pas du tout. Et étant en effet sortis de la sacristie pour dresser procès-verbal, de ce qui se passait, le dit Sʳ Curé serait venu à nous et nous aurait dit qu'ayant voulu employer encore toutes les voies de douceur pour ramener les dites religieuses, elles n'auraient pas voulu l'écouter, et auraient répété toutes ses paroles avec mépris, en disant nous n'en voulons qu'au Sieur Colomb, en nous disant ironiquement : M. le Curé, (puisque vous le dites), et tout de suite elles seraient sorties et ont fermé brusquement la porte sur elles, ce qui a indigné tous ceux qui étaient présents. Et comme le peuple était très nombreux et qu'il se faisait du tumulte et qu'il menaçait d'enfoncer les grilles étant toujours très indigné de ce qui se passait, disant qu'il fallait mettre toutes ces religieuses fanatiques dehors, le dit Sieur Curé aurait recommandé au peuple d'être tranquille, lequel se serait rendu à ses représentations et nous aurait dit qu'il jugeait qu'il était de la prudence de faire rapporter les ornements à la paroisse pour y dire la messe, ce qui a été fait, et en conséquence la procession est sortie de la dite chapelle pour se rendre à la paroissse, où M. le Curé a célébré la messe et fini les cérémonies ; après quoi, nous nous sommes retirés dans un des appartements du ci-devant monastère pour y dresser procès-verbal, assistés de mon dit Sieur Curé, de Pierre Beyssein, François Mastral, Jean Audinet, Jean Segol, Antoine Barrière. Antoine Durand, Pierre Treil, François Soulié, François Durieux, Jean Garigue, François Chabrignac, tous citoyens de la présente ville, témoins présents à ce qui s'est passé, qui ont signé avec nous le présent procès-verbal qui sera communiqué au conseil municipal et au procureur de la commune pour être ordonné ce qu'il appartiendra. Clos et arrêté le dit jour, mois et an que dessus, à l'heure de dix du matin.

Signé : FARGES, curé de Beaulieu, BEYSSEIN, MASTRAL, BARRIÈRE, AUDINET, SOULIÉ, DURAND, TREIL, SEGOL, CHABRIGNAC, GARIGUE, COLOMB officier municipal, MASTRAL, officier municipal.

(*) *Renvoi*. Les ci-devant Bénédictins allaient ce jour-là en procession à la chapelle de Notre-Dame du Port-Bas. Et si le temps n'était pas favorable, ils allaient à celle des Religieuses. Or le S' Mastral, l'un de nous, a observé que le temps n'était pas favorable, ni les chemins praticables.

Signé : COLOMB, off. m. approuvant le renvoi.
MASTRAL, officier municipal.

PIÈCE N° 8

Approbation du Conseil municipal

Nous officiers municipaux de la ville de Beaulieu soussignés, assistés du substitut du procureur de la commune aussi soussigné — qui avons pris communication du procès-verbal des autres parts — Certifions que suivant l'ancien usage le ci-devant curé de la paroisse Notre-Dame de cette ville n'allait dans aucune chapelle en procession ni y célébrer la messe pendant le temps des rogations, que la messe se célébrait toujours dans l'église paroissiale, qu'il est vrai que les ci-devant Bénédictins allaient en procession les trois jours de rogation dans les chapelles et particulièrement, le dernier jour, dans celle de notre Dame du Port.

Et que si ce jour-là il faisait mauvais temps, la messe se célébrait dans la Chapelle des religieuses, ainsi que nous en avons une parfaite connaissance. Et d'après lesquelles observations, nous arrêtons et délibérons que le présent procès-verbal sera promptement envoyé à MM. du directoire du département de la Corrèze pour être par eux statué ce qu'ils aviseront être bon le plus promptement possible, comme nous les en supplions très instamment pour éviter peut-être des suites funeste qui pourraient s'en suivre.

Fait et arrêté dans notre chambre du conseil au dit Beaulieu, le susdit jour premier juin mil-sept-cent-quatre-vingt-onze.

> Signé : Colomb officier municipal, Mastral off. m.,
> Escaravage off. m., Verséjoux aîné off.
> m., Braconnac off. m., Perrier substitut
> du procureur de la commune, Daniel
> greffier, père.

PIÈCE N° 9

Délibération du Directoire de Tulle

Extrait du registre des délibérations du Directoire
du département de la Corrèze

Séance du 3e juin 1791

Vu le procès verbal du 1er du courant fait par deux officiers municipaux de la commune de Beaulieu duquel il résulte que le curé de Beaulieu s'étant transporté en procession dans la chapelle des religieuses de cette ville, elles n'ont point voulu se présenter, qu'il n'a paru que les sœurs St-Louis et Victoire qui ont refusé de donner des ornements, dit qu'elle ne le reconnaissaient point pour curé, qu'elles en avaient fait serment au pied des autels, qu'il est un intrus, qu'elles ne reconnaîtront que l'ancien Curé et le Sieur d'Argentré ci-devant évêque de Limoges, et ont tant par leurs différents propos que par leur refus constant de donner le calice, le pain, vin, et lumière pour la célébration du service divin, troublé l'ordre public ; vu la pétition de la société des amis de la constitution, vu l'avis du district de Brive ;

Le directeur du département considérant que les religieuses de Beaulieu n'ont pas daigné exécuter le décret qui veut que celles qui vivront en commun soient tenues de nommer entre elles une économe et une supérieure en présence de la municipalité, que la démarche qu'elles ont faite manifeste de plus en plus leur intention de se soustraire à l'exécution des lois, et qu'il faut ou qu'elles se soumettent ou qu'elles vident la maison, considérant que l'exercice public du service divin qu'elles font faire dans leurs chapelles, conduite que toutes les religieuses de ce département imitent, mérite que les portes extérieures des chapelles des communautés soient incessamment fermées et qu'il ne s'y fasse que le service nécessaire aux religieuses qui ont préféré la vie commune. Considérant que les dites S^{rs} St-Louis et Victoire ayant troublé l'ordre public et surtout l'exercice de l'office paroissial, soit par leurs refus de donner des ornements, soit par leurs propos, ces deux religieuses doivent être punies suivant la rigueur des lois. Le Directoire, ouï le procureur général syndic, arrête : 1° Que les municipalités où il existera des communautés de religieuse dans ce département feront fermer les portes extérieures des chapelles des dites communautés afin que le service divin ne s'y célèbre plus publiquement. 2° Que les

religieuses de Beaulieu seront tenues, dans le délai de quinzaine, de se conformer à l'article 26 du décret du 14 octobre
concernant les religieuses, en faisant nommer entre elles
au scrutin et à la pluralité absolue des suffrages, dans une
assemblée qui sera présidée par un officier municipal, une
économe et une supérieure qui ne dureront que deux ans sans
préjudice d'être continuées, et dans le cas où les dites religieuses persisteraient dans leur refus déjà coupable, le
Directoire du district de Brive demeure autorisé de faire
vider la maison après le délai de quinzaine expiré 3° Qu'à
la requête du procureur général syndic, les Srs Victoire et
St-Louis de Beaulieu seront dénoncées à l'accusateur public
du tribunal de Brive, pour être poursuivies selon toute la
sévérité de la loi, et pour cet effet le procès-verbal et la
pétition seront annexées à la dite dénonciation. Fait au
conseil du directoire du département, le dit jour 3 juin 1791.
où ont assisté :

MM. Germiniac président, Sauty. Borie, Marbot, Dufaure, Villeneuve, administrateurs, et Brival procureur
général syndic, qui ont signé.

Pour copie:

SAGE, S° g^l.

Les religieuses se sont conformées à l'art. 26 du décret
du 14 octobre comme il est constaté dans la copie du procès-verbal de dénoncination affichée avec les présentes.

19 juin 1791.

PIÈCE N° 10

Lettre du Syndic de Brive

A Monsieur le Procureur Syndic de la commune
de Beaulieu

Brive, le 5 juin 1791.

Vous trouverez ci-joint, monsieur, un arrêté du directoire du département du 3 de ce mois. Vous voudrez bien m'en accuser la réception, et le faire mettre sur-le-champ à exécution. Je présume que vous le communiquerez dès l'instant à votre municipalité qui nommera sans doute un ou deux commissaires pour le notifier aux religieuses et les sommer de se conformer au décret du 14 octobre dans le délai prescrit par l'arrêté du directoire, et dresser procès-verbal de leur réponse, qu'il faudra nous envoyer incessamment. A l'expiration du délai de quinzaine, si ces religieuses ne se sont pas conformées à la loi, il faudra leur faire une nouvelle interpellation et nous envoyer le second procès-verbal ; nous prendrons alors les mesures convenables pour faire vider la communauté. Vous ne manquerez pas sans doute de faire fermer dès à présent les portes extérieures de cette communauté comme le prescrit l'arrêté.

Le procureur syndic du district de Brive,

- LACHÈZE.

Procès-verbal laïque des élections des Ursulines

Aujourd'hui quinze du mois d'avril mil-sept-cent-quatre-vingt-onze après l'heure de huit du matin, dans la chambre du Conseil de la communauté des religieuses Ursulines de la présente ville de Beaulieu, où nous maire de la municipalité de la d. présente ville et commissaire nommé par cette municipalité, nous sommes transportés avec notre secrétaire greffier aux fins de procéder à l'exécution de l'arrêté du directoire du district de la ville de Brive du 26 mars dernier, duquel avons donné communication aux dames religieuses composant présentement la d. communauté qui sont au nombre de vingt-trois y compris cinq converses. Lesquelles dames s'étant capitulairement assemblées dans la d. chambre du conseil, aux fins d'obéir au susdit arrêté, après avoir invoqué le Saint-Esprit, par la prière *Veni Creator*, elles ont procédé entre elles au scrutin de liste à la nomination d'une supérieure et d'une procureuse ou économe. Lesquels scrutins ayant été dépouillés et vérifiés en la forme ordinaire, il s'est trouvé par la pluralité absolue des suffrages que la Sr de St-Jérôme Demétivier demeure nommée pour supérieure, et la Sr Cance de Ste-Angèle pour procureuse ou économe, pour avoir recueilli en leur faveur la pluralité absolue des suffrages. Et laquelle nomination les susdites Srs de St-Jérôme et Ste-Angèle ont acceptée et promis d'en faire les fonctions conformément à la nouvelle loi, dont et de tout quoi avons fait et dressé le présent procès-verbal dans la dite chambre du conseil, les jour, mois et an que dessus. Et ont les susdites dames religieuses signé avec nous et notre greffier secrétaire, non les sœurs converses pour ne pas savoir le faire de par nous requises Signé à la minute :

> Sr DEMÉTIVIER de St-Jérôme supérieure, Sr GAILLARD de St-Julien, Sr BLAVIGNAC de St-Hilaire, Sr de St-STANISLAS, Sr Jésus d'AMBER, Sr Ste-Cécile BRUNIE, Sr des Anges COSTE, Sr de St-André DELAJUGIE, Sr CANCE de Ste-Angèle procureuse, Sr MARBOT de St-Paul, Sr de St-Martial LAFON, Sr de St-Joseph MOULIN, Sr DESPAGES de St-Basile, Sr Ste-Victoire LAROUSSILLE, Sr FAURIE Thérèse, Sr Ste-Agnès LACOMBE, Sr St-Louis MAZEYRIE, Sr BLONDEAU Ste-Ursule-D'ANTEROCHE lt des maux de France, maire, commissaire nommé, et nous.

> Pour copie : DANIEL, Se greffier.

Affiché par ordre de la municipalité.

Beaulieu, le 19 juin 1791.

*Procès-verbal de la reconnaissance des reliques
de St-Prime et de St-Félicien à Beaulieu (Correze)*

11 août 1889.

Au nom de la Très Sainte-Trinité :

L'an de Notre-Seigneur, mil-huit-cent-quatre-vingt-neuf et
le onze du mois d'août, fête de Ste-Philomène et neuvième
dimanche après la Pentecôte, Nous, Henri-Charles-Domini-
que Denéchau, évêque de Tulle, avant de célébrer pontifi-
ficalement le très Saint-Sacrifice dans l'église autrefois
abbatiale, aujourd'hui paroissiale de St-Pierre de Beaulieu
en notre diocèse, avons procédé à la recognition publique
des reliques de St-Prime et de St-Félicien, martyrs, patrons
de cette ville et honorés le sept octobre d'une office du rit
double dans notre Propre diocésain.

A cet effet, assisté de MM. Pallier, curé doyen de Beaulieu, Soullier, secrétaire général de notre évêché, Poulbrière,
chanoine, historiographe de notre diocèse, Chaumont docteur médecin de la ville, au milieu des membres du Conseil
de fabrique, d'un nombreux clergé et d'une grande affluence
de fidèles, Nous avons ouvert dans l'enceinte du chœur la
grande châsse en bois que son style, certains documents et
en particulier un acte authentique conservé aux archives
de l'église, Nous font regarder comme celle où dom Lieu-
tand, premier prieur local de la Réforme de St-Maur
enferma ces reliques, le trente août 1660, il y a 220 ans.

Après avoir retiré de cette châsse le coffre en fer blanc
qu'elle enserre et reconnu d'abord en celui-ci, après en avoir
dessoudé le couvercle, deux petits sachets rouges scellés
aux armes de Monseigneur Berteaud, notre prédécesseur,
pliés dans deux attestations également à ses armes, en date
du 22 janvier 1844 et contenant, d'après la suscription, des
ossements, l'un de St Pie, pape et martyr, l'autre de St-Béni-
gne, également martyr. Nous avons décousu le sac bien
autrement considérable où se confondent, sans documents
du reste, ni sceaux, ni données distinctives, les restes tradi-
ditionnellement attribués aux deux Saints Frères martyrs.

Parmi ces nombreux ossements se sont faits aisément
discerner : Un crâne et des fragments de crâne ; deux
grands fémurs égaux ; deux autres moindres, égaux également ; deux humérus et des fragments d'humérus ; deux
radius et des fragments de radius ; deux cubitus et des

fragments de cubitus ; un tibia et des fragments de tibias ; une clavicule ; un péronné ; une phalange ; un ou deux cal- caneums ; deux fragments d'omoplates ; deux de sternums ; des cotes complètes et d'autres incomplètes ; deux coxaux et des fragments de coxaux ; un sacrum bien conservé ; une vingtaine de vertèbres, etc.

Nous avons religieusement encensé ces ossements précieux et après les avoir laissés exposés tout le temps de la messe, sous la garde d'un prêtre (1) à la vénération des fidèles réunis en grand nombre. Nous les avons soigneusement remis dans le même linge et dans le même coffre, avec réin- clusion dans celui-ci des deux sachets et des deux authen- tiques déposés par notre vénérable prédecesseur ; puis avons fait ressouder le couvercle et entourer la boîte entière de métal d'un ruban blanc en croix, que notre secrétaire général a scellé sur toutes les faces de notre sceau armorié.

En foi de quoi, Nous avons finalement ordonné à notre historiographe diocésain le présent procès-verbal, dont un exemplaire sera déposé dans notre secrétariat et l'autre conservé aux archives de l'église de Beaulieu pour y servir ainsi que de raison.

Suivant les signatures.

Un procès-verbal, en date du 3o août 1669, relate la muta- tion des reliques des SS. Prime et Félicien dans la chasse actuelle, opérée par les mains du R. P. Claude Lieuteau, prieur et vicaire général, de l'abbé du monastère et des moines bénédictins. — en présence des Sieurs CLARE, LABROUSSE, SOLEILIET, et VAURS, Consuls de la ville de Beaulieu, et d'un grand nombre d'assistants. — Signé : TRONCHE, not. roy. (Voir le *registre de la Confrérie*, 1re page).

---

(1) M. l'abbé Marc Rebière, aumônier du monastère de Ste-Ursule à Beaulieu.

PIÈCE N° 13

Sur la Chapelle de Notre-Dame du Port-Bas

1843

Aujourd'hui vingt-trois avril, dimanche de Quasimodo, le Conseil de fabrique et le bureau des Marguillers, réunis au lieu des séances ordinaires, (à Beaulieu).

Ont comparu :

MM. Auguste Brel, juge suppléant et Marie-Joseph Brel, docteur en médecine et médecin de l'Hospice de cette ville, y demeurant l'un et l'autre.

Lesquels ont fait l'exposé suivant :

La Chapelle de Notre-Dame dite du Port-Bas fut nationalement vendue a un nommé Marc Marlinge qui la revendit à Pierre Chazal, charpentier, par acte du 14 thermidor an IX. reçu par M⁰ Oubrayrie.

M. Jean-Joseph Brel, prêtre, leur oncle, ancien curé de Beaulieu, mû par un sentiment de religion et par le désir de conserver cette Chapelle, sollicita et obtint une subrogation ainsi qu'il résulte d'un autre contrat passé devant le même notaire, le 18 germinal an XII.

Il n'a jamais pris une possession réelle de cet objet, car il le destinait et l'a laissé constamment, ainsi que ses héritiers au culte et à M˟˦ les Curés qui ont été successivement nommés à Beaulieu.

Pour remplir les intentions de ce cher oncle, les deux M˟˦ Brel se font un devoir de déclarer que telle était l'intention de leur bienfaiteur ; qu'ils veulent la perpétuer et la faire consigner sur les registres de la Fabrique.

En conséquence, ils demandent acte de ce que cette Chapelle a toujours eu sa destination. sans avoir été profanée par d'autres usages, de ce qu'ils en conoborent la possession et la propriété à la Fabrique, à condition que. dès l'instant qu'elle cesserait d'être livrée au culte elle reviendrait leur propriété.

Pour consolider cette possession, les M˟˦ Brel avouent que leur oncle est rentré dans ses déboursés ou a témoigné verbalement que ses héritiers fassent l'abandon de ce qui pourrait encore lui revenir à ce sujet ; au surplus, la possession de la Fabrique remonte sans une interruption aucune au jour de la subrogation, et les deux Messieurs Brel, s'empressent de déclarer, de ce qui pourrait encore leur revenir, qu'ils en font l'abandon.

Comme condition de la concession, sans porter atteinte aux dispositions respectives, les Mrs Brel disent encore que dans le cas où la Chapelle redeviendrait leur propriété par la condition ci-dessus imposée, on ne pourrait dans aucun cas arguer de l'aveu qu'ils font que leur oncle a reçu et dans aucun cas on ne pourrait leur retenir la propriété jusqu'au remboursement, vu qu'ils doivent la reprendre sans débours aucun, à moins qu'il ne fut prouvé par titre probant que Mr Brel prêtre a réellement reçu la somme avancée.

A dater de ce jour, la Fabrique continue sa possession et pourra à la d. condition, disposer de l'objet comme elle adjugera.

Le même jour et an que dessus, ont signé les deux Mrs Brel et les membres de la Fabrique présents et qui acceptent.

A. Brel, Dr Brel, Gaspard Farges, Vieillefond curé Borie maire, Mombrial p^rd, Host, suit une signature illisible.

Pour copie conforme :

Le Président du Conseil de Fabrique de Beaulieu,

Louis Farges.

PIÈCE N° 14

*Copie d'une procuration, dont l'original est détenu par
Monsieur Rigal-Ducouderc, ancien magistrat, demeurant
à Beaulieu, arrière-arrière-petit-fils de dame Albert de
Couderc, et arrière-arrière-petit-neveu de Sr Albert,
frère de dame Albert de Couderc, qui figurent au présent acte, et l'ont signé.*

Pardevant le notaire et témoins soussignés, furent présents le citoyen Francois Albert et la citoyenne Martiale
Albert, veuve d'Antoine Couderc, homme de loi, habitants
de la présente ville de Beaulieu, lesquels de gré, les sieurs
Albert, frère et sœur. ont constitué pour leur Procureur
Général et spécial sans qu'aucune qualité déroge à l'autre,
Jean-Baptiste Couderc, homme de loi, leur fils et neveu,
habitant aussi la même ville, auquel ils donnent pouvoir de
se transporter au district de Brive, pour et en leur nom
faire la déclaration au greffe du dit district des droits et
créances, qu'ils ont sur les biens que Joseph Braconnac de
la dite ville jouissait et possédait induement, qui appar-
tiennent aux constituants. Les dits droits consistent en
tous les biens immeubles que le dit Braconnac possédait
dans les appartenances de Beaulieu et ailleurs, et qui lui
sont advenus par le décès du Sr Raymond Vialle, les dits
biens ayant été saisis et confisqués au profit de la République Française, à cause de l'émigration du dit Braconnac, et
comme le dit François Albert constituant, était en procès
avec le dit Braconnac et que l'instance est pendante devant
le tribunal de Tulle au sujet de la demande que faisait le
dit Albert en désistat des dits biens au sieur Braconnac, et
que la dite Martiale Albert sa sœur a les mêmes droits ;
c'est pourquoi les dits sieurs constituants en vertu de la loi
du second septembre dernier veulent faire leur déclaration
au greffe du secrétariat du dit district et faire la réclamation
ensuite de leurs droits, à cet effet ils donnent plein et entier
pouvoir au dit Couderc procureur constitué de faire la dite
déclaration ; de signer tous actes et pétitions à ce nécessaires ;
même d'affirmer en l'âme et conscience des constituants
que les droits et prétentions qu'ils réclament leur sont bien
et légitimement dûs, et généralement faire le dit procureur
constitué tout ce qui sera nécessaire, promettant les dits
constituants avoir le tout pour agréable et de relever indemne
le dit procureur à peine et C^a, comme aussi la dite Martiale Albert fait pareillement son fils son procureur aux

fins de se transporter à Saint-Ceré pour faire la déclaration d'une créance à elle dûe en qualité d'héritière de son mari, par les héritiers de feu Pierre Meynard Delestrade, du lieu de Flerenti, paroisse de... et pourra ledit procureur constitué signer la dite déclaration et toutes pétitions à ce nécessaires pour la déclaration des droits sur les biens des enfants du dit émigré.

Fait et passé en la ville de Beaulieu, département de la Corrèze, le vingt-trois décembre après-midi, l'an premier de la République Française, mil-sept-cent-quatre-vingt-douze en présence de François Salle et Pierre Verséjoux, praticiens habitants de la présente ville, témoins requis. Et signés avec les constituants. Aussi signés à l'original Albert, Albert de Couderc, Salle, Verséjoux et nous. Enregistré à Beaulieu par Huet, qui a reçu vingt sols. Signé Huet.

Par expédition :

GASQUET, Notaire.

PIÈCE N° 15

La déportation des Prêtres Corréziens sous la Terreur

(Voir la " Semaine Religieuse " de Tulle, 1905, n°s 5 à 14)

Noms des prêtres condamnés à la déportation
par Bordeaux :

Achard (Gilbert-Marien) né à Millevaches, curé de Beynat.

Albier (Jean), prêtre à Tulle.

Audinet (Antoine), prêtre cordelier, né et demeurant à Beaulieu.

Bardon (Blaise), aumônier, né et demeurant à Tulle.

Barbier (Blaise), curé à Bort.

Beynier (Paul-Pierre).

Bosches (Charles), curé de Chavanac.

Broussouloux (Gilles), curé de Tarnac.

Buisson (Pierre aîné, prêtre récollet, demeurant à Maussac.

Ceyrat (François), curé à Ligneyrac.

Chanut (Antoine), sulpicien, à Tulle.

Chartier (François), prêtre.

Chateau (Pierre-Jean-François), prêtre.

Cornil de la Guerenne (Pierre-Philippe), né à Saint-Aulaire, aumônier du Saillant de Voutezac.

Delfaud (Antoine), prêtre.

Delfaud (François), prêtre.

Deschamps (Denis), prêtre feuillant, à La Celle.

Dubac (Jean-Baptiste), prêtre communaliste.

Deschassant (Alexandre), curé de Privat-le-Centre.

Dulmet (François), prêtre, né et demeurant à Saint-Basile-en-Brivezac.

Farges (Jean), curé du Puy-d'Arnac, né à Beaulieu.

Fontaine, curé à Donzenac.

Fouilloux (J.-Bap.), curé à Pierrefitte.

Garnes (Joseph), curé de Reygades.

Gouyon (Pierre), né à Juillac, vicaire à Condat.

Gramat (Raymond), vicaire à Sainte-Féréole.

Guerry (Guillaume), curé à Champagnac.

Lacombe (Jean-Joseph), bénédictin, né à Saint-Privat.
Lageneste (Gaspard), prêtre à Ussel.
Lagier (Pierre), né à Tulle.
Lagier (Jean-Pierre), bénédictin, né à Tulle.
Latreille (Pierre-André), prêtre à Brive (l'entomologiste).
Lavaur de Sainte-Fortunade (Jacques), chanoine à Tulle.
Lignier (Pierre), prêtre à Laguenne.
Mares (Michel), prêtre.
Maschat (Léon) cadet, prêtre à Tulle.
Maschat (Léonard) aîné, aumônier à Tulle.
Massainguiral (Jean) aîné, chanoine.
Massainguiral (Jean-Joseph), chanoine.
Mesnager (Jean-Géraud), prêtre.
Menpontel (Jean-Joseph) prêtre.
Moussours (J.-B.), vicaire à Saint-Pierre de Tulle.
Nicolet (Gilbert), procureur général des Bernadins à Tulle.
Orlianges (François), vicaire à Tarnac.
Pradel (Gabriel), chanoine à Uzerche.
Rousselle (Antoine).
Sapientis (Jean-Joseph), chanoine à Brive.
Savy (Jean), prêtre à Tulle.
Terracol (Pierre), vicaire à Tarnac.
Theriat (Denis), diacre à Tulle.
Tournier (Jacques-François-Nicolas), né à Turenne, vicaire à Perpezac-le-Blanc.
Vallette, curé à Saint-Pardoux-l'Ortigier.
Verdier (Etienne), vicaire à Gimel.
Vialle (Joseph), prêtre à Tulle.
Vialle (J.-B.), vicaire à Bort.

TABLE DES MATIÈRES

Introduction. — Nos sources historiques, françaises
et italiennes   5

PREMIÈRE PARTIE
Histoire générale des Albert ou Alberti en Bas-Limousin

CHAPITRE I. — *Les origines italiennes des Albert ou
Alberti en Bas-Limousin*   11
   1º Les motifs de l'émigration des Alberti de Florence.
   2º La date de cette émigration : 1239 ou 1249.
   3º Le nom et la généalogie du chef de famille émigré.
   4º L'itinéraire suivi jusqu'en Bas-Limousin.
   5º Quelques noms de la caravane des émigrés.

CHAPITRE II. — *Les Albert de Pompadour et des
Monts-de-Beyssac*   35
   1º Leur « château » des Monts.
   2º Leur vrai nom : Albert ou Aubert ? Prénoms de Guido.
   3º Ancêtres d'Innocent VI et descendants de son frère Guido.
   4º Pontificat d'Innocent VI.
   5º A la Cour d'Avignon. Les Alberti et leurs parents.
   6º Premier acte du Pontificat.
   7º L'arrivée des Alberti *antiqui,* banquiers.
   8º Les armoiries d'Innocent VI.
   9º Les alliés et les amis.

CHAPITRE III. — *Les Albert de Brivezac et de
Beaulieu.*   74
   1º Identité des noms dans les deux groupes. Identité d'origine.
   2º Epoque de la ruine de Brivezac et de l'émigration à Beaulieu.
   3º L'arrivée des Monteruco et des Agrifolio à Beaulieu.
   4º Les Albert au Collège S. Martial d'Innocent VI.

5° Les alliances distinguées des Albert.

6° Les Albert à la dignité consulaire.

7° Les Albert pendant la Révolution.

8° Généalogies antérieures à la Révolution.

9° La dernière génération. Biographie des neuf enfants.

10° Les sept enfants de la dernière des Albert, épouse de Gaspard Farges.

CHAPITRE IV. — *Un épisode sous la Terreur. Le sauvetage par les Albert du trésor de l'église abbatiale de Beaulieu.* 137

1° Le Drame. Sa préparation. Son exécution héroïque.

2° Objections et réponses..

DEUXIÈME PARTIE
Notes historiques sur vingt familles alliées

Remarque sur le véritable sens de la *Particule*. . 159

I.   Famille Farges de Beaulieu. 167

II.   — Farges de Filley de La Barre . . . 232

III.   — Daval du Peyrat 237

IV.   — De Massoulie.. 255

V.   — Viguier de Roux 266

VI.   — Brel 268

VII. .   — Couderc. 274

VIII   — Florentin. 278

IX.   — Duchamp de Lageneste. 285

X.   — Lajoannie 300

XI.   — Massalve. 304

XII.   — Brunie 307

XIII.   — Guittard. 315

XIV.   — Coste, Lacoste, Decoste, de Costa. . 319

XV.   — Biget. 327

XVI.   — Ponchie. 330

XVII.   — Chièze 333

XVIII.   — Gasquet. 338

XIX.   — De Lavialle 344

XX.   — Cances 347

TROISIÈME PARTIE
Pièces Justificatives

TABLE DES PIÈCES JUSTIFICATIVES

1. Ordonnance épiscopale de l'Evêque de Limoges
   (12 avril 1806)   348
2. Extrait des Annales de l'Ordre de Ste-Ursule. .   350
3. Déposition des plus anciennes Ursulines : Mère
   Marie-Thérèze (Léonie Mazeyrac) et Mère
   Ste-Claire (Marie Marmande)   353
4. Déposition de Sœur Marie-Félix (Hélène Rigaud),   356
5. Déposition de l'Aumônier des Ursulines. . .   357
6. Lettre du Curé intrus, après sa rétractation. .   358
7. Procès-verbal contre les Ursulines (1er juin 1791).   361
8. Approbation du Conseil municipal (1er juin 1791).   364
9. Délibération dn Directoire de Tulle (3 juin 1791).   365
10. Lettre du Syndic de Brive (5 juin 1791). . . .   367
11. Procès-verbal laïque des élections des Ursulines
    (15 avril 1791)   368
12. Procès-verbal d'ouverture de la chasse des
    SS. Prime et Félicien (11 août 1889) . . .   369
13. Déclaration sur la Chapelle de Notre-Dame du
    Port-Bas   371
14. Procuration des Albert pour revendiquer l'héri-
    tage des Lavialle contre les Braconnac . .   373
15. La Déportation des Prêtres Corréziens sous la
    Terreur   375

ERRATA

Page 2, ligne 31 *au lieu de* la Gallia, *lisez :* le Gallia.

—	9	—	gesta	—	res gestæ.
— 13	— 38	—	bibliographie	—	biographie.
— 25	— 21	—	fûs	—	fûts.
— 35	— 3	—	thiare	—	tiare.
— 39	— 35	—	ec	—	ce.
— 44	— 18	—	*in introque*	—	*in utroque.*
— 53	— 21	—	commandes	—	commendes.
— 54	— 10	—	bibliographies	—	biographies.
— 55	— 2	—	Judié	—	Jugie.
— »	— 14	—	biogrophies	—	biographies.
— 59	— 3	—	Corse	—	Mont-Cassin(?)
— »	— »	—	Cluny	—	Chiusi (?).
— 83	— 11	—	Sarragan	—	Sarragosse.
— 120	— 35	—	Foucraud	—	Fouquerant.
— 158	— 20	—	Cari	—	Cerri.
— 227	— 8	—	fut	—	il fut.
— 232	— 13	—	parrein	—	parrain.
— 304	— 3	—	temp	—	temps.

Etc., etc.

TULLE
IMPRIMERIE
JUGLARD
1922